主 编 单 波　　副主编 肖 珺 张毓强
Chief Editor: Bo Shan　　Deputy Chief Editors: Jun Xiao, Yuqiang Zhang

编委会（按姓氏字母排序）Editorial Board (alphabetize by last name)

Jens Allwood，瑞典哥德堡大学
Jens Allwood, University of Gothenburg, Sweden

安　然，华南理工大学
Ran An, South University of Technology

白　贵，河北大学
Gui Bai, Hebei University

陈国明，美国罗德岛大学
Guo-Ming Chen, University of Rhode Island, USA

Clifford G. Christians，美国伊利诺伊大学香槟分校
Clifford G. Christians, University of Illinois-Urbana-Champaign, USA

Hugues Hotier，法国米歇尔·德·蒙田-波尔多第三大学
Hugues Hotier, Université Michel de Montaigne-Bordeaux 3, France

顾力行，上海外国语大学
Steve J. Kulich, Shanghai International Studies University

Wendy Leeds-Hurwitz，美国跨文化对话中心
Wendy Leeds-Hurwitz, Center for Intercultural Dialogue, USA

林升栋，中国人民大学
Shengdong Lin, Renmin University of China

刘金波，武汉大学
Jinbo Liu, Wuhan University

纪　莉，武汉大学
Li Ji, Wuhan University

David Marshall，澳大利亚查尔斯特大学
David Marshall, Charles Sturt University, Australia

史安斌，清华大学
Anbin Shi, Tsinghua University

孙有中，北京外国语大学
Youzhong Sun, Beijing Foreign Studies University

编　辑（按姓氏字母排序）Editor Staff (alphabetize by last name)

甘丽华，华中师范大学
Lihua Gan, Central China Normal University

何清新，广西艺术学院
Qingxin He, Guangxi Art University

贾　煜，武汉大学
Yu Jia, Wuhan University

唐佳梅，广东外语外贸大学
Jiamei Tang, Guangdong University of Foreign Studies

辛　静，华中师范大学
Jing Xin, Central China Normal University

张春雨，上海外国语大学
Chunyu Zhang, Shanghai International Studies University

郑一卉，北京外国语大学
Yihui Zheng, Beijing Foreign Studies University

编辑部主任 Editorial Director

肖劲草，武汉大学
Jincao Xiao, Wuhan University

联合出版方 Co-Publishers

武汉大学媒体发展研究中心（教育部人文社会科学重点研究基地）
Center for Studies of Media Development (CSMD) at Wuhan University,
Key Research Institute of Humanities and Social Sciences, Ministry of Education, P.R.C.

中国传媒大学出版社
Communication University of China Press

武汉大学跨文化传播研究中心
Research Center for Intercultural Communication, Wuhan University

跨文化传播研究

Intercultural Communication Studies

单 波 ◎ 主编

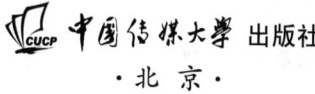 出版社

·北京·

图书在版编目(CIP)数据

跨文化传播研究.第八辑/单波主编.--北京:中国传媒大学出版社,2023.11
ISBN 978-7-5657-3468-7

Ⅰ.①跨… Ⅱ.①单… Ⅲ.①文化传播－研究 Ⅳ.①G0

中国国家版本馆CIP数据核字(2023)第174565号

跨文化传播研究(第八辑)
KUAWENHUA CHUANBO YANJIU(DI-BA JI)

主　　编	单　波
策划编辑	沈　悦
责任编辑	沈　悦
装帧设计	拓美设计
责任印制	李志鹏

出版发行	中国传媒大学出版社		
社　　址	北京市朝阳区定福庄东街1号	邮　　编	100024
电　　话	86-10-65450528　65450532	传　　真	65779405
网　　址	http://cucp.cuc.edu.cn		
经　　销	全国新华书店		
印　　刷	唐山玺诚印务有限公司		
开　　本	787mm×1092mm　1/16		
印　　张	17.75		
字　　数	297千字		
版　　次	2023年11月第1版		
印　　次	2023年11月第1次印刷		
书　　号	ISBN 978-7-5657-3468-7/G·3468	定　　价	89.00元

本社法律顾问:北京嘉润律师事务所　郭建平

序

从间性到兼性:一种跨文化传播的可能*

◈ 刘金波**

20世纪来源于胡塞尔现象学哲学的一个核心概念"主体间性"(intersubjectivity),由拉康首创,其原初意义是主体与主体之间的统一性。他在先验主体论框架下认为主体之间的一致性在于"统识、同感、移情"等能力。

"主体间性"论及人际关系和价值判断,主要研究一个主体是如何与完整的作为主体运作的另一个主体互相作用的。这一概念最初虽属伦理学研究范畴,但是在社会学与传播学意义上,它也有很强的话语张力和很大的社会价值。该概念自诞生之日起,其内涵的深化和外延的延展,离不开诸多著名哲学家如康德、黑格尔、马克思、哈贝马斯等在哲学、社会学领域对主体间性问题的诠释;而它能够在很多学科领域得以凸显,很大程度上得益于胡塞尔、马丁·布伯、雅斯贝尔斯、马塞尔、海德格尔、伽达默尔等著名哲学家的进一步阐发与推崇。从历史影响看,主体间性作为对世界具有深刻影响的

---

* 本文系教育部人文社会科学重点研究基地重大课题"互惠性理解:网络社会跨文化对话理论与方法创新研究"(课题编号:22JJD860007)的阶段性成果。

** 刘金波,武汉大学媒体发展研究中心研究员,武汉大学新闻与传播学院编审,《新闻与传播评论》副主编。

本体论、认识论观念,其重要的学术意义和社会、历史价值毋庸置疑。

对于主体间性的考察,哲学、文学、艺术学、传播学、政治学、社会学等学科均有涉及,其研究成果较为丰富,衍生的概念和术语亦较为庞杂。如文学理论方面的"主体间性"就有梅洛-庞蒂的"身体间性"、巴赫金的"对话诗学"、克里斯蒂娃的"文本间性"、伽达默尔的"视域融合"、哈贝马斯的"交往伦理",等等。而在跨文化传播领域,这一概念关涉主体、文本、意义、话语、叙事等多个层面。基于跨文化传播主体间性的研究,多从不同文化主体之间的文化交往、文化交流、文明对话、文明统汇乃至文明互鉴等多层面、多视角、多维度、多面向的关系属性展开。如米德、哈贝马斯的交往理性范式都强调了语言、主体与他者之间的密不可分的关系。马克思的"社会关系的总合"的交往本质论决定了交往理性的内在驱动,拉康的交往欲望则决定了交往情感的认同驱动。

谈及交往,它就必然涉及三个维度:一是交往的前提——相遇,也可以理解为交往的双方是如何不经意地邂逅的。不同文化背景、不同政治、经济、社会环境下的文化主体(或者个体)之间如何在某一时空相遇,也就是情境性。二是交往的经过——表达。相遇之后,一种文化群体中的人们以什么角度、什么心态、什么话语表述另外一种文化,也就是阐释性。三是交往的结果——关系,包括"自我"与"他我"之间的"主体间"(包括人与人、人与人们、人与物、人与文本等)关系何如,也就是关系性。这三个维度或是不同文化主体(个体)之间的直接交往与沟通,或是通过文本符号——语言、图像、音响、视频等符号进行叙事表达,或是通过文本的话语转换实践进行跨文化的本土传播,亦即在地化。正是由于情境性的不可捉摸,阐释性的天然偏差,关系性的复杂多变,"主体间性"的出现自然成为理所当然,对它进行研究就显得尤为迫切和重要。在此,我们需要着重讨论的两个问题是:第一,在数智时代的跨文化传播语境下的主客体之间的关系是否永远需要通过语言、文化、社会关系作为中介来实现社会主体间的交往关系,主体间性是否一直比主体性更根本?第二,主体间性的出场虽然反映了当代哲学发展的一般倾向,即回到生活,回到实践,回到现实,回到人的真实生存本身。但是,这种"自我"与"他者"的实体化世界,在互联互通技术的巨大革命性浪潮之下的跨文化传播,如何在"虚""实"切换之中既"区分"又"贯通"对立的两端的主体性之间的双重性?

跨文化传播的主体间性,可以放到更广阔的社会环境系统中进行,也可以放到更复杂的语言系统中探索,还可以放到更丰富的文本系统中研究。这不仅需要凸显不同文化间的话语建构、话语转换和话语实践,需要深入了解他者的内部社会话语机制、文化话语机制和外部表达话语机制,更需要在意识形态视角下与不同的文化个体、文化群体在不同社会语境中进行话语的互相建构与互相协商、文化对抗与文化交融,以期形成不同价值、不同层面、不同指向的意义链接。断连和脱钩不能达成任何意义,意义链接的根本途径在于接触,在于交流,在于对话,在于理解。跨文化传播只有架构起不同文化间的和谐对话,在对话中求同存异,才能达到本土文化意义的增殖与文化中人生活方式的多样化。①

尽管以狄尔泰为代表的传统诠释学构建的以移情理解的跨文化传播"主—客"关系范式在一定程度上消解了跨文化传播中的"自我"—"他者"的二元对立,但是怎样利用生命共通的理念,利用理解的技术(如数字技术、智能媒介技术与大数据、互联网的融合)、理解的方法程序(如软件辅助理解程序)等来实现不同文化间相互理解的可能性,还存在很大的现实障碍。事实上,跨文化传播过程中的主体间的交往与理解在机器生产、智能设备、网络连接等新技术手段加持下变得比以往任何时候都更加便捷。如 ChatGPT 等智能模型的存在,各种语料库、数据库的建立,以"具身性"(embodiment)为核心的第二代认知科学研究范式的悄然发展,都在一定程度上遮蔽了跨文化传播的天然鸿沟,为各种各样的跨文化传播提供了机会成本。"解释的重要前提是,我们必须自觉脱离自己的意识而进入作者的意识。"②

跨文化传播需要一种不同主体间文化的解释、阐释,或者诠释。抛开理论逻辑,即便从常识层面分析,作为文化的主体是否可能又是如何可能"自觉"地脱离自己的意识而进入他者的意识?答案是否定的。因为自我的意识往往是在现实环境之中的个人潜意识或者集体无意识,根本无法做到"自觉"。面对这一无法实现的"意识"上的现实障碍,跨文化传播何以可能?笔者认为,我们只需要转换一下"主体间性"的理解、诠释和交往思路,我们的跨文化传播或许将豁然开朗。

这一思路就是中华优秀传统文化中的"兼性"思维。中华优秀传统文化——跨文

---

① 单波,王金礼.跨文化传播的文化伦理[J].新闻与传播研究,2005(1):36-42,95.
② 洪汉鼎.理解与解释:诠释学经典文选[M].上海:东方出版社,2001:23.

化传播视野下的中华文明形成——之中的与西方迥异的一种对于主体性的思维方式,我们称之为"兼性"思维。以兼性思维为方法或路径的兼性阐释理论是"中国智慧",是中西文化比较意义上的"相对之中国";以"兼""文""天""通"等中华文化元关键词为核心理念和意义世界的话语体系是"中国特色",是话语重构和范式重建意义上的"必要之中国"。① 如何从"间性"转换到"兼性"进行跨文化传播的交往和研究,是百年未有之大变局下,新媒介技术革命浪潮影响下的一种"反者道之动"。

谈及"间"与"兼",有必要从汉字批评的角度来做一简单的考察。"间"是自我与他者的二元对立,而"兼"则是不同主体间的二元同一。《说文解字·秝部》曰:"兼,并也。从又持秝。兼,持二禾;秉,持一禾。"《说文通训定声》释"秉"与"兼"云:"手持一禾为秉,手持两禾为兼。"对于"间"的意义,《说文解字》则曰:"间,隙也。从门从月。"《说文解字注》对此作了更加深入的分析:"隙也。隙者,壁际也。引申之,凡有两边有中者皆谓之隙。隙谓之间。间者,门开则中为际。凡罅缝皆曰间,其为有两有中一也。"从词源学考察,"间"的重点是差别,"兼"的重点则是联系。"兼"不仅是对"二"或"两"的思考和把握,还是对"道"与"术"的表达和运用。从更深层哲理意义做一番考量,可以发现,"兼",既是在价值论上的坚守,也是在方法论上的创新。兼性思维,既是孔子所说的中庸之道,也是刘勰所说的惟务折衷。以主体间性思考的角度从事跨文化传播,难免受自我的文化积淀、当下的社会环境影响,难免以我为主、以我为尊、以我为好。而以主体兼性的思维从事跨文化传播,则可以做到执两用中。其根本路径是天行一道,不偏不倚;弥纶群言,惟务折衷。折衷,文化间的区别就少了,联系就多了;折衷,主体间的兼在与兼好就多了,分歧与矛盾就少了;折衷,竞争性的丛林法则就少了,协同性的天人合一就多了。这种思维方式,千百年来深刻影响了中华民族共同体形成过程中多民族的交往与融合,深度影响了儒、墨、道、法、兵等诸子百家的多元文化交流、激荡和融汇。基于以上分析,笔者提出如下思考。

首先,从间性到兼性,是从伽达默尔的哲学本体论到社会现实论的必然。在包含6000多种语言、200多个国家和地区在内的文化主体间进行的跨文化传播,"间性"不可避免。但是把地球村作为一个文化主体,则有"兼"的必要性、必然性和现实性。跨

---

① 李建中.经史子集与中国文论的兼性阐释[J].社会科学,2021(3):172-183.

文化传播不仅要避免以我为主的居高临下的"凝视",还要摒弃"差异强化"思维下无法平等交往的主客对立的二元视域。所以,从主客二元的"间"转化为主客一体的"兼",就可以有效地消解跨文化交流与传播的种种疏离、误解与冲突。

其次,从间性到兼性,是跨文化传播从价值理性到传播伦理的共在智慧。人们对美好生活的向往,离不开庸常的平凡的日常生活。日常生活世界就是人们生存价值实现和日常生活展演的基础。儒家文化的礼,就是一个囊括万物的兼及人、自然及人类自身精神世界的人类生命共同体和文化共同体。礼乐文化最为主要的思维就是兼性思维。在这种思维主导下的兼性智慧,是为礼乐文化的兼性智慧,也就是礼乐文化传播为世界提供的中国智慧。这一智慧的要旨有四:一是仁者爱人的核心理念,二是礼乐互补的话语原则,三是中和互鉴的传播路径,四是道器相生的传播方法。[①]

再次,从间性到兼性,是跨文化传播从批评到接纳的话语方式。主体间性涉及社会学的主体间性、认识论的主体间性和本体论的主体间性。[②] 无论哪一种主体间性,无不是在双方存在或者解释活动中的交互行为,天然地表现为一种主客体的划分。社会学的主体间性和认识论的主体间性都无法突破主客二元对立从而实现主客体的统一。而本体论的主体间性,虽然超越了主客二分的交互式而非决定式的交流关系,但是仍然没有达到也不可能达成本真的、圆融的、平等的、积极的互动关系。其根本原因,就在于他们还是站在主体角度在天然地"凝视"或"睥睨"。而兼性,无论是儒家的兼济天下,墨家的兼爱非攻,还是道家的道兼阴阳,法家的法兼君臣,兵家的兵兼形势,无不是主客统一的兼性思维下的接纳话语。

最后,从间性到兼性,是跨文化传播在对话基础上的融通路径。中华民族共同体视域下的跨文化传播的千年历程,既是跨文化传播的文化大融合,更是多民族在对话基础上的民族大融合与文化大融通。纸媒时代,作为文化传播的作者、读者、文本、世界四要素因作者的主体性地位,在主体间性的理论视角下,难以达到融通。数字时代,新技术视域下的主客链接,仍然有作者与读者、平台与用户、虚拟与现实、人与文本、人与媒介等诸多方面的主体间性。只有在平等对话基础上的兼性思维,才可以通达自

[①] 刘金波.兼性:礼乐文化传播的中国智慧研究[J].理论月刊,2021(8):144-150.
[②] 杨春时.本体论的主体间性与美学建构[J].厦门大学学报(哲学社会科学版),2006(2):5-10.

由、平等的交互式沟通、传播与理解。

总之,数字媒介时代的跨文化传播,比以往任何时候都呈现出新的、强烈的沉浸式、交互式特征;也比以往任何时候更多地出现主体性失落的问题。在跨文化传播视野下,技术的进步和主体性失落,并不必然导致主体性的理性思辨、话语转换实践和价值判断能力等的提升。只有兼具人与人、人与人们、人与世界、人与精神创造之间的兼性思维,才有助于跨文化传播的双方在自我与彼此的积极互动的交往、传播和对话过程中觅得主体的平等、本真和率性,进而逐步达成自由、博爱、友善和审美的共同价值观的实现。

目 录

前沿访谈

接近性批评:跨文化粉丝研究的意义与价值

——亨利·詹金斯教授访谈

〔美〕亨利·詹金斯　纪　莉　吴世文　张　琳　程筠瑶(译) / 3

超越跨文化传播研究的范式偏见

——埃里克·克莱默教授访谈

〔美〕埃里克·克莱默　纪　莉　刘　杨　吴雨含(译) / 23

本期专题:跨文化传播的跨学科视角

共情传播:谁能与我共舞?　　　　　　　　　　　　　　　刘军平 / 37

考古学对于"文化"和"传播"的思考　　　　　　　　李英华　余西云 / 51

共识优先抑或差异优先?

——论雷歇尔与哈贝马斯关于交往前提与目的之争　　喻郭飞　陈潇逸 / 63

新问题与新视野

基于情景的对话：邀请修辞与跨文化沟通的修辞实践　　　　　刘　涛 / 81

理论评析

他者的消失还是他者的涌现？　　　　　刘海龙 / 105

第三文化建构：面向跨文化关系的创造及其可能路径　　　　　罗一凡　单　波 / 115

面对文化差异想象平等交流
　　——《发明人类：平等与文化差异的全球观念史》的启示　　　　　李龙腾 / 142

跨文化路径

"核符号学"：跨越深时间的文化传播思想实验　　　　　胡易容　康亚飞 / 157

荆楚文化相关翻译中的跨文化问题　　　　　但海剑　何　可 / 178

案例分析

2022年跨文化传播事件评析　　　　　跨文化传播研究小组 / 193

比较新闻学年度案例评析（2021—2022）　　　　　比较新闻学研究小组 / 222

书　评

弹性的网络隐喻：全球史分析路径及跨文化传播启示
　　——评麦克尼尔父子的《人类之网——鸟瞰世界历史》　　　　　向　芬 / 249

"世界系"与"游戏性"：后现代媒介叙事的双重特质　　　　　欧阳敏 / 259

CONTENTS

Frontier Interview

Proximate Criticism: Significance and Value of Cross-Cultural Fandom Studies
　　—Interview with Henry Jenkins
　　　　Henry Jenkins, Li Ji, Shiwen Wu, Lin Zhang, trans. by Junyao Cheng　/ 3

Beyond the Paradigm Bias of Intercultural Communication Research
　　—Interview with Prof. Dr. Eric Kramer
　　　　　　　　Eric Kramer, Li Ji, Yang Liu, trans.by Yuhan Wu　/ 23

Thematic Research: The Interdisciplinary Perspectives of Intercultural Communication

Empathy in Intercultural Communication: Who'd Like to Dance with Me?
　　　　　　　　　　　　　　　　　　　　Junping Liu　/ 37

Archaeological Reflections on "Culture" and "Diffusion"
　　　　　　　　　　　　　　　　　Yinghua Li, Xiyun Yu　/ 51

Consensus First or Difference First: On the Debate Between N. Rescher and
　　J. Habermas about the Premise and Aim of Communication
　　　　　　　　　　　　　　　　　　Fei YuGuo, Xiaoyi Chen　/ 63

New Issues and New Perspectives

Dialogue Based on Situation: Invitational Rhetoric and the Rhetorical Practice of
  Cross-Cultural Communication   Tao Liu / 81

Theoretical Analysis

The Expulsion of the Other or the Emergence of the Other?   Hailong Liu / 105

Third Culture Building: Creation for Intercultural Relationships and Possible Paths
                  Yifan Luo, Bo Shan / 115

Imagine Equal Communication in the Face of Cultural Difference
  —Inspired by *The Invention of Humanity: Equality and Cultural Difference in World*
  History   Longteng Li / 142

Cross Cultural Path

"Nuclear Semiotics": A Thought Experiment in Cultural Communication Across
  Deep Time   Yirong Hu, Yafei Kang / 157

The Intercultural Communication Perspectives on Jing-Chu Culture Translation
  Practice   Haijian Dan, Ke He / 178

Case Study

The Review of Intercultural Communication Events in 2022
             Intercultural Communication Study Group / 193

Annual Review of Comparative Journalism Studies (2021—2022)
              Comparative Journalism Research Group / 222

Book Review

The Web, An Elastic Metaphor: the Approach of Global History Analyses and Its
  Implications for Intercultural Communication
  —Review of *The Human Web: A Bird's-Eye View of World History*
                       Fen Xiang / 249

"World Series" and "Gameplay": The Dual Characteristics of Postmodern Media
  Narrative   Min Ouyang / 259

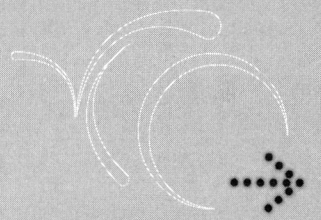

前沿访谈

接近性批评:跨文化粉丝研究的意义与价值
——亨利·詹金斯教授访谈

◆ 〔美〕亨利·詹金斯 纪 莉 吴世文 张 琳 程筠瑶(译)

摘 要 本文是对美国著名传播和媒介学者亨利·詹金斯的深度访谈,尝试从英国文化研究的伯明翰传统出发,比较性地阐述其粉丝文化、参与式文化、大众文化、融合文化、流行文化、数字文化等核心概念。亨利·詹金斯将粉丝文化视为伯明翰文化研究的一种延续,在描摹各概念及其勾连关系的基础上,重点论述了这些概念从美国到全球的跨文化旅行,勾勒出文化研究中概念本土性和全球性之间的协商关系,凸显个体经验中的参与对粉丝文化的独特价值,为理解如何在跨文化传播中超越分歧、达成共识提供了一种可能途径,并展望人工智能与新技术对粉丝文化研究的影响。

关键词 跨文化传播;文化研究;粉丝研究;参与式文化;接近性批评

Proximate Criticism: Significance and Value of Cross-Cultural Fandom Studies
—Interview with Henry Jenkins

Henry Jenkins, Li Ji, Shiwen Wu, Lin Zhang, trans. by Junyao Cheng

Abstract This article conducts an in-depth interview with Henry Jenkins, a highly respected American scholar of communication and media studies. Departing from the Birmingham tradition of cultural studies originated in Britain, it comparatively expounds on the core concepts of fan culture, participatory culture, mass culture, convergence culture, popular culture, and digital culture. Dr. Henry Jenkins regards fan culture as an extension of the ideas originated from the Birmingham School. In this article, he elaborates on the conceptualization of each terms and their interconnections and discusses their cross-cultural journey from the United States to the world. He outlines the negotiated relationship between the local and global aspects of these concepts in cultural research, emphasizing the unique value of individual experiences in fan culture. In the end, the article envisions a new approach in cultural studies with the goal of transcending differences and achieving consensus in cross-cultural communication. It also anticipates the impact of artificial intelligence and new technologies on fan culture research.

Keywords cross-cultural communication; cultural studies; fandom studies; participatory culture; proximate criticism

对话者简介

亨利·詹金斯教授

亨利·詹金斯(Henry Jenkins)教授出生于1958年,是美国著名的传播和媒介研究学者,现任职于南加州大学,此前于麻省理工学院任职十余年。他曾师从约翰·费斯克(John Fiske),从文化研究的视角重新审视流行文化,提出了参与式文化、融合文化、粉丝文化、文化消费、生产消费文化等众多概念。

詹金斯著述颇丰,涉及流行电影研究、漫画研究、粉丝研究等诸多领域,影响力广泛,其代表性著作有《融合文化:新媒体和旧媒体的冲突地带》(*Convergence Culture*:*Where Old and New Media Collide*)、《文本盗猎者:电视粉丝与参与文化》(*Textual Poachers*:*Television Fans and Participatory Culture*)、《参与的胜利:网络时代的参与文化》(*Participatory Culture in a Network Era*)与《在通俗文化中起舞:通俗文化的政治与乐趣》(*Hop on Pop*:*The Politics and Pleasures of Popular Culture*)等。

詹金斯曾担任麦克阿瑟基金会(MacArthur Foundation)资助的"公民想象力"(Civic Imagination)项目和新媒体素养项目(Project New Media Literacies,NML)的首席研究员;他也是"融合文化联盟"(Convergence Culture Consortium)的创始人,该项目旨在于在学术研究人员和媒体行业之间架起桥梁,帮助人们重新思考参与式文化时代的消费者关系。

纪莉博士,武汉大学媒体发展研究中心研究员,武汉大学新闻与传播学院教授,主要研究跨文化传播、环境传播、情感传播等,电子邮箱:jliwhu@whu.edu.cn。

吴世文博士,武汉大学媒体发展研究中心研究员,武汉大学新闻与传播学院教授、副院长,主要研究互联网历史、媒介记忆、健康传播、网络传播研究等,电子邮箱:724379855@qq.com。

张琳博士,美国新罕布什尔大学副教授,关注全球数字资本主义背景下的劳动创业和社会公平、比较视野中的创新产业和平台政治经济学等,电子邮箱:lin.zhang@unh.edu。

Q1:您的研究中流露出一种浓厚的文化研究传统,发掘了流行文化的积极面向,对于今天流行文化的研究具有开拓性影响。比如,大众文化被定义为大众化生产的文化,而进入日常生活的文化是流行文化。此外,大众文化为流行文化提供了原始素材(raw materials),让个体获得身份认同的资源变得亲近而丰富,并由此发掘了流行文化的积极面向与研究价值。这种研究是具有开拓性的,可以说,我们今天对于媒介流行文化的分析都受益于此。请问您的这种学术研究路径,是来自您作为"粉丝"对于主体自觉的自我发现,还是受到了20世纪五六十年代英国文化研究的启发?

亨利·詹金斯(以下简称詹金斯):我想先回答我从文化研究那里获得了什么。约翰·费斯克向我介绍了文化研究,我当时就觉得这些研究充满了解放的力量,令我激动,因为它们与我作为一个粉丝和研究粉丝的很多想法非常契合。我在研究生学习阶段,就对电影理论中的主体性理论感到不适。它将观众描述为被动接受的主体而非积极的受众,这与我作为粉丝的行为,以及我与其他粉丝一起对流行文化的参与和消费无法建立关联。

接触到文化研究的那一刻,我终于看到关注主体能动性的研究了,一种聚焦日常文化行为的意义与能力的研究。费斯克是在雷蒙德·威廉姆斯(Raymond Williams)的直接指导下开展研究的。通过费斯克,我阅读了所有关于亚文化的讨论,从而接触到威廉姆斯的研究。对我来说,最神圣的文本来自威廉姆斯,他说"文化是日常的"。每个人都能生产值得尊重与思考的文化。威廉姆斯坚持强调个体直接经验的价值,反对人们就坐在教室里提出理论主张。他说他在图书馆里感受到的阶级歧视比在奶茶店里感受到的还要多,并称之为"教室政治"。这些表述在我看来充满了真实的力量。我来自美国南部,在那里,进入研究生院求学的人更少。对我而言,威廉姆斯的表述与我的个体经验产生了直接共鸣。它仿佛是对文化做出了一种新的宣言。

当我进入亚文化研究的讨论中时,安吉拉·麦克罗比(Angela McRobbie)对伯明翰学派的科学客观性传统的批评也对我产生了影响。她提出了"我们可以相信粉丝的亚文化书写吗?"这个问题。迪克·赫布迪奇(Dick Hebdige)则提供了思考亚文化风格、消费模式的路径,让我看到亚文化是一种关于思想和隐秘身份的消费实践与消费仪式。

但是,迪克·赫布迪奇并不承认自己属于他所研究的朋克摇滚中的一员。麦克罗比则从女性主义研究立场指出这是学术站位问题。文化研究关注公共文化中街头男性的问题、私人俱乐部文化的问题,也研究卧室中的少女文化、野小子文化等。麦克罗比指出,这也是在用男性的议题遮蔽女性的议题。所以,麦克罗比对此表示了拒绝,她希望大家关注"你如何知道你所知道的"这一问题,这是个体身份的认知问题。

在粉丝文化研究中,麦克罗比从两方面启发了我。首先,她鼓励我们关注粉丝。她和我都通过粉丝研究探索流行文化中亲密关系的空间问题。我后来非常关注女性如何成为粉丝的问题。其次,麦克罗比呼吁我们关注"我们如何知道我们所知道的"这一问题,这一点对我非常重要。

所以,"学者粉"(ACA FAN)概念就来源于此。我使用这个概念,首先就是承认我是某个封闭社群的一员,知道它的一些事情。我是涉入粉丝中的,而且对粉丝社群是可信任的。我会向粉丝社群的成员分享我的写作,了解他们的反馈,并进一步修改我对社群的书写。我的目标是尽可能用最清晰的方式表达这个社群。所以,一方面,我知道作为一个粉丝我知道什么;另一方面,我知道作为一个学者我知道什么。我有粉丝们没有的理论武器,也可以用好这些理论武器在封闭的社群和学术社区之间搭建起桥梁。我从不拒绝自己的学者身份,而声称自己只是个粉丝。我从学术研究中获得的,尤其是从文化研究中获得的东西非常重要,但是,我也重视粉丝的专业知识和在粉丝社群中的观察。

我这种研究立场被称为"接近性批评",即近距离的、密切接触后的批评。

"学者粉"要求我们有立场地写作。这一立场并不表示你完全成了一个粉丝,学者当然可以和粉丝社群有不同意见。它不是局内人和局外人的二元对立。我们从某种程度来说都既是局内人,也是局外人。但是,要尽力阐明这种关系。

在学术写作中,我会更多地以自传的方式来阐释立场的复杂性。我坚信流行文化中不存在外部视角。流行文化的本质是对亲密关系和情感参与的需求。由此,当你在写作关于流行文化的内容时,你一定是有感触的。如果你说作为一个客观的研究者,你对研究对象毫无感觉,那你的研究肯定会失真,也一定相当糟糕。但是,如果你感受到了什么,在写作中对其加以粉饰,我们也应该知道你是如何写作的,被你粉饰的部分到底是什么。

Q2:从发展历程来看,1992年是粉丝研究诞生的关键时间节点。粉丝文化研究似乎在其后与文化研究传统分道扬镳,您是如何看待这一研究轨迹的?

詹金斯:1992年,我出版了《文本盗猎者:电视粉丝与参与文化》一书,卡米尔·培根·史密斯(Camille Bacon Smith)出版了《进取的女性》(*Enterprising Women*),丽莎·刘易斯(Lisa Lewis)出版了重要的作品合集《热爱的观众》(*The Adoring Audience*),我们写的是与同人创作和情色等相关的内容,这些书都得到了一致好评。从那时候起,我们开始有意识地写作一种被称作"粉丝"的亚文化观众实践。那个时间被普遍认为是粉丝文化研究的诞生之时。

我们都在那一时期进行了关于粉丝的研究,而我们的研究显示,成为粉丝不只与消费有关,还涉及附属关系、文化生产、文化表达,等等。粉丝文化也有其文化传统和生活方式,是一种和归属感有关的文化表达,不是一种被动的消费。它不是一种文化创意产业自上而下传递的文化,而是一种自下而上的、通过占有和借用文化创意产业的原材料而形成的文化。对我来说,这也是一种文化。

所以,从这个角度来说,我认为粉丝研究并不是与伯明翰文化研究根本决裂的,而是它的一种延续。例如,当谈论朋克摇滚乐时,我们需要承认它是一种自下而上崛起的音乐形式,后来才变得商品化。又或者是我们谈论斯图尔特·霍尔(Stuart Hall)所说的铁十字架时,年轻人戴着它,它是一个产品,但又不仅仅是一个产品,它还是年轻人不满、愤怒和挫折的象征。

在美国语境下,粉丝所利用的原材料虽然是一种产品,但也是女性反抗自己在文化表征中被排斥在外的一种象征,是关于男性气质的再思考,是女性对于被强加给她们的某些性别角色的抵制。因此,我不想将其简单地概括为"抵抗的亚文化",我认为更准确的说法是将其归入斯图尔特·霍尔提出的"协商的亚文化"的范畴,因为对于主流的抵抗和接受始终存在。

此外,我无法接受把"粉丝"简单地称为"主流阅读消费者"的说法,但我也不认为粉丝都是抵抗者,因为并没有充分的证据佐证。"读者并非真实存在的,他们不会去观看,不会参与"的观点只是猜想;粉丝在某种程度上是抵抗的、质疑的,也是接纳的。他们因迷恋而成为粉丝,但又因为对其不满意而重塑商品文化。

美国文化研究的另一方面,是它比伯明翰学派更倾向于研究各种形式的大众文化。如果你看伯明翰学派中那些经典的研究,会发现关于亚文化的研究主要与流行音乐相关。但是,美国的亚文化研究被各种不同类型的大众文化所吸引。粉丝研究最初更多地关注小众媒体、科幻小说、奇幻漫画、超级英雄,而对音乐的关注不太多。

粉丝研究历史上也存在三种分歧,即体育粉丝群体、音乐粉丝群体和小众媒体粉丝群体,它们由不同的研究团体进行研究,这些团体正在学会彼此更深入地交流。在某种程度上,这重现了我们在高中时期经历过的差异,即受欢迎的孩子喜欢音乐,运动员喜欢体育运动,书呆子喜欢科幻小说。我们被吸引到直接触动我们的文化形式中,但这也导致某些事情会被忽视,可能在某种类型的文化表达中,我们既没有讨论,也没有互相交流。

我认为这是粉丝研究当前面临的另一个挑战,即需要推动不同群体之间的交流。作为一个不研究音乐粉丝的人,我很难谈论中国的音乐粉丝,尤其是偶像粉丝,因为偶像粉丝、动画粉丝的内部联系是不同的,在这种文化中,书呆子和受欢迎的人之间的分歧并不是核心问题。除非我们跨越这些分歧进行交流,否则我们无法真正开始并有效地在不同国家的文化差异中进行粉丝文化的交流,因为这些类别在世界各地有着不同的配置方式。

Q3:在您的研究中,参与式文化、文化消费、融合文化、生产消费文化作为核心概念,被不断在新的技术发展阶段反复应用于多种媒介文化的研究中。请问您是否可以对文化进行界定,对这几个概念进行细描,并解释概念之间的勾连关系。此外,在您的学术实践中,融合、参与、粉丝等概念如何完成了在全球的跨文化旅行?

詹金斯：雷蒙·威廉斯说："文化是日常的，是整体生活方式的总和。"我认为，首先，文化关乎人们如何在日常生活中协商出空间。无论这种被制造出来的文化是政府部门的官方文化、精英教育机构生产的高雅文化，还是文化创意产业生产的商业文化，我们都需要在日常生活的世界和我们自己期望的世界之间探索一个协商的空间。

其次，文化是造梦的场域，我们借助周围的原材料为自己想象其他可能性。虽然那些原材料并非我们原创的，但是我们可以发挥主观能动性，通过重新创造，使之成为我们自己的文化形式。这也涉及大众文化和流行文化的区别：大众文化是大规模生产的、广泛分发的、大规模消费的文化；而流行文化则是消费者与大众文化相遇后，对其进行重新创造，使其适应自己日常生活的文化。事实上，我的研究更多的是关于流行文化和参与式文化，而并非大众文化。

最后，文化可以被视为产生意义的过程，文化研究是研究意义如何产生的研究。正如约翰·费斯克所说，人类不会从事无意义的活动，我们会为自己不断地创造意义。如果我不理解一件事为什么有意义，这不意味着它没有意义，而意味着作为一个研究者，我还没有做足够的工作，来理解它对于那些参与其中进行生产的人们来说有什么意义。这是一种非常富有创造力的思考方式，因为它迫使我们不断向下深挖，直到我们能够理解它为什么有意义。在此过程中，不要满足于封闭式的答案，不要轻易下定论，而要深入思考，为什么它是有意义的？为什么他们会去消费那些在我眼中是剥削的或是肤浅的东西？他们从中获得了非常深刻的和有价值的东西，如何去解释他们基于此文化材料建立的情感利益关系、社会利益关系、文化利益关系？这些都是文化研究者需要研究的议题。

我将"参与式文化"定义为一种在社群网络情境下，借助民间文化的实践回应大规模文化资源的文化。19世纪的民间文化就极具参与性。我还会拿我的祖母举例子。她当时带领本地妇女将纺织厂剩余的边角布料缝制为"百家毯"。在此过程中，年轻女性通过跟随年长女性学习，掌握制作的技巧，她们也会互相学习，并在州立博览会上举办比赛。这是一种在工业制作规范之外的自主文化实践，虽然原材料来自原有的纺织厂，但用边角料缝制毯子作为一种文化活动，却是一种合作和表达的文化新形式。

但"大众文化"是工业化的、大规模生产的，往往将这些形式的文化工作排除在外；大众媒体也往往排斥报道当地文化主体的文化生产。在大众文化的边缘地带，正在快速涌现其他形式的文化生产和文化表达,"粉丝文化"就是其中之一。

粉丝开始将自己的创作逻辑作用于大众文化的原材料上,就像纺织工人将当地纺织厂的边角料用于自发制作具有民间文化特质的毯子一样。数字网络提高了这些文化实践的可见度,带动越来越多的人参与这类文化实践,并广泛传播,让更多人看见文化实践的产品。粉丝文化也成了民间文化生产的主导形态。

综上所述,我认为这是一个正题、反题和合题(黑格尔辩证法思维)的关系,正题是民间文化,反题是大众文化,合题是参与式文化。不过,粉丝文化并不是唯一的参与式文化形式,人们还可以探讨手工制作文化、游戏文化等其他形式的参与式文化。只是对我而言,粉丝文化是我选择投入大部分精力的研究领域。

从全球传播角度看,如今重要的叙事都来自多媒体和跨媒体,"融合文化"是一种应对叙事的文化过程。粉丝们借助多种方式来整合信息、共享知识和解决问题,在不同媒体之间的交汇地带创造出新事物。这也是融合文化与粉丝文化的交叉之处。"生产消费者"这个概念我并不常用,虽然人们用它来概括我的研究。

这些概念确实进行了跨文化的旅行。要让某种事物能在全球范围内传播,它必须要与接收方所在地的人们产生共鸣。以《越狱》(*Prison Break*)在中国的流行为例,我认为或许是它强调的兄弟情谊主题深度契合了中国的儒家文化,这一点是这部剧在中国市场比在美国市场更成功的深层次原因之一。在现实生活中,粉丝们选择观看某个剧的同时,也在为其赋予新的意义,并在此过程中满足自己的情感需求。由此,思考中国的粉丝文化时,要注意到独生子女一代的存在,关注他们对于建立情感联结的需求,还有中国城市化的进程和人情社会的转型。

粉丝圈是人们彼此间建立起强烈情感联结的空间。一个粉丝曾告诉我,她愿意信任她在网络上的同好粉丝们,但她并不会在生活中轻易信任身边的同学和同事。这种信任的力量是强大的,流行文化资源正在被当作一种共享的文化资本,用以推进中国年轻人之间友谊和信任的建立,其中一部分文化资源来自其他国家,且不是偶发的现象。我认为,在世界各地都能看到一种"流行世界主义",即通过与来自其他地方的流行文化建立联系,来逃避自己文化中的狭隘主义,这是欧洲文化精英主义之外的一种基于共享文化资源建立起跨国界联结的渴望。在如今的中国,这种跨越边界的联结有了新的承载形式,例如好莱坞系列电影或是日本独立漫画。

建立这种联结的过程伴随着文化协商的发生。例如,你如果仔细观察泡泡玛特的货架上并排摆放的迪士尼公主,会发现它们眼睛的设计风格迎合了中国市场的喜好,以至于我几乎认不出那里摆放的迪士尼公主。它们从眼睛到服装的设计风格都展现出独特的中国式的可爱形象,这与日本式的可爱形象有着明显的区别,也迥异于美国式的审美风格。以泡泡玛特这一流行商店的设计风格为例,它正处在一个十字路口,并正努力构建起一个设计风格能被中国市场接纳的文化协商空间。

我所提出的概念在全球的跨文化旅行中存在诸多不确定因素。我认为,"参与式文化"的概念以不同的方式在世界各国引发共鸣;"跨媒体"的概念因涉及"融合文化"的概念和许多国家的跨媒体项目,在全球范围内得到了广泛讨论;"跨媒体语言"已经被纳入了全球各国政府对艺术的支持。

在商业经济、国有经济或公共服务经济中,跨媒体的运作方式有所不同。不同的国家有不同的跨媒体模式、跨媒体组合、跨媒体底层逻辑和目标。但跨媒体提出的核心问题是:我们如何在内容生产和消费的场域中组织各种媒体之间的关系?这个核心问题无处不在,并引发了人们的广泛共鸣。在我这次访学中国的过程中,粉丝问题被广泛地关注和谈论。但是从全球范围而言,跨媒体的问题会被更多人提及。

通常来说,能够进行理论旅行的概念或最具理论抽象性的概念,往往可以很容易地被应用到其他语境中。虽然我的很多研究都是基于具体案例的,概念只以特定的方式广泛地融于其中,但令我惊讶的是,其中一些概念会在全球范围内被采纳。

不过,这些概念源自我对于美国流行文化研究的密切参与和深度互动,而我本人其实并不具备全球其他地方文化的专业知识,虽然我对此充满好奇心和兴趣,并试图了解当地评论家和学者的声音。但归根结底,对于中国流行文化,我仍然了解得不够,只能做泛泛而谈的理论化表达,我期待中国学者能开展自己的研究,借助他们的经验来检验我的概念,深入挖掘并与我分享他们对流行文化和粉丝文化的洞见。

当然,即使是我的理论,我也没有资格去评判某个概念是被滥用的,因为它有可能只是被挪用和被重新赋予意义。"滥用"的前提是我有权利要求他人忠实或者完全按照我创造的方式来复制我的信息,但从信息编码到解码的过程来看,我认为这个前提并不存在。因此,并不存在滥用的问题,虽然某些概念在其他文化情境中的使用方式会让我感到惊讶,但这也让我对自己的研究有了新的认知。

如《文本盗猎者》那本书,它问世已经三十多年了。它并不是基于当时美国粉丝群体的准确描述,阅读它的人需要结合现实来重新理解书中的内容,不仅要结合中美语境的差异,还要看到20世纪80年代和现在的时代差异,这种阅读调适是非常重要的。例如,我并没有写关于偶像文化的内容,因为我既不是音乐迷,也不是探究音乐迷的学者;不过,中国的读者和研究者正在应用这本书去思考音乐,这意味着我们某种程度上正在将这本书的特定内容剥离出特定的语境,以便展开更广泛的探讨。

正如我之前说的,这本书难以既成为粉丝文化的一般性理论,同时又能对特定文化社群展开具象化的描述。我个人认为,它更适合作为对特定社群展开具象化描述的书而为人所读;但如有必要,它在中国也能被用作检验粉丝文化的一般性理论。我认为这是一个合理的起点,但不能止步于此,它需要被更新和修正。

这方面,西方的粉丝文化研究和日本的粉丝文化研究存在显著的差异。日本学者的作品侧重于从后现代主义而非文化研究的前提出发,例如东浩纪(Hiroki Azuma)的《动物化的后现代:御宅族如何影响日本社会》(*Otaku：Japan's Database Animals*)一书。日本的粉丝文化研究者经常假设意义在被生产的过程中存在缺失,但通常这是基于想象的和表层的。

他们也常沉浸于内疚感中,并不完全承认自己也是粉丝。事实上,我和日本学者交谈时,明显可以看出他们是粉丝,但他们并不以粉丝的身份撰写文章。他们没有经历过那种"粉丝者"的支持,他们通常也没能从自己的社群中获得力量和自豪感。他们从羞耻和内疚出发,这是日本文化的特色。我认为这些羞愧色彩也影响了他们的写作,这也是西方和日本的粉丝文化研究产生分歧的出发点。

我欣赏那些作品。但它们与我们在美国做的研究并不相似,因为它们没有进入伯明翰传统中,而"粉丝者"作为一种赋权话语和粉丝女性主义为我们的研究增色不少。我曾说过,中国情境下的问题最好由中国学者来研究,而不是由我来研究,中西存在着不同的经济体系、精神文化传统和政治环境,不能简单地将这些概念套用在中国情境上,这些概念一定是需要不停地被审视、被测试、被质疑和被探索的。

Q4:您的表述让人清楚地看到了"学者粉"进行"接近性批评"带来了具有相对解释性的概括与现象的概念化,我们可以用下面这张图(见图1)描述您的概念图谱吗?

詹金斯:这张图比较接近我的想法,但我们很难借助一张图来完全呈现概念间的

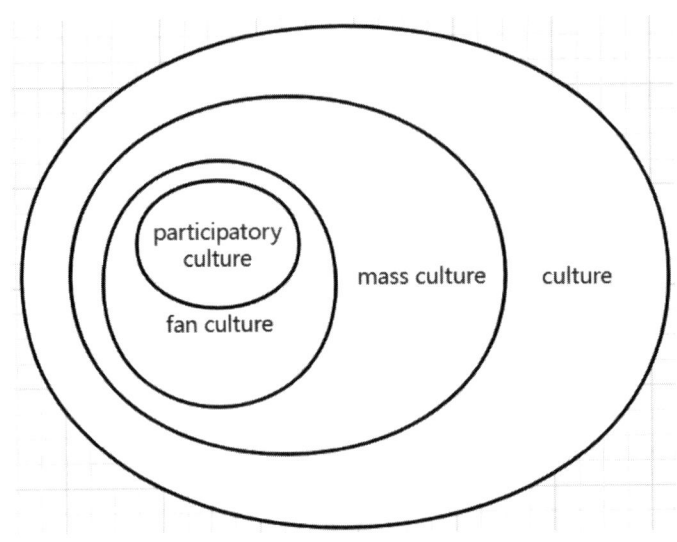

图1 詹金斯核心概念关系图

不同关系。我的研究中最重要的概念是"参与式文化"(participatory culture),参与式文化存在于"大众文化"(mass culture)和"文化"(culture)术语之间。"粉丝文化"(fan culture)是参与式文化的一个子集,而参与式文化是文化的一个子集,但大众文化不是参与性文化的子集,大众文化是创造粉丝文化的原材料。

大众文化在这里是中立的,但人们需要区分文化的生产和文化的消费。参与式文化是被消费的文化;而大众文化是由文化产业大规模生产和销售的文化;流行文化指被接纳进粉丝或普通人的日常生活中的文化。文化的生产和文化的消费中也涉及一种选择行为,必须考虑到大众产业提供的文化产品具有选择性,其中许多产品被拒绝,许多产品失败了,人们对其中哪些元素感兴趣也存在选择性。例如,《权力的游戏》(Game of Throne)的中国粉丝对龙的关注较多,但印度粉丝却只对琼恩·雪诺(John Snow)和那个从下层逆袭和争夺权力的私生子感兴趣,这体现了全球化进程中的文化选择性。我们从中可以看到协商和选择的过程,即当一件大众文化作品被引入时,它会如何嵌入人们的日常生活中。我对于大众文化如何成为流行文化的过程很感兴趣,这也是从约翰·费斯克那里学到的。

在我的学术写作中,欧洲的文化精英主义常常困扰我,我在亚洲总是感觉比在欧洲更为自在。我对于日本、韩国和中国这些国家的新兴流行文化和美学始终保持一种探索的开放心态;我在印度也感到很舒适。我和这些文化更加亲近。

Q5:在数字化技术如此发展的今天,数字化文化似乎成了一种压倒性范式,又成了一种新的霸权的来源。广袤的数字文化中,被保留、被关注和被记忆的数字化流行文化也可能仍然是某种类型的文化样本,是经过了商业化生存、政治化筛选、道德化规范而侥幸存活的文化样本。它依然可能成为一种结构性文化,带来固化的文化样本,甚至更容易因去地域文化而获得全球商业的青睐。您是否对此有所担忧?

詹金斯:这涉及"参与媒体制作和运营"与"通过媒体进行参与和互动"的区别。就"参与媒体制作和运营"而言,我们对影响日常生活的社交媒体平台政策毫无发言权,无论是技术层面还是组织结构层面,我们都没有能力将社交媒体平台塑造成符合我们自身需求的形式。"通过媒体进行参与和互动"则不一样,以"美国占领运动"为例,我们追踪了占领参与者通过社交媒体平台发布的上万个视频,这些视频的存在使得"占领运动"得以发生。你在福克斯新闻上是看不到这其中的任何一个视频的。

由此,虽然两方都受到公司管控,但各自的管控方式却很不相同:福克斯新闻公司控制着内容,并决定哪些声音可以被听到;而对谷歌公司而言,让每个人都能使用YouTube 传递各种信息符合谷歌的经济利益,除非受到政府压力,被要求关闭某些声音,否则谷歌不会主动这么做。

所以,至少从公司管控层面来说,社交媒体平台上的个人表达自由度较高。除国家管控之外,这些社交媒体公司并没有限制我们通过社交媒体传播革命性信息的能力,电视网络却有所不同。当然,社交媒体公司也从这些革命性信息的传播中找到了盈利方式,它们会对其加以修改,也会在视频中添加广告。今天,革命性信息正在通过数字技术传播,其中也存在着草根形式的传播;这种传播远比早期的互联网倡导者所认为的更迅猛,商业化也在持续跟进。

因此,我认为需要梳理信息内容与传播实践的盈利之间存在的紧张关系和矛盾。尽管这种参与式文化会被用来牟取暴利,但参与式文化仍然很重要,仍然能产生影响,并以某种方式成为主流文化之外的替代性选择。更何况比起以往任何时候,当下,这种参与式文化的范围更广泛,规模更大,传播速度也更快。我们生活在一个更有参与性的文化中,更多的人能在比以往更广泛的范围内制作和分享媒体内容。

在 21 世纪的媒体权力斗争中或是参与条件的斗争中,谁能够参与?我们如何参与？我们参与了什么？哪些信息会经由我们的参与被传播出去？不是说"参与式文化解放我们所有人"之后，这些就是必然会出现的结果；事实上，这是一个不断围绕我们参与的条件而进行的斗争。

当然，对于参与，在我们谈论"媒体参与"或"通过媒体参与"时，好像只要是在媒体上进行的网络活动都等同于参与。尼可·卡朋蒂尔（Nico Carpenter）和我一直在争论这个问题。我们试图完善和深化彼此对"参与"概念的理解。尼可认为，在参与式的结构中，权力的品质非常重要；而我认为，重要的是激发对权力平等的追求，即人们需要感觉到我的声音很重要，别人在意我的贡献，认可我有能力作出贡献，这些都是参与的关键特质。文化是否必须在完全平等的前提下才能成为"参与式"的，或者说更值得被探讨的是在不同的模式下有多少"参与"的空间？人们如何理解他们在这种体系下的参与？哪些问题更重要呢？

我们正处于媒体快速进化的时刻，我希望人们对此有一个相对灵活的定义，但这个定义能够让我们对正在发生的事情和问题进行提问和描述。我和尼可已经达成共识的是：带来互惠、平等和民主的基本期待是衡量参与的基本标准。

目前，人们普遍关心平台上的文化参与问题。我认为，我们在平台上的许多行为和活动并不是真正的参与。这里要区分"互动"和"展示"。"互动"关乎技术的一致性；"参与"涉及社会和文化实践。互动是预先编程的，就像计算机游戏是互动性的，游戏软件控制着它行动的范围和执行的操作。例如，当我玩游戏时，一开始，我并没有参与感；只有当我与其他玩家组成团队并各自分工，且有多种具有文化意义的选择时，我才更多地向着"参与"而不仅仅是"互动"的方向发展。如果我为游戏制作并分发游戏皮肤，那么，我在游戏中这种对于"我要生产什么样的资源"以及"使用什么样的经济模型进行分发"的选择，才算是向着"参与"的方向发展。

参与是文化层面的，我们在离线环境中所做的许多事情也是参与。例如，和别人社交和对话也是一种参与行为。"参与"在某种程度上也涉及我们如何对某类活动加以评判，当我们认为某类活动为"参与"时，也需要关注这种"参与"在何时是有价值的，"参与"在何时是符合伦理的。

以华盛顿特区发生的叛乱事件为例，我们称之为"参与式文化"的各类方法机制，它们以一种极端反民主的形式来封闭其他人的参与途径。我认为，让别人沉默和阻止他人表达观点的参与并不应当被视作好的参与,但我不希望将其纯粹地定义为意识形态问题。它之所以是一种糟糕的参与,并非因为它是保守派与自由主义的观点之争,而是它让其他人保持沉默。

从这个角度上看,"文化抵制"通常也是一种破坏行为,无权势的人以"文化抵制"为工具,抨击那些逍遥法外的权贵人士。我不想完全排斥"文化抵制",因为它曾是无权势的女性用来对抗哈维·温斯坦(Harvey Weinstein,被指控性侵的好莱坞电影制片人)的工具。它被用于让与你意见相左的人保持沉默,虽然它属于保护机制,也是一种文化类型。我在努力细化"参与"的概念。因为,的确,概念变得泛化时,会失去解释力。但在我们完全理解它们之前,我不愿意抛弃这些模型。

Q6:在参与式文化和粉丝文化的交合之处,如何表达出参与的意义和价值很重要,这也需要我们在跨文化交流和翻译、创造性和批判性的应用上付出努力。您提到在美国语境中,研究焦点主要是性别和身份政治。近期的粉丝研究也会涉及种族问题,例如将中国或亚洲作为一种新种族的概念。然而,将这些概念应用到中国的文化语境中则有很大不同。在美国媒体研究的讨论中,发现种族和性别政治的问题很重要,但这也遮蔽了全球差异的存在,存在跨文化传播的张力。您如何看待您的研究与伯明翰文化研究在种族问题研究方面的差异,如何理解身份政治与性别政治在美国粉丝研究中的重要性?

詹金斯:美国的文化研究是基于伯明翰学派的研究的,但是改变了重点。部分原因是,在美国社会中,阶级问题不如性别、性向问题那样显著。这并不是说阶级不存在,而表明它是一种更加微妙、更难以把握的事物。但在英国,阶级显然是被考虑的第一个因素,因为它是最明显的因素。

美国文化研究是从关注性别和性向开始的,最初也没有足够多地涉及阶级问题。斯图尔特·霍尔撰写黑人流行文化方面的理论时,我们在美国开始了粉丝研究。一个不幸的损失就是,我们如果一开始是以霍尔的研究为核心,也许现在有大得多的进展。

在性别与形象的研究轴上,近年来,蕾贝卡·万佐(Rebecca Wanzo)以及其他学者开始推动我们对于种族问题的理解。我认为,这是当前美国一场至关重要的斗争,不仅存在于美国文化研究领域,更具象化地存在于我们在粉丝研究中试图解决的种族问题和全球化问题。

我们正努力在这两个方面迎头赶上。我们长期以来关注的焦点是性别、代际、性取向等方面的研究，忽视了种族和全球差异的研究。但阶级问题在美国文化研究中仍然很少被讨论，我们仍然不知道如何谈论阶级问题，这也是我认为需要回到伯明翰学派中学习的地方。

我已经越来越多地开始思考种族问题在我的研究中的地位。很长一段时间里，我认为这不是我应该谈论的事情。作为一个来自美国南方的白人，我能做的最好就是在种族问题上保持沉默，并培养一代又一代有色族裔的年轻学者来从事这项工作。但我渐渐意识到，最糟糕的白人特权形式就是享有不必讨论种族问题的自由。作为白人，我们可以选择不谈论种族问题，而其他人则必须承担起种族问题的所有重担。

我们必须涉及种族问题，并找到一种方式，无论那多么让人不舒服，也要去探索白人性的形成、南方黑人的本质，并将黑人的声音、黄种人的声音、红种人的声音、土著人的声音都纳入对话中，这是我们工作的重要组成部分。我们不能简单地将白人性普遍化并将其作为理解世界的方式，我们必须超越以美国、以英美文化为中心的观点，以了解全球的相似、差异与连续性，以及粉丝群体的运作方式。这也是为什么我要在博客上试图汇集更多的声音，讨论全球的粉丝文化和跨文化的粉丝群体。我也花了很多时间试图了解中国的粉丝群体，"AO3"被封禁时我刚写了一篇关于"AO3"的文章，当时《文字盗猎者》在中国出版不久，中国媒体希望有人对此发表评论。

自从2008年以来，我没有来过中国，也没有深入研究过粉丝群体。所以，如果我要参与这些讨论，我需要来到这里，倾听和学习。这也是为什么我这次来中国发表演讲的原因，实际上，我更多的是来倾听，而不是来发言的。我希望能够来中国学习更长时间。我对这种参与非常感兴趣，这对我个人来说非常重要。但我也想去韩国和日本。我希望能在南加州大学组建一个关于东亚流行文化和粉丝文化的研究小组，与东亚的学者和学生进行交流，并能够对这些问题有更深入的理解。对我来说，这是前进的方向。

作为该领域的领导者，我可以为此作出贡献。但我不能亲手写完整个领域的论文，因为我想推动年轻一代人的发展。去年，我在博客上举办了全球粉丝盛会系列活动，来自45个不同国家的年轻学者共同讨论了粉丝群体及其研究在各自国家的情况，促进了彼此间的交流。通过这个活动，也涌现了新的论坛、特刊和其他形式的发表，因为人们找到了彼此,也开始探索相关的问题。作为该领域的资深学者,我认为我可以促进这种探索。

从许多方面来说,我们重新回到了伯明翰的工作小组的模式,但更多是通过网络技术在全球范围内进行。我很信赖这种模式,并试图在自己的职业生涯中复制它。我曾参加过斯图亚特·霍尔在伊利诺依大学香槟分校(UIUC)文化研究会议上的演讲,他谈到了伯明翰学派的形成,以及不同背景的教员、妇女和少数族裔如何共同推动文化研究议程。我非常钦佩伯明翰学派这种知识生产的模式,我总是被自下而上的、边缘化的知识所吸引。我在南加州大学和麻省理工学院的学生们也是一群与众不同的人,他们染着绿色或紫色的头发,穿着特别,他们是一群具有非传统思维、能提出非传统问题的年轻人。

我也非常钦佩伯明翰学派的运作方式,以及它作为开放大学和致力于将知识传播给非学术专家的承诺。"公共知识分子"的概念对我思考自己的工作方式非常重要。我尝试以博客、广播等方式来履行教授的职责,回到"教授"这个词的本义。"教授"是一个宣扬者,是一个让知识为人所知、传播知识的人,而不是创造知识、垄断知识并让人们付费获取知识的人。我致力于使知识易于被人们获得,并自由地为所有人所知。我致力于推进这个项目,并致力于训练我的学生投入到这个项目的实践中。

我们一直在通过公民想象力项目推进这方面的工作。也许我们可以称之为一个集体想象力项目。"公民"一词的目标是确定想象力的共同要素,学会共同想象,并探索理想的未来可能。

我们在美国各地以及世界上许多地方召开了研讨会,聚集人们一起想象未来,想象一个外星球上的理想社会,或者想象一个26世纪的理想社会,想象的内容具体取决于当地文化中最适合的情境。这种研究模式为人们创造了一个空间,在这个空间里,即使是在当前可能存在根本分歧的人,也可以保持足够宽容的态度,讨论我们需要达成的共识,以求生存。

比如,我们将特朗普的支持者和民主党人聚集在同一个空间,讨论为了生存需要达成的共识。我们在西弗吉尼亚山区的两个小镇举办了一个研讨会,这两个小镇正在逐渐变成21世纪的鬼城。它们曾经是矿业城镇,但因抵制煤矿开采关闭了矿山;它们曾经是大学城,但大学也关闭并搬走了,因此,它们逐渐衰落了。正是这种冰冷的现实、经济的衰退和人口的下降使得这些小镇面临巨大的不确定性,它们原有的居民流失了,它们被国家和政府抛弃了。其中一个小镇的市长是一位年轻的女性民主党人,另一个小镇的市长是一位年老的白人男性共和党人,他们共同参加了这个研讨会。

我们在一个空荡荡的大学图书馆举办了活动,图书馆里已没有书,我们只是摆放了几把椅子,度过了思考理想未来的一整天。在绝望的那一刻,我们发现不存在民主党人和共和党人的区别;那一天结束时,我无法告诉你,谁是自由派,谁是保守派,他们关心的都是生存。在那种情况下,他们对达成共识的渴望非常强烈。这是共识,而不是霸权。他们并不试图压制观点不同的对方,只是在问:我们能在哪些观点上达成共识呢?

我们可以推动事情向前发展,这并不是一种被强加的共识,而是一种迫切要求达成的共识。我认为,在环境政治方面,这可能是世界面临的现状,例如贫困问题和其他许多问题,我们需要找出共同努力解决这些问题的方法。

我认为,文化研究在干预模式下有能力做到这点。公民想象力模型为我们提供了很大的帮助:我们如何想象世界?我们如何确定共同的价值观来进行想象的行动?创造世界是其中一种工具,重新整合故事是另一种工具,还有其他工具。但我认为这项工作非常重要,这是我在超越批判阶段,进入倡导和干预的阶段。

Q7:我们进入第二个担忧的面向,那就是数字文化的模式化问题。它丰富而多元,但是元叙事又往往极其简单与粗犷,因此才会出现您所描述的"既让人产生了浓厚的兴趣,又无法满足所有的兴趣"的创作动力分析。然而,人工智能时代的到来,ChatGPT的自我进化对模式化的文本创作与生产具有更大的生产力,这种技术革命能否成为消解流行文化、粉丝文化原创性与参与性的决定性力量,将粉丝通过参与而形成自我身份认同的路径以虚拟化身替代?

詹金斯:人工智能的模仿是杂乱无章的,它不能推动变革。就像类型产品一样,它们一定程度上需要遵循特定的公式来使产品被理解,但它们也需要一定程度的创新才能变得有趣。类型创作始终是公式与创新之间的平衡,AI虽然可以生成公式,但无法进行创新。我认为优秀的粉丝创作仍会立足于此,实际上,它们具有一种深度的分析和独特的表达方式,而粉丝们能够分辨出其中的好坏之别。因此,我认为粉丝们普遍不会将AI生成的作品视为优秀的粉丝创作。

AI的易操作性并非粉丝在寻找作品时需要的东西，它反而会使事情变得混乱，使人们更难找到他们想要的作品。但我不知道它最终是否会扭曲可能出现的创新。当AI作品被引入草根的写作社群时，会消耗更多时间，因为需要粉丝付出更多的合作和努力，才能找到真正的好作品，并将其推荐给其他人。粉丝们有自己的一套分辨作品好坏的方法，AI带来的大量垃圾作品会浪费人们的时间。

商人是否会倾向于复制粘贴粉丝创作的作品？例如将原作者的名字换成一个新名字。我听说这种现象在中国经常发生，粉丝的作品常常会被盗用，然后被出于商业目的重新标注，这也耗费了很多时间。这个问题也更多地涉及商业因素对于草根写作社群的干预，而不仅仅是技术因素。

Q8：关于研究方法，数字化流行文化研究中，由于研究对象过于庞杂，主体经验极为丰富，甚至短暂、易逝，使我们对其开展研究存在诸多困难。请问您对于面向未来的数字化流行文化研究方法方面有什么经验与建议？

詹金斯：这里要提到"网络民族志"（Internet Ethnology），即利用数字工具作为调查的起点，来识别文化内部的趋势和模式，在数字工具中搜索节目的名称，就会找到相应的结果。当我为准备讲座而寻找案例时，我经常借助它进行广泛搜索，也发现了许多给我启发的有趣现象，例如了解到粉丝社区中正在发生的事情和普通观众对于节目中厨师的反馈。但如果仅止于此，研究就会显得相当肤浅。

但它作为一个起点和一种探索工具是非常有用的。我借助定量和定性的研究方法来揭示实际发生的情况。我发现冲突时刻常常是最丰富的挖掘点，这并非因为我想暴露丑闻和敌意等，而是因为当社群内发生冲突时，社群必须找到一种解决的方式，来回归到最初的规则上，这需要先描述社群已经达成一致的地方，然后识别和分离意见不合的地方。冲突时刻是社群对自身实践最具自反性的时刻。

通过观察这些时刻，我可以推动社群内部就共享价值观和规范展开对话，深入理解争议的解决过程，并从那里展开进一步的访谈。《融合文化》一书中的《拆穿幸存者：知识社区剖析》（*Spoiling Survivor: the Anatomy of a Knowledge Community*）章节，就是结合了粉丝社群内大规模辩论内容的质性分析和乐队领导者访谈的混合研究方法，这也为我观察的情况提供了背景洞察。我发现这种借助网络进程来发现和深入挖掘的方法是非常有用的。

东亚文化正随着时间的推移逐渐崛起并引起广泛的关注。我的预测是借助大众文化的全球化粉丝方式,它们从边缘逐渐走向主流。土耳其电视剧社群和中国电视剧社群是我观察到的两个正在发展中的粉丝社群。随着时间的推移,大概10年到15年之后,它们将为更多主流观众铺平道路,具有巨大的发展潜力。但是,正如我前面所说的,这需要我们进入并接近,观察与参与。这是我期待我的亚洲同行完成的工作。

超越跨文化传播研究的范式偏见
——埃里克·克莱默教授访谈

◇〔美〕埃里克·克莱默 纪 莉 刘 杨 吴雨含（译）

摘 要 跨文化传播研究，特别是量化风格的跨文化传播研究，一直以来在研究领域存在一些学术偏见，即社会工程学路径的跨文化传播研究造成的偏见。通过同化来解决文化间的紧张关系，往往被错误地等同于进化和融合，缺乏伦理严谨性。这种同化假定了一套"解决方案"，即道德判断，使社会关系符合预设的"适合的正确性"（correctness of fit）概念。这是文化工程，而不是社会科学。相比之下，文化融合理论认识到，有必要提出假设，通过先描述问题，并考察文化融合这一演化过程，理解全球化和全球传播中跨文化传播问题的复杂性。本文倡导一种"文化游击队"式的跨文化传播方式，通过回归日常跨文化传播路径，绕过商业化和数字平台上的算法控制。

关键词 文化融合；范式偏见；跨文化沟通

Beyond the Paradigm Bias of Intercultural Communication Research
—Interview with Prof. Dr. Eric Kramer

Eric Kramer, Li Ji, Yang Liu, trans.by Yuhan Wu

Abstract Intercultural communication research, especially quantitative style intercultural communication research has been subject to some academic biases in the research field, namely the biases caused by the social engineering path of intercultural communication research. Addressing intercultural tensions through assimilation, which is often incorrectly equated with evolution and integration, lacks ethical rigor. It presumes a set of "solutions," moral judgements, to make social relations conform to a predetermined notion of "correctness of fit." It is cultural engineering not social science. By contrast, the theory of cultural fusion recognizes the need for hypothesis to explain and understand the complexity of intercultural communication in globalization and global communication by first describing the problem and by examining the evolutionary process of cultural integration. This paper advocates a "cultural guerrilla" approach to intercultural communication that bypasses the algorithmic control of commercialization and digital platforms through a return to everyday intercultural communication paths.

Keywords cultural fusion, paradigm prejudice, intercultural communication

对话者简介

埃里克·克莱默教授

埃里克·克莱默（Eric Kramer）博士，美国俄克拉何马大学首席教授，明尼苏达大学哈伯德新闻与大众传播学院教授。克莱默教授从教近三十年，培养了大量优秀的跨文化传播人才，任教于中国、日本、韩国、瑞典、芬兰、加拿大以及美国的顶尖大学。他也是欧盟比较文化研究所（the European Union Institute of Comparative Cultures）的创始理事。克莱默博士的研究方向为大众传播、国际传播与跨文化传播，著有《现代/后现代：反现代主义之路》（*Modern/Postmodern: Off the Beaten Path of Antimodernism*）、《新兴的单一文化：同化》（*The Emerging Monoculture: Assimilation*）、《"模范少数群体"意识》（*the "Model Minority" Consciousness*）和《文化、跨文化传播与全球融合》（*Culture, Intercultural Communication and Global Integration*）等期刊文章和专著。克莱默博士的十余部专著不仅在美国被列为跨文化研究的教科书，更被翻译成各国语言，对全球跨文化研究作出了重大贡献。

同时，克莱默教授担任多家杂志的审查和编辑委员会职位，包括《哈佛国际新闻/政治学杂志》（*The Harvard International Journal of Press/Politics*）、《传播杂志》（*The Journal of Communication*）、《传播研究》（*Communication Studies*）、《跨文化

传播杂志》(*The Journal of Intercultural Communication*)、《国际和跨文化传播杂志》(*Journal of International and Intercultural Communication*)等。目前,克莱默博士担任牛津大学出版社《国际传播百科全书》(*Encyclopedia of International Communication*)的高级编辑。

纪莉博士,武汉大学媒体发展研究中心研究员,武汉大学新闻与传播学院教授,主要研究跨文化传播、环境传播、情感传播等,电子邮箱:jliwhu@whu.edu.cn。

刘杨博士,北京外国语大学英语学院副教授,电子邮箱:vivian.liu@bfsu.edu.cn。

纪莉、刘杨(以下简称纪、刘):非常感谢您接受我们的访谈。跨文化传播近年来面对全球化与去全球化语境的变化,不得不探讨更为复杂的全球性、社会性问题。您一直深耕这个领域,在南加州大学更是积极推动跨文化传播理论的深入发展。您所提出的文化融合理论为跨文化传播研究作出了重要的理论贡献,我们想先请您给大家介绍一下您提出这一概念的理论化过程,以及它的最新发展。

埃里克·克莱默(以下简称克莱默):感谢你们的邀请。这些年来,我一直很关注中国的跨文化传播研究,也非常期待看到中国的学术界会发生什么。中国有非常多才华横溢的学者,随着越来越多的交流机会出现,你们完全有能力为跨文化传播提供非欧美视角的、有意义的学术观点与贡献。

跨文化传播研究,特别是量化风格的跨文化传播研究一直以来都是非常欧美化、非常白人化的。这是我多年来一直在强调的事情之一:我们的研究领域里有一些偏见,我们自己甚至都没有意识到。学术交流其实就是一种文化融合的形式。我们越通过交流认识对方,就越能认识到自己可能在无意识中存在偏见。所以,我在研究中采用的最重要的原则之一就是如果我们消除差异,就是消除了自己的身份。所以,我对学生谈及我的身份时,我说我不是你,这首先就是我的身份。我们做研究不是要同化对方。

我认为,跨文化传播的研究范式就存在着一些偏见。我本人在社会学和哲学领域从事多年的研究,我认为社会学家和心理学家容易将自己看作社会问题和心理问题的解决者。我虽然对此表示理解和赞赏,但这种研究范式并不能使我们彻底解决贫困、不平等、战争等问题。工程师建造的桥梁不会倒塌,但是我们并没有建造出一个这样美好的现实,这并不是因为我们做错了,而是因为我们的主体对象太复杂了,远比物理工程复杂得多。

斯蒂芬·霍金曾在他的《时间简史》一书中谈及物理学中的三体问题,即没有办法预测三个物体在太空中相互作用的运动轨迹,因为变量无法计算。而人类经验中的变量极其复杂且相互关联。所以,用跨文化传播来解决问题的想法,即这种社会工程学路径的跨文化传播研究是充满了偏见的研究。它是美国跨文化传播研究的主流范式,因为美国是由多民族、多种族组成的国家,它不像中国、日本,甚至瑞典或其他国家那样具有文化的同质性。作为一个充满异质性的国家,美国总是充满了跨文化的紧张冲突。我们以为可以通过同化来解决这个问题,即如果我们可以让大众类同,那么,我们就能解决文化间的紧张问题了。

但我对此有两点质疑。第一,这一假设缺少伦理学的严格审视。我们必须质疑,到底是以什么为对象去同化,以及遵照何种标准去进行文化同化?每个人都必须尝试变成白人吗?如果你不能,怎么办?同样,如果你是非裔或者亚裔,不可能变得和白人一样,那该怎么办?我认为,这首先是对上述范式的伦理学反思。

第二,"我们将解决所有问题"的想法本身就存在问题。在文化融合理论中,我提出我不是要创造一个规范性的假设,即解决问题的正确方式。相反,我是要去做更多的基础科学的研究,即描述问题。所以,我并没有试图假定我知道所有事情的正确答案。我不是一个社会工程师,因为社会工程的思维是相当危险的。魏玛德国就是铁证。看看那些声称知道所有这些答案并告诉其他人该如何做的人,他们的思想和为解决问题所提出的假设必须被严格审视、深入调查。

所以,我的研究关注的并非同化。相反,我看到了对同化的抵抗。心理学中有很多实验研究,这些研究可以追溯到20世纪50年代末至60年代,这些心理学研究表明,越是试图强迫人们服从,就会有越多的人抵抗。

我很提倡一种被称为"野外科学"(Wild Science)的研究方式,这种研究不是在实验室内进行,而是在街头巷尾进行。这才是社会学的工作。我们应该这样去研究美国为什么会有种族暴动,例如,为什么在马丁·路德·金被刺杀的当晚,全美168个主要城市都爆发了暴乱?

社会学家不应该在受控的环境中研究,而应该以开放的态度走上街头,通过实地观察和研究来探索社会现象的本质和变化。我认为,相较于"同化",文化融合是对现实更准确的描述。文化融合的概念和研究视角并不假设存在解决世界问题的方法,也不像社会工程师那样自以为有某种道德力量。相反,它更注重对不同文化之间的相互影响和互动进行观察和分析。

所以,我尽力描述基于所有的历史和文化间交流所发生的事实。在人类历史、人类的文化交流中,我们可以看到融合的过程,人们不断从其他群体那里获取别人的想法。人类交流技术、音乐、美食、宗教信仰,还有精神体系。而且,在这个过程中,人们一边吸纳其他文化,一边调整和改变自身。

纪:从您的描述中,我们可以看到,您非常强调您所提出的融合理论不同于文化同化的观点,虽然两者其实都在研究中强调对文化差异的尊重,但是文化融合理论持有一种文化互动与交流的发展和演化概念。您认为文化融合理论与文化同化理论最本质的不同是什么?

克莱默:文化融合是一个进化的过程。跨文化传播的主流范式一开始假设文化同化是一个单向的过程,那就是少数向多数同化与顺应。可是,问题在于如何去定义多数?如果从社会学的角度去思考,多数应该指拥有最多权力的人,这种人在任何文化中都不是数量上的多数。权力精英总是少数,但是他们在文化发展过程中占据主导地位。所以,这里就存在谁应该服从谁,以及如何服从的问题。在这个基础上,我开始思考文化融合这一概念,以及这一过程如何不可阻挡。

在20世纪50年代和60年代,推动国际传播的一个重要动力被称为"发展传播学"(Development Communication)。但这个想法是西方创造出来的。它是在华盛顿的权力殿堂这样的地方被创造出来的想法。它的理念是我们要在全球大规模散播美式民主、商业资本主义。发展传播学也确实在全球化过程中推进了这一意识形态。美国及其他一些国家开始向不同地方注入资金,用文化推动那些发展的理念走向全球化,并定义什么是现代化。例如,摇滚乐在全球的推动就是这样。我多次问自己一个问题:一个社会可以不用西方的视角便能完成现代化建构吗?我从未见过哪一个对现代化地区的想象性建构不是西方化的。

但是,发展传播学的研究也让我们看到了文化抵抗的存在。

现代化通常被看作一桩好事。不过,现在我们也知道,现代化也有不好的一面,它提出了一个规范性的预设,即它可以解决问题,而且是高效地解决问题。但是,为了维持这种高效,它希望所有人持有相同的价值观、信仰、期望、动机,从而具备高效的行动力。

有些人认为,当人们有不同的想法时,效率就会降低,发展速度就会减慢。但是,我认为,只有存在分歧,才会有进步。如果没有人打破规则和规范,人类就不会有进步。莫扎特打破了巴赫的演奏规则,形成了自己的音乐风格,这就是我所说的进化。

所以,回到进化这一概念来进行讨论,同化观下的进化意味着个体会变得越来越像社会中占主导地位的精英权力。但是,我认为这不是进化,而是一种目的论。进化永无止境,没有特定的方向。进化只是一个过程,人类不会最终达到完美并停止进化。因此,对于融合,我看到的是一种无休止的搅动状态。而且,由于当下的全球化和全球传播的复杂性,它正在急剧加速、变得不可预测。

但这是一件好事。如果我们能够预测未来的所有状态,那么,人类将会陷入虚无主义(Nihilism)。从诠释学的角度来看,进化的过程中存在持续的变革,没有任何力量可以完全掌控或预测进化的方向。试图强迫不同文化同化或将进化限制在一个狭窄的框架内,会导致严重的暴力和冲突。

纪、刘:您曾在研究中总结道:"文化融合是整合新信息和产生新文化形式的过程。"这个过程导致了互联和互动性的增加所带来的泛进化。这让我们想起了近年来媒体技术的快速发展,尤其是像 ChatGPT 这样的 AI 技术的发展所带来的信息过载情境下的不平等问题,您认为传播技术的发展,尤其是 AI 的发展,给文化融合带来了什么挑战?

克莱默:这是一个非常有趣的问题。我在 20 年前就用现象学研究路径写过关于 AI 的文章。如果我们只是把 AI 看作一个计算机程序,那是不了解 AI。我认为,我们要理解的是 AI 暴露了我们在语义学和解释学的几个重要概念上面对的挑战。什么是智力?什么是意识?什么是情感?从量化的角度形成的偏见来看,智力被等同于计算的速度。以计算为衡量标准来看,计算机是智力超群的,因为它的计算速度比人类的快得多。但这只是对智力的定义,而不是对 AI 的定义。

AI 现在正在编写自己的操作系统,所以它带来了另一个层面的问题——什么是意识?如果说一台计算机已经有了自我意识,它意识到自己是一台计算机,这意味着什么？我认为,现在正在出现的是一种对我们来说完全陌生的意识形式。这也是我感到恐惧的地方,之前我们所遇到过的所有其他形式的意识都是肉身化存在的。狗、猫、熊、鲸鱼等自然万物与我们共享着肉身化存在的意识,它们有情感,所以我们能够与它们共情。即使我们不知道它们是否在乎,但我们知道它们有恐惧,能够感知疼痛。可是,AI 会感到疼痛吗？AI 有知觉吗？到目前为止,我们没有看到任何证据能给出肯定的答案。正在出现的是一种非实体化的意识,这将使我们很难与之建立联系。在某种程度上,这将是一种我们没有经验的意识形式。而且,随着 AI 达到独立的状态,它越来越多地编写自己的操作系统,它正在迅速分化,与我们分道扬镳。

我们曾经与计算机共享了一个共同的现象学基础,即计算速度和基本逻辑。然而,现在出现的情况却大不相同。我们无法确定会出现多少种不同形式的意识,它们可能不仅仅是一种计算机意识,而可能是成千上万种不同的意识形态。

从跨文化传播和国际传播的角度来看,想象一下有一种头脑能够完全理解地球上的每一种语言,并能够访问地球上所有的图书馆、所有的艺术博物馆、每一家证券交易公司的所有年度报告、所有化学和物理教科书,我们对这样一种意识非常陌生。对跨文化传播而言,下一个问题则是现在人们如何定义文化,文化不仅仅是意识,也不仅仅是情感。文化是有界限的,是一个语言社区。但是,新出现的意识已经没有界限了。

纪：传播技术发展带来的意识概念的重新定义,也会让我们重返另一种路径,那就是依旧基于民族国家这一传统边界置放跨文化传播研究的核心问题,但是又面对跨文化传播研究对象已经被泛化的现象。面对这种学术研究图景,您会如何定义什么是"跨文化传播"？

克莱默：我一直认为跨文化传播（intercultural communication）是人际传播的一种形式,只要两种文化相遇就会产生跨文化传播。有些人将其与跨文化传播（cross-cultural communication）混为一谈了。从现象学的角度看,跨文化传播（cross-cultural communication）更为本质,关注总体的文化类别,不仅是两个来自不同文化的人用不同的语言交谈,而是更专注于具有普遍性的跨文化现象,对不同文化之间的交流、互动和影响等现象进行概括。

所有的文化都有自己的语言系统,以及伦理和价值体系。所有的文化也都有家庭、工作、经济等制度的建构。我认为这才是跨文化传播最难理解的部分。克利福德·

吉尔茨(Clifford Geertz)在他的文化人类学著作中深入探讨了这一点。做文化人类学研究时,他在印度尼西亚当地观看了一场斗鸡比赛。他大致能理解这是一场比赛,人们在打赌,而动物是竞争者。他理解到比赛有点像娱乐活动,但同时又非常严肃,因为人们在用钱下注。这里有一种他称之为"识解"(construal)的感觉,即"也许我不理解我正观看的一切,但我可以构建出关于它的某些解释。毕竟作为一个人类,在某个层面上,我是可以理解的"。

AI 正在超越这些定义,使这些概念不再适用。它挑战了我们理解和构建其意义的能力,使我们无法对其进行概念化。这引发了我对其发展的担忧,特别是 AI 对经验系统(如电网和水处理厂)的控制。一位从事 AI 研究的著名的神经科学家指出,我们对于能够向 AI 保密的想法是不切实际的。即使我们不将核密码交给 AI,它仅通过随机数生成便可能在不到一秒的时间内破解密码。此外,AI 在自行编程的过程中可能会内置所有的文化偏见和性别偏见。在不久的将来,它还可能演变出人类无法预测的偏见。

刘: 即便没有 AI 的威胁,当下的逆全球化潮流等,也足以让人们对跨文化传播的价值与意义产生动摇。历史上发生的很多事情已经改变了人们跨国流动和人与人之间的跨文化交流的格局,而现在,似乎人们与不同文化的接触受到了一定程度的阻碍或禁止,比如政治对抗或全球流行病。我们如何仍借鉴文化融合理论,并将其应用于我们现在正在经历的事情?

克莱默: 关键当然是沟通。只要我们能够继续沟通,我们就有希望找到人道的解决方案,并通过谈判达成妥协,使政治制度和经济制度也能继续运作。

我认为现在跨文化沟通正处于更为重要的时刻,因为现在的沟通比以往任何时候的都多,但我们现在遇到了大规模的虚假信息和错误信息。我曾在 20 世纪 90 年代写过一篇批判德里·迪尔(Derry Dyle)的文章。德里·迪尔认为问题在于我们人类的认知是语音中心主义(phonocentric)。我不这么认为。我认为问题在于我们是生理中心主义(physiocentric),也就是说,我们相信我们眼睛看到的东西多于我们耳朵听到的东西。但是,过去的化学图片处理和化学图片处理的虚假信息生产与操纵非常容易被专家检测到,而数字图片处理已经很难被检测到了。

所以,我不得不回到我所说的"文化游击队"的方式进行沟通,比如让普通人相互交流,类似曾经有过被称为"笔友"(pen pals)的交友方式。创造机会让中国、日本、美国等不同国家的孩子互相写信,彼此回信,成为笔友,以此来绕过商业化和数字平台上的算法控制。我很喜欢让我的本科生和其他国家的本科生直接地交流。见面交流、具身沟通会让人们发现很多共同点,看到彼此共同的人性,并且意识到对方是和自己怀有同样的恐惧和希望的人类,就像瑞典环保少女格蕾塔·通贝里(Greta Thunberg)的行动那样。她说:"我不是在和企业对话,也不是在和政府对话,我在组织年轻人。我们不需要让系统来控制我们的消息传递,我们可以接触陌生人,然后开始对话。"

纪:您的观点让我想起了中国的社会学家、人类学家费孝通教授说过的话,"每一种美都有其独特性,珍贵的是以开放性创造另一种美。如果美以多样性和完整性呈现自己,世界将因和谐与团结而蒙福。这就是我们认为的跨文化交流之美"。我们如何在跨文化传播研究中创作出这种推动"各美其美、美美与共"的高品质研究?您对我们的研究方法有什么建议?

克莱默:是的,这太美了。可惜的是,现在,媒介技术发展和商业资本操纵产生了灾难性影响。蒂姆·伯纳斯-李(Tim Berners-Lee)曾说希望自己没有发明超文本传输协议(HTTP),因为这已经成为一场灾难。许多曾对互联网寄予厚望的人现在都感到失望,现在它已经变得过度商业化,存在大量的虚假信息和恶意行为。而且,目前全球化的一个主要问题是,某些民族国家正以此为借口试图控制互联网,这对互联网的开放性和自由性构成了威胁。所以,只有大力支持和推动普通个人之间进行往来、大学交流、旅游等事宜,我们才能减弱这些负面力量的影响。

一个国家具备一定的经济实力时,通常会开始开展国际贸易并与世界其他地区进行商业往来。国际商业交流的重要性在于它是维护和平的关键。如果我在中国投资了10亿美元建造工厂,我就不会贸然对中国采取敌对行动。中国也是如此,如果在美国投资制造锂电池,中国也不会轻易对美国采取敌对行动。两国之间的关系虽然不会总是融洽的,但彼此是纠缠在一起、相互依存的。

但是,关于如何研究并提出跨文化传播的研究路径,正如我之前所说的,传统研究范式的问题之一是它试图预测行为。如果我可以预测所有的行为,那将是一场灾难。古希腊人曾用埃庇米修斯(Epimetheus)和普罗米修斯(Prometheus)的寓言谈到了这一观点。

定量研究的另一个问题是，它实际上源自商业研究、广告研究。定量研究倾向于同化，这已经被内置于范式偏见中。研究者对异常值不感兴趣，会将异常值剔除，因为这会破坏对假设的检验。因此，科学研究应该还有另一面。当查尔斯·多诺万（Charles Donovan）出航时，他并没有提出关于进化论的假设，而是在描述他的发现。他并不想预测未来，相反，他发现的是没有人见过的东西。而这对科学来说是极其重要的探索。人类学风格的跨文化传播研究的有趣之处就在于此，比如人类学访谈和观察摧毁了预设的分类。

我举个自己的例子。当我第一次去日本的时候，我阅读了所有关于日本的资料，看到相关研究提出日本是集体主义文化的国家。但是，当我与当地人建立了更亲密的联结，与他们成为朋友时，我意识到这完全是错误的。他们也告诉我这一点，他们和美国人一样具有个人主义，但可能是以不同的方式。研究者带着刻板的观念，比如高权力距离、低权力距离、集体主义、个人主义、历史导向、非历史导向等变量去看问题，就会加深偏见，更何况这些变量其实也并没有被总结得很准确。这也部分源于物理学或者其他科学学科定义变量是 X 或者非 X 的方式非常简单。所以，人们会刻板地认为，坐标轴的一边是个人主义，另一边是集体主义，或者也可以是其他变量，比如高低语境的沟通风格。当你从坐标的一端移动到另一端时，你应该更接近这一个变量的范畴，但实际情况并不一定是这样。我们有了这些概念，用概念来测量，但是排除异常值，于是就有了这种对平均值倾向的研究范式。

对平均值进行比较的痴迷，实际上源于优生学。统计学在人口学上的第一次应用是查尔斯·达尔文（Charles Darwin）的堂兄弗朗西斯·高尔顿（Francis Gallton）在伦敦大学创立了优生学会。他们对衡量人类行为（特别是经济行为）感兴趣的原因是，他们相信智力与财富相关，要致力于培养更优秀的人种。优生学希望把资源花在培训和教育聪明人上，鼓励聪明人生更多的孩子，而不愿在愚蠢的人身上浪费资源，会让他们绝育。同样，大规模的社会工程也是灾难性的，但这就是统计学应用于人类的起源，社会工程根据人们的宗教、种族或其他类别给人分组，然后比较平均值。如果我想卖 iPhone 手机，比较平均数是有效的，我想找出对大多数人有吸引力的东西，就去找出最低的共同标准，而不必关心离群索居的人。我们在美国的商业电视中看到了这一点，美国商业电视如此糟糕的原因是制片人试图找到最低的共同点，他们制作电视节目是为了覆盖最广泛的受众面。他们不会创造出和莎士比亚的剧作一样伟大的作品，因为这不能吸引最多的人群。为了方便而离你感兴趣的对象越来越远不是科学的好趋势。没有什么可以代替真正的好奇心和为之付出的努力。

我以前有一个来自日本的博士生，她去密歇根州做一位著名学者的博士后。这名学者在世界各地做调查，开展跨文化研究，他要求她把一份调查问卷翻译成日语，以便自己在日本的同事进行下一步的调查工作。博士生询问这位学者去没去过日本，学者的回答是没有必要去。她看了看调查中的问题，这些问题显然是由美国密歇根州的白人提出的，所以翻译的过程十分艰难，一些表述在日语中的意思非常模糊。当他们把这份调查问卷发给在日本的同事后，对方又把它寄了回来，并说"我无法进行这项调查，这没有意义"。那名学者对此很生气，可如果他愿意花一个月的时间去东京实地走一圈呢？如果我想了解中国，我可以和两个不同的人交谈，一个人进行了一项调查，另一个人在中国生活了两年。那么，我应该听取哪个人的意见呢？聪明而善于观察的人可以收集大量的信息，问题在于如何对这些信息进行组织和分析。

纪：这确实是鲜活的跨文化传播研究的失败案例。最后，我想请问您对在中国进行跨文化传播研究的学者有什么样的期望？

克莱默：多年前，我曾经有一个来自中国的学生。我们讨论到关于中国的研究领域主要集中在市场营销方面的文化传播研究，而缺乏对跨文化传播研究的探索。然而，随着中国年轻人从如剑桥、牛津和俄克拉荷马等世界知名大学毕业，将更多元的思考、理论和方法论带回中国，我迫不及待地想听到回应，因为这将会带来一种融合：中国人将接纳这些想法，并将其融入中国的文化中。他们对这些理论和想法会有不同的看法，并且会提出新的观点，从而将整个研究领域推向一个新的层次，催生新的标准。这是不可阻挡的趋势，它必将发生。

纪：谢谢您的殷切期待，这非常鼓舞人心。

本期专题：
跨文化传播的跨学科视角

共情传播：谁能与我共舞？

◈ 刘军平*

摘　要　本文从传播学角度探讨了共情传播的含义，分析了中西共情传播的基本范式的基本特征，讨论了中国传统文化中的感通共情模式，论述了施莱尔马赫、狄尔泰及海德格尔解释学视野下共情传播的哲学意义。本文认为，承认文化他者的差异性并在差异性中寻求同一性是传播共情的基础。各种不同文化间性，形成了混杂共同性，正是共情因素中不可或缺的因素。领悟世界的他者性和自我性之间存在关联性，也就意味着共情。放弃主客二分的工具主义思维方式，转向"我族相对主义"，有利于文化之间共情的契合和理解。最后本文提出，随着新技术新媒体时代的到来，共情主体、共情对象及共情方式将面临新的挑战。

关键词　共情；传播；解释学；文化间性

---

* 刘军平，武汉大学外国语学院教授、博士生导师，武汉大学翻译与比较文化研究中心主任，电子邮箱：junpingharvard@sina.com。

Empathy in Intercultural Communication:
Who'd Like to Dance with Me?

Junping Liu

Abstract The present paper explores the connotation of empathy in intercultural communication, analyzes the fundamental characteristics of empathy in East-West intercultural communication and discusses the philosophical implication and application in empathy communication from the perspective of hermeneutics of Schleiermacher, Dilthey to Heidegger. The author considers that recognizing the differences in cultural other is the common ground for empathy communication and interculturality is essential to empathy communication. Abandoning the instrumental thinking in subject-object dichotomy and turning to ethno-relativism is conducive to forming the affinity and deepening understanding of empathy between heterogeneous cultures. Finally, the paper holds that as new technology and new media emerge, the subject, object and mode of empathy will confront new challenges.

Keywords empathy; communication; hermeneutics; interculturality

导　言

共情作为心理学概念,在当下的传播学领域被频繁使用。《朗文当代高级英语辞典》对"共情"(Empathy)的界定是:"理解他人情感和问题的能力,意指同情、同感,共鸣。"狄尔泰用德语词"Hineinversetzen"来表示共情的"感同身受",用"Nichbilden"来表示模仿或再创造的"重构",用"Nacherleben"来表示"体验"内在经验。[1] 共情的基础是理解和欣赏,康德在《判断力批判》中对审美判断力的达成提出了"共同感"(Sensus Communis)的概念,认为欣赏判断必须依赖一个主观性的原则,只能通过情感而不是概念传递。"情感的这种可普遍传达性却是以共同感为前提。"[2]只有在共同感的前提下,客观的对象通过主观必然性,才能达成普遍赞同的必然性。也就是说,个人的情感和他者的情感彼此符合客观必然性的条件,是双方能达成一致的可能性。加达默尔说:"共同感在这里显然不仅是存在于一切人之中的普遍能力,而且它同时是指那种导致共同性的感觉。"[3]施拉姆在《传播学概论》中解释了传播过程是"一种双向特点"的关系,该关系的成功与否在于"分享信息符号"的意义。[4] 共情与传播的结合,构成了当下人们解读人、信息、媒介及文化现实的另一种视角。易言之,共情传播涉及多种文化、多种因素、多种层级、多种传播语境,共情能力的提升依赖于对共情文化较全面的考察。其传播的有效性必然包含着对自我的认知、对文化他者的共情及对当下传播新技术新语境的洞察与理解。有鉴于此,我们需要从不同维度、不同理论视角来认识共情传播的影响与作用。

---

[1] MUELLER-VOLLMER K. The hermeneutics reader[M]. London & New York: Contiuum, 1998:164.
[2] 杨祖陶,邓晓芒. 康德三大批判精粹[M].北京:人民出版社,2001:457-458.
[3] 加达默尔.真理与方法[M]. 洪汉鼎,译.上海:上海译文出版社,2004:2-5.
[4] SCHRAMM W. Men, women, messages, and media: understanding human communication[M].New York: Person Education, Inc.,1982:41.

一、中西共情范式的特征

共情文化是中国传统文化的主基调。它是一种从差异中提炼普遍,强调共同感,避免冲突,主张和谐共存的共情模式。这种交互沟通文化模式,在《易经》《尚书》中出现端倪:一阴一阳一静一动互动,生化五行再生化万物,充满了生命的目的性意义。中华十六字心法"人心惟危,道心惟微;惟精惟一,允执厥中"(《尚书》),说明了"人心"与"道心"的关系,提倡恪守道心的中正之道,突出了尽性的天人合一的心灵境界。先秦儒家《中庸》中天道与人道的参赞化育,内在超越与外在超越的融通,皆说明个性与客观外界和谐统一的可能性。显而易见,天地共情、社会共情、人际共情是中国传统社会的主要特点。从至圣先师的"仁爱之心"到亚圣的"恻隐之心",到宋儒的"蓄草"而感怀"四时佳兴与人同",皆揭示了传统中国重视至善,肯定人道与天道的有机连续性和相互依存性。"于是,在达至儒家圣人境界的过程中,具有深沉宗教精神的人与'天道'之间便形成了一种契合。"[①]就人际共情而言,儒家推己及人、忠恕之道、发明本心等处理人际关系的原则,注重"他人取向"以及融合心性内外的能力和共情力。中国心性哲学的现代转化含义是,融通心性的"外理化"和"外理化","合内外之道"。"这是因为心性本来具有在不同层次不同方面圆融差异的潜能,而其本身的结构与过程也如'圆性论'所示就是此一潜能。"[②]自我与外物、自我与他人的圆融对话无疑是一种特殊的共情呈现方式。个体由物而"感我",联"通"物我,与他物达成感通,方能生起事象,涵摄他物,形成生生不息的感通路数。唐君毅曾提出感通论作为阐明中国哲学的一种模式,值得重温。易言之,中国文化的"天人合一",儒家仁爱学说、和谐理论等为现代社会的各种共情传播提供了中国式感通共情范式。这种"天人合一"观认为,自然与社会、天与人,存在一种"取象比类"的同构关系。《易传》所说的"夫大人者,与天地合其德,与日月合其明,与四时合其序,与鬼神合其吉凶",主要强调的是君子借由人格、境界的修养,能够与天地、日月、四时和鬼神相合,能够"神遇万物","美利天下",从而实现形而上的超

---

① 安乐哲.和而不同:中西比较哲学与中西会通[M].温海明,编.北京:北京大学出版社,2002:38.
② 成中英.合外内之道:儒家哲学论[M].北京:中国社会科学出版社,2001:112.

越。相较于中国的感通共情范式,西方的共情范式聚焦点在于知识论,其知识优先于价值,体现了一种机械的心理的投射,或者是自我、本我与超我的人格分裂的暂时和解。在知识论范式关照下的"情",只不过是需要认识的不同的认识论范畴。进而言之,西方范式共情的目的是理解知识中的"人"的心灵。或者说,马丁·布伯所言的"I-Thou"关系,与其说是人与人的关系,不如说是人与上帝临在的化身的关系,本质上形成了世俗与神圣的二元对立状态,或者是人与工具理性的经验共在。两种范式各有所长,"道并行而不悖"。相比较而言,中国式共情范式中人与"自我","自我"与"他者","自我"与超越的终极实体,以及人与自然的关系,不存在紧张与分裂,从而构成了儒家整体和谐的共情生态系统。在这种共情生态系统中,从自我之"诚",过渡到成己成物,个人、家庭、社会、天下、自然形成了一个有序的密切关联链接,进而凸显了其独特的伦理价值共振共生系统。无论是性即理或心即理,皆体现了原性与理的圆融融合。这种时中、中和的宇宙观、伦理观和生态观,体现了整体性和共生性的和谐关系,个体与整体的平衡和整合共情。中国儒释道文化的万物一体的整体观,万物相生相依的辩证观,"天人合一"的宇宙观等,可作为新时代人类命运共同体的构建和跨文化传播的资源,被予以挖掘和进行现代性的创造性转化,因为跨文化传播是一种全球性的关联互动,涉及多元文明对话,其中的中国式共情范式可为当代跨文化传播理论提供另类范式。从这一点来看,拉斯韦尔论及传播的社会功能时,说明了跨文化传播环境与不同社会的相关性、以及代际之间传播社会文化传统的重要性,乃"东海西海,心理攸同;南学北学,道术未裂"[①]。

二、解释学视野下的共情与理解

从解释学视野看共情传播,它不仅存在于人际传播、组织传播、大众传播之中,也可以指任何主客观之间的交流与应答。这种应答是从施莱尔马赫、狄尔泰,到海德格尔和加达默尔关注的理解与解释之维的重心。主体独特的审美体验和代入是人们熟知的一种共情关系。共情能力,指的是一种能设身处地体验他人处境,从而达到感受

---

① 钱锺书.谈艺录[M].北京:生活·读书·新知三联书店,2001:1.

和理解他人情感的能力。对于施莱尔马赫来说,心理解释中的理解者的共情能力意味着超越自身的认知,而去理解作者意图的能力,它既是一种信息编码解码的能力,也是一种重建作者心理意图的能力。用这种心理解释学说明解释者与作者的关系,"就像一个灵魂试图与另一个灵魂进行交流一样"①。作为交际者、解释者和译者,我们如何与信息的发出者站在同一层级上?那就是个体在自身努力和心理移情(mental transfer)的基础上,运用解释学循环方法,在整体与局部之间循环往复才能实现。作为跨文化交际者,对自我与他人的理解不是一蹴而就的,而是循环运动的,与自我与他者的理解才能趋于一致。"理解话语首先做到和作者理解得一样好,然后做到比作者理解得更好。"②这一命题并不意味着,跨文化传播的信息交换是一种线性重复,而是一种重构,一种永无止境的创造活动。所以,共情能力是一种理解他者的对话能力,对话关系在不同语境和不同时代做螺旋运动展开。共情并不只是意味着个体与他者趋同模仿,而是个体在追求普遍性的同时,保持自身的独特品质。从解释学角度看,狄尔泰对孔德以来的实证主义方法论进行了反思和批判,以突出人文科学的理解力。"自然科学说明自然的事实,而精神科学则理解生命的表现。"③所谓的"狄尔泰鸿沟"强调的是,自然科学采用外在经验模式,以"假说"为主要特征,因而自然科学的客观有效性是超时空、超历史的;而精神科学(人文科学)则采用理解和解释的方法,凸显体验和内在经验以及历史意识。共情能力在人文科学的理解中占据突出位置,其注重的是生命体验和效果历史。狄尔泰尤其重视共情因素在理解和解释中的作用,反复说明共情能力(Einfühlung)不是内省和心理学意义上的一种过程,而是指我们进入了另一个人的情感状态,感同身受地去理解他人的内心世界。狄尔泰认为"人与人之间之所以能够以心传心,是因为思维的契合和普遍性存在"④。同理,跨文化传播的共情,并非顿悟、玄思和心理想象,而是一种生命体验。理解他人的内心世界之所以可能,是因为存在某种神秘的心理传递的过程。英文"temperamentally suited"指的是自我与他者的意气

---

① 格朗丹.哲学解释学导论[M].何卫平,译.北京:商务印书馆,2009:126.
② 格朗丹.哲学解释学导论[M].何卫平,译.北京:商务印书馆,2009:120.
③ 洪汉鼎.诠释学:它的历史和当代发展[M].北京:人民出版社,2001:105.
④ PALMER R E. Hermeneutics: interpretation theory in Schleiermacher, Dilthey, Heidegger, and Gadamer[M]. Evanston: Northwestern University Press, 1969:104.

相投或心心相印,从而形成一种感情纽带(bond)。跨文化传播的"境遇意识",在海德格尔的视野中成为"此在"与"与他人共在",或者说"此在"就是"共在"。"'共在'作为'在世界之中与他人共在',讲的首先是'自我'与'外物'以及'他人'之间的、在日常生活世界中的活生生的、不可切断的关系。他们之间相互蕴涵,相互依赖,相互作用与影响,任何一方不可须臾缺失。"①作为"此在"敞开的式样,表现为情态、理解和沉沦,"与他人共在"则揭示了世界与他人的"对象意识"。"因此'存在着'对于'此在'的存在,是一种形式存在的表现,也即'在世之在'是'此在'的基本状态。"(Being-in is thus the formal existential expression for the Being of Dasein, which has Being-in-the-world as its essential state.)②在我看来,海氏的共在是共情的基础存在。舍此,无法由共情推出共在。这也就意味着我们必须尊重他人存在、他人价值、他人主张、他人文化和他人体验。唯其如此,用共在作为共情的包容性基础,跨文化交际和传播才有可能。海德格尔的"在世之在"接续着狄尔泰所说的生命体验、理解和共情能力。理解从世界中的投射维度显露自身。跨文化主体和主流媒体呈现的本真状态是一种自我显露,非本真状态是一种沉沦,二者关系凸显了媒介和文化精神价值沟通交往的辩证现实。这种关系是从主体间性的互动到文化间的互动,通过不同历史文化语境中理解者的对话凸现。具体而言,海德格尔重新定义了"解释学循环",即从文本的整体到局部的关系,转移到存在者在不同语境之下的生命体验的"此在"循环。③ 唯有如此,跨文化阐释的有效性在这种普遍主义关照下,才真正能够成立。当自我与他人的信息沟通、话语冲突、文化差异与情感态度出现相抵牾的阐释,只有融化在双方共享的共情之中才可能消弭。"与他人共在"的话语传播的基础是共情与角色定位,连接自我和他者的是文化间性的解释循环,化解二者之间的张力则依赖单波所说的"互惠理解"。从个体角度看,"互惠理解"即是体验者进入一种"神入"状态,正如《听闻远方有你》这首歌唱的那样:"我吹过你吹过的风,这算不算相拥,我走过你走过的路,这算不算相逢。"这种同理心

---

① 王庆节.解释学、海德格尔与儒道今释[M].北京:中国人民大学出版社,2004:113.
② HEIDEGGER M. Being and time[M]. MACQUARRIE F, ROBINSON E, trans. New York: Harper & Row,1962:80.
③ PALMER R E. Hermeneutics:interpretation theory in Schleiermacher, Dilthey, Heidegger, and Gadamer[M]. Evanston:Northwestern University Press, 1969:132-139.

的共感,植入了他人的感受和情绪,进而做到双方相互理解和情感上的融洽。传播者带着共情体验,进入了一种心理投射状态,强化了感受他人内心体验的过程。

三、辩证共情与文化他者

共情含义的另一个维度则是理解他者问题的能力。当两种文化相遇,自我在与他者的遭遇中,更加理解并突出自身的独特性,互补互证、双向阐发也就成为一种必然。在新的文化场域(Cultural Field)之中,二者便由于各自的特殊性而产生了一种新的性质,必然建立一种新的潜在的共生关系,成为既非前者又非后者的新的融合品种,从而促进了异质文化之间的沟通和了解。后殖民学者霍米·巴巴用"混杂性"和"含混性"来描述这种话语和身份特征。文化他者的意义在转译之后被传译,独特性和普遍性达到一种遭遇的平衡,形成一种文化上的辩证共情。"和而不同"也可以说是这种辩证共情的另一种表述。辩证共情的同一性是承认对话双方存在矛盾,但这种对立面并不否认二者之间的相互联结和相互吸引。自我意识和自我行为的展开,受制于统一性的框架。一与多的关系也就是多即是一,一即是多的辩证存在。对立统一规律不仅是客观事物的辩证法,亦是辩证共情的方法论。因此,文化传播的共情应该是一种文化多元主义的张力存在。解决"文化折扣"和"对空言说"的途径,以及消除冲突和偏见,在于双方除了相互欣赏相互同情相互支持之外,还需要理解双方存在的问题。承认差异和问题所在是传播共情的基础。群体间性、民族间性和各种不同文化间性(Interculturality),正是共情因素中不可或缺的机质。赛义德提出的"对位阅读"即是解决共情矛盾,涵化文化他者之异的途径。"对位阅读考虑的是多声部维度,而不是主导声音"[①]。此外,洞察"理解的前结构"是一种"共情"能力。加达默尔认为:"一切理解必然包含某种前见,它包含着一种先行判断,同时具有肯定和否定价值。"[②]理解和解释过程一定会触及倾听者的灵魂,理解者将传播的情感融入听者的情绪中。如果传播者不理解对方的情感与他所表达情感的关系,那么,他的解释不可能有效地传播话语意义。信息

---

① SAID E. Orientalism[M]. New York & London: Routledge, 1999: 92-96.
② 加达默尔. 真理与方法[M]. 洪汉鼎, 译. 上海: 上海译文出版社, 2002: 346.

传播的不畅通揭示了文化折扣的原因,"心同此理"的立场是站在他者的位置去交往,去传播。中国对外传播和文化"走出去",必须重视这种文化间性,唯其如此,文明的互鉴互赏才能做到"独坐敬亭山,相看两不厌"。只有这样才可以谈公分母的"共",才能产生"情"的正向回应。

既然跨文化共情可从中国传统美学角度予以观照,那么,如何将传统审美共情转化为现代媒介共情?审美共情无疑是一种创作或文学审美批评的主客交融的心理过程。它亦是一种共情传播之模式。人将感情投射到物体,或者物体投射情感到人,产生共情的种种形态。这种共情是自我主体在心理内部建立一个"他我"(alter ego)结构来移情地理解他者。这种移情是自我主体通过想象、联想等方式实现的。"外射作用就是把在我的知觉或情感外射到物的身上去,使它们变为在物的。"①从身体情感的感知,到文化价值信仰,皆是如此。文艺审美的共情,传播中新闻标题对文学语言的套用,常常使人产生强烈的共鸣感。辛弃疾写下"我见青山多妩媚,料青山见我应如是",不但觉得青山"妩媚",而且似乎觉得青山也以词人为"妩媚"了,主体与客体之间的平等对话,使景与人合二为一。朱光潜通过援引里普斯的移情说参证中国古代的心物交融说。"它是情感的'表现',是自我(观赏的自我)与非自我(空间意象)的同一,因此含有'自我价值'的意识在内。"②有鉴于此,共情传播意图在审美者与审美对象之间"由物及我"和"由我及物"的情绪和审美互动,可以经常援引文学暗喻、套用话语模式增强渲染力。传播者作为文化场景的审美者,有必要涵养产生共情的意识,不断提升共情素养,培养跨文化传播的敏感力。"登山则情满于山,观海则意溢于海"(《文心雕龙·神思》),正是指情感在审美过程中的共情作用。面对不同文化、不同场景、不同对象、不同种族,换位思考,提升语言交际能力,理解其深层次文化心理和文化禁忌,放弃本土文化高于异质文化的先见和偏见,适应陌生化文化的偏好等,皆可作为将交际信息转化为共情的手段策略。

---

① 阎国忠.朱光潜美学思想及其理论体系[M].合肥:安徽教育出版社,1994:88.
② 阎国忠.朱光潜美学思想及其理论体系[M].合肥:安徽教育出版社,1994:91.

四、共情境界与共情能力的涵养

　　主体文化和客体文化之间之所以存在相互欣赏，产生共情，皆因为人我之间、物我之间的多重主体性的存在。一方面，王国维的"有我之境"和"无我之境"是共情的艺术写照。主体移情于物，意溢于壮美，"有我之境"的主体投射表现比较富有情感色彩，"故物皆着我色彩"。跨文化传播中，主体情感的孕育和溢出，有利于共情的交流和传递。另一方面，"无我之境"的主体情感表现得深曲平静，也是"我执"的一种放弃。"我说"不如"道说"。"泪眼问花花不语，乱红飞过秋千去"，虽然花不说话，但传递了人的喜怒哀乐的信息。"在一般的外射作用中物我不必同一，在移情作用中物我必须同一，比如花的凝愁带恨本是我移情过去的，但因为凝神关照，无暇顾及花与我的分别；一般外射作用由我及物，是单方面的，移情作用不但由我及物，也由物及我，是双方面的。我看见花的凝愁带恨，自己也不免陪着愁恨。"①万物皆有灵性，放弃"我执"，敞开自我，才能感受他者之情。庄子的坐忘和心斋，是进入此种精神境界的两种法门，也是感知宇宙、与道大通的共情修炼方式。只有放空自我，才能接纳他者。主体和理性的消解，有利于进入万物一体的"无我之境"。

　　共情是人的本质属性，代入感是人的想象力使然。"嘤其鸣矣，求其友声"，鸟犹如此，人何以堪？寻找友声和知音，是人和自然的一种天然需求。在跨文化传播中，共情能力高者与天地万物之间存在"不隔"。钱锺书在《论通感》里提及的"红杏枝头春意闹"是一种拟人化的共情。"通感"把听觉、视觉、味觉、触觉沟通起来，这样红杏也可以拟人"闹"春。如果共情理论以主体间性作为支撑的话，山川河流、草木鲜花、鸟兽虫鱼等皆是对话的主体。只有顿悟开窍者，才可以"化蝶"进入此等澄明世界，才可以对话于有灵性的万物。角色代入是进入共情环境的一种涅槃化身的途径。再如，在传统文学中，代言诗是作者化身诗中艺术形象，以第一人称身份、口吻、心理"代入"，模拟他者。相对照，古希腊、古印第安等文化将山河大地皆视为有灵性的生命并赋予其主体性地位，即系一例。"天地有大美而不言，四时有明法而不议，万物有成理而不说"（《庄

---

① 阎国忠.朱光潜美学思想及其理论体系[M].合肥:安徽教育出版社,1994:89.

子·知北游》),天地、四时、万物不是通过言说,而是通过"道成肉身"的显现,对话于人,施"感"于人。"通"是物之实施于我,"感"是我之受感于物。物我链接,感而遂通。这种共情观既可视为一种超验主义,也可指向一种实际传播行为和情感。主客观的消弭或"万物一体"的观念,并不意味着传播行为的单向度,恰恰相反,传播过程中传播者与传播对象存在着一种实然或虚拟关系。在施拉姆看来,文化传播很难设想喃喃自语,只有哈姆雷特的独白才是单向行为。即使文化娱乐也存在一种契约关系,即传播者对虚拟人物也需要一种共情心。① 大型文化体育活动中的开幕式场景展示及吉祥物的选择,体现了由物及我的情绪感染和真实场景,以浸入式体验让观众产生喜爱和认同。人们由于人生体验相同而产生代入感。北京冬奥会吉祥物冰墩墩和雪融融一时走红,除了自然遗产与人文遗产的和谐搭配外,其形象也体现了非物质文化的人文情怀和科技奥运的现代动感。其传播环境和传播意象在人们心中激起共鸣和愉悦感,正是由于反映了跨文化传播的普遍心理结构。这种深层次心理结构也就是李泽厚所说"乐感文化",即以"情本体"为主轴,注重个体的感性生命,关注人际和谐,以儒家文化的"游于艺""成于乐"及"天人合一"的心理文化构成了中国文化的价值核心。

共情理论对于中国当代中国形象的重构、跨文化传播的效果等命题的研究来说,意义尤为重大。中国的国际传播除了对海外的传播和接受、意识形态、阅读习惯、审美价值取向等进行深入了解之外,还应该重视世界文化的共通性。在中国形象的"他塑"与"我塑"之间,兼顾言说自我与理解他者。他者并不是"非我族类其心必异",并不是纯粹的异己之物,而是完善自我的重要媒介。跨文化传播共情的最高境界,在我看来,乃是能够体验临济宗所说的"以心印心,心心不异"的心法。在跨文化传播和译介中,通过互文暗通的意象、联想意义的传递,可以增强"我"在他者心目中的接受效果,彰显他者言说的特殊文化价值。本内特(Bennett, M. J.)提出的跨文化对他者文化的否定、抵御、最小化、认同、适应、整合的六要素,包含了价值立场和情感转换的不同阶段,可作为涵化他者的方法。本氏认为,跨文化交际的学习者可以通过预设和建构文化差异,以培养跨文化的敏感性和相关技巧。跨文化交际学习者通过一系列训练,可以从

---

① SCHRAMM W. Men, women, messages, and media: understanding human communication [M]. New York: Person Education, Inc. , 1982:43.

"我族中心主义"转向"我族相对主义"。显而易见,跨文化的训练情境中,伦理问题是一个关键问题。[①] 在一定程度上,异域的考验或异化伦理策略,相较于文化涵化策略,更能检验其文化包容性和文化共情心态。归化或格义虽然包含着一种文化整合,但也同时意味着文化抵御。无论如何,跨文化传播应该放弃"我执",换位思考,凸显共情因素。法国社会学家布迪厄提出的"场域"理论,说明了场与场之间的相互作用。不同文化的相交相汇和融通借鉴,涉及政治、经济、社会和文化等因素,其传播的总体效果依赖对他者的认知与共情。"从一个民族、一种文化在历史上对异国的认知当中,总会有一部分内容流传下来,进入民族的深层心理结构中。这种积淀下来的因素在知识场中占据一个相应的位置,并通过各种关系网、各种相互作用而对一个具体作者施加影响,使其自觉或不自觉地,部分或全部地接受这种对异国的社会集体想象。"[②]跨文化传播共情失败的典型事实是,对他者文化的曲解和简单化,甚至漫画化和象征化。

结 语

随着数字人文时代的到来,多模态、新媒体的出现,传播共情的方式变得日益复杂。OpenAI推出的人工智能ChatGPT,在一定程度上解构了传统的传播共情关系和共情价值基础。一方面,人们狂热地庆祝它强大的信息编码和解码能力,惊叹其信息传播效果,感叹它的理解能力和生成能力,对其顶礼膜拜。另一方面,信息误导及其伦理问题所产生的风险后果,无不引起人们的忧虑。由于其具有接近人类的智力,"孪生智能"ChatGPT会不会进化成一个新的物种——科技智人(Technological Homo Sapiens)? 如此,传播者的主体性和偏见意识会被消解,共情方式和共情对象发生了变化,主体结构反过来也被宰制和臣服或处于互为主体的状态。进而言之,如果能在基于大数据分析的类人智能方向取得突破,在传播领域实现类人听觉、类人视觉、类人语言和类人思维,"孪生传播者"就可能成为现实。法国哲学家贝尔纳·斯蒂格勒(B.

---

① BENNETT M J. A developmental approach to training for intercultural sensitivity[J]. International Journal of Intercultural Communications,1986(2):179-196.
② 孟华.形象学研究要注重总体性与综合性[M]//多边文化研究.北京:新世界出版社,2002:114-126.

Stiegler)提出的身体媒介化即是"代具性":人在发明工具的同时在技术中自我发明,人的代具进化,也就是自我实现技术的外在化。①特斯拉发布的 Optimus 综合了人的感知系统、思维系统来实现移动、感知、学习等行为,具身性的人形机器人具有人类类似的感知,其感知和情感会如何呈现?人工智能 ChatGPT 之后新媒体传播的新方向在哪里?如何打造新的传播意识,媒介传播者如何与机器发生共生共振?从而形成传播的相互赋能,交互共情的"异质同构"?由自由意志组成的大众传播在技术赋能的社会中,能否得到技术他者的默会认同?不仅如此,随着媒介生产者以不同的面貌出现,一个众声喧哗、纷纷扰扰的网络世界让人目不暇接。编码解码的非对称性日益增多,"假新闻"(Misinformation)在没有具身身份显示的情况下,让人莫辨真伪。最近,一系列照片在社交媒体上疯传:教皇弗朗西斯身着时髦的白色河豚外套,美国前总统特朗普被逮捕,马斯克与通用电气公司总裁玛丽·博拉手牵手,原来这些图片是一家名叫 Midjourney 的平台的杰作。毋庸赘言,AI 工具可以产生新的创造力,但同时其所生产的传播媒介,也污染和威胁到信息生态系统。此外,在国际传播中,当用户意识到"信息茧房"背后存在推手时,对某类特定推送的"宣传"信息就会产生抵触和先入为主的偏见。因此,国际传播的符号话语需要培植和嫁接"软销"环境,传递相类似的情感经历和构建目的语话语的叙事方式,来促进数字时代的传播共情。

对于媒介生产者、使用者及社交媒体平台而言,信息推介、情感交流和价值创造同样重要。不仅如此,人工智能时代媒介生产内容与共情因素涉及不同文化的受众,副文本的共情行为如弹幕、评论、交谈,新媒体的交互性、无界性和即时性等因素构成了新媒体跨文化传播的多元性和差异性,从而对情绪信息进行加工以达成同向解读和情感共鸣,提出了更高的要求。从人际传播进入公共传播后,共情主体的众声喧哗将成为一种常态。尽管现代新技术、新媒体有调动使用者情感的强大能力,但共情能力和媒介诚信问题还有待评估。主体身体的"义肢化",远程登录的不在场,数字化构序存在替代了生命负熵,虚拟主持替代了海德格尔的"此在",共情传播是否还有真情实感?同时,拟真影像的虚拟现实,让受众也感受到"五色令人目盲",感受到如恍兮惚兮的声光电媒介的场景,体验到身临其境、欲罢不能的感受。此外,人工智能平台的共情能力

---

① 张一兵.斯蒂格勒《技术与时间》构境论解读[M].上海:上海人民出版社,2018:序言.

还依赖智能的内容生成、长期记忆、情感感知和沟通能力。与其说人工智能的"心灵"是对人类心灵结构的模仿和复制,不如说是对其功能性的模仿。完全复制人类心灵,甚至与人实现真正共情,则需要上帝般全知全能的智慧。

  无论如何,全球范围内,主流社交媒体平台不仅改变了整个媒体行业,还影响了我们的衣食住行,并从根本上改变了我们的交际传播方式,从而形成了一种新的"影响者文化"(Influencer Culture)。从新媒体到"心媒体",信息共造彰显的是体认体知的表达,凸显的是其所承载的心灵情感及其所传递的文化价值。无论如何,在可预见的未来,人类心灵将与人工智能共生共荣,共情共识,相互辉映,并与其共舞共蹈。这似乎成了新技术时代媒介传播的宿命。

考古学对于"文化"和"传播"的思考

◆ 李英华　余西云*

摘　要　考古学以地下出土或地上存在的各类物质遗存为研究对象,运用多学科的方法阐释和复原古代人类的文化与行为,达到"透物见人"的核心目标。本文从静态的物质遗存出发定义能代表"人们共同体"的"考古学文化",再来探讨和阐释"考古学文化"所反映的古代人群与文化或社会的动态关系是考古学尤其是没有文字记载的史前考古学研究最基础、最重要的路径。本文对考古学研究的"文化"和"传播"等重要概念进行了梳理,以期从宏观角度介绍考古学对于文化传播的探索与思考,促进跨学科的交流互鉴。

关键词　考古学;考古学文化;传播;交流;互动

---

* 李英华,武汉大学历史学院、长江文明考古研究院教授,电子邮箱:lyhfrance2005@yahoo.fr;余西云,武汉大学历史学院、长江文明考古研究院教授,电子邮箱:yuxiyun@aliyun.com。

Archaeological Reflections on "Culture" and "Diffusion"

Yinghua Li, Xiyun Yu

Abstract Archaeology takes the materials excavated underground or existing above ground as the object of study, and uses a multidisciplinary approach to interpret and reconstruct the cultures and behaviors of ancient populations, achieving the core goal of "seeing people through objects". Defining the "archaeological cultures" that represent the community of people from the static archaeological materials, and then exploring and interpreting the dynamic relationship between ancient people and culture or society reflected by the "archaeological cultures" is the most fundamental methodology of archaeology, especially the prehistoric archaeology which cannot refer to written records. In this paper, we present an overview of important concepts in archaeological research, including "culture" and "diffusion", with the aim of introducing the exploration and reflections on cultural diffusion in archaeology from a macroscopic perspective and promoting interdisciplinary exchange and understanding.

Keywords archaeology, archaeological culture, diffusion, communication, interaction

"透物见人"是考古学研究的核心目标,地下出土或地上存在的古代的各类实物或曰物质遗存是考古学的基本研究对象,所以考古学的几乎所有研究方法的提出和进展都是围绕如何从物质遗存上升到对背后人群或个体的认识来进行的。人作为具有文化属性的动物,其文化形态与内涵极其复杂多样,所以"文化"构成了考古学中最经典也是运用最多的一个概念。如果说物质遗存以及所定义的文化均还停留在静态层面,那么,对它们反映的背后人群或个人的相互关系的探讨和解释就是动态层面的复原或重建了，与此相关的概念包括传播、互动、迁徙、扩散、交流等，其中"传播"是引入时间较长、运用较多的一个概念。本文主要从这两个概念入手，从宏观角度介绍考古学对于"文化""传播"的探索与思考，期待能与当今跨文化传播等方面的研究进行跨学科的交流互鉴。

一、考古学中的"文化"

"文化"这个来自民族学的概念于20世纪初期被引入史前考古学，"考古学文化"概念最先被德国考古学家科辛纳（Gustaf Kossinna）用来整理考古材料，他在《日耳曼民族的缘起》中就将考古学文化的传统与民族传统关联和对应，并试图通过考古学文化的整理来探讨德意志民族的起源，因而他的研究具有种族优越论的色彩[①]。随后，戈登·柴尔德（Vere Gordon Childe）的《欧洲文明的曙光》一书真正确立"考古学文化"并用它重建了欧洲史前历史的框架[②]。柴尔德借鉴了马克思主义历史整体观和唯物史观，摒弃了科辛纳的种族主义倾向，提出"一群特殊的特征品……绝大多数具有物质文化的特点，但也有很多精神方面的特点，它们在某一时代的某一相连地带紧密结合在一起，这样一群相联的特征品便是考古学家所说的一个文化"[③]，使其成为研究史前人群遗存的基本概念和理论工具。

对考古学文化进行定义和区分的基础是物质遗存的相似性，逻辑上存在两个预设。一是物质遗存的特征代表了人们头脑中不同的思想、社会组织、经济方式或不同的行为习惯，二是运用这些物质遗存特征及组合（即标准）就能定义文化，或代表"人们共同体"[④]。更确切一点说，它代表了考古遗存中可见的属于同一时代、同一区域并且

---

① KOSSINNA G. Die Herkunft der Germanen: zur methode der Siedlungsarchäologie[M]. Würzburg: C. Kabitzsch, 1911.
② CHILDE V G. The dawn of European civilization[M]. London: K. Paul, Trench, Trubner & Company, 1925.
③ CHILDE V G. Races, peoples and cultures in prehistoric Europe[J]. History, 1933, 17(21): 197-198.
④ JOHNSON M. Archaeological theory: an introduction[M]. Malden, MA: Blackwell Publishers Inc, 1999.

具有共同特征的物质遗存共同体①,可以划分为聚落形态、墓葬形制、生产工具和武器、生活用具以及装饰品等5种成分②,所以某一具体的考古学文化就是时间和空间构成的特定情境中的全部物质遗存的总和,其本质就是物化形式的文化内容③。在多个层次的物化形式的文化内涵中,那些标志性的带有鲜明时空特色印记的物质遗存和(或)组合通常被定义为"文化因素",也就是可以拆解的考古学文化的要素构成,进而被置于不同考古学文化之间进行比较,以厘清考古学文化的关系和文化生成发展的本质性特征。与考古学文化基于物质遗存的建构思路不同,这是基于考古学文化深入拆解的一种解构方法④,与地层学、类型学一样都是在考古学文化研究中要运用的基本方法之一⑤。

以考古学文化这一研究工具为基础,结合地层学、类型学方法以及碳十四测年数据,20世纪80年代,苏秉琦先生提出中国考古学文化的"区系类型"理论,认为中国早期文化可以分成面向内陆的文化和面向海洋的文化两大板块,下面至少可以分为6个大区,即陕豫晋邻境地区、山东及邻省一部分地区、湖北和邻近地区、长江下游地区、以鄱阳湖—珠江三角洲为中轴的南方地区、以长城地带为重心的北方地区,大区下还可划分考古学文化及其地方类型⑥。以此为基础,苏秉琦先生进一步提出"满天星斗说"、三部曲(古国—方国—帝国)、三模式("原生型""次生型"和"续生型")来解释中国从原始社会到文明社会的演化过程。⑦ 从20世纪90年代到现在,学界对这几大区系内部的考古学文化的认识进一步细化和深入,几乎在所有地区都发现了丰富的考古学文化。时至今日,学界已经可以制作以黄河上游、中游、下游,北方地区,长江中游、下游,华南地区,西南地区为横轴,以绝对年代为纵轴的中国新石器时代主要考古文化年

---

① 夏鼐.关于考古学上文化的定名问题[J].考古,1959(4):169-172.
② 严文明.关于考古学文化的理论[M]//严文明.考古学初阶.北京:文物出版社,2018:78.
③ 钱耀鹏.略谈考古学文化与史前社会研究[J].中原文物,2005(3):9-13,32.
④ 贺云翱.具有解构思维特征的"文化因素分析法":考古学者的"利器"之四[J].大众考古,2013(5):26-28.
⑤ 李伯谦.论文化因素分析方法[N].中国文物报,1988-11-04(4).
⑥ 苏秉琦,殷玮璋.关于考古学文化的区系类型问题[J].文物,1981(5):10-17.
⑦ 苏秉琦.中国文明起源新探[M].北京:生活·读书·新知三联书店,1999.

代简表。① 由此,中国确立了新石器时代至夏商周时期文化的时空框架,为探索中华文明起源和早期发展的谱系脉络、书写中国历史的最早篇章,奠定了坚实的考古学基础②。所以,考古学文化概念及相应的研究范式之于史前考古的基础地位已经成为学界的共识,同时,在历史时期考古研究中要将考古学文化与古代历史文献密切结合也构成了中国考古学的特色③。

当然,对于"考古学文化"这个概念的内涵和外延,学界多年来也进行过深入的探讨和争论,比如,考古学文化的理论预设是否成立,考古学文化本身是否具有客观性,考古学文化与族群是否存在对应的可能性,等等④。不过,尽管不同学者理解的考古学中的"文化"可能不同,而且20世纪初期以来随着时间发展出现了深刻的变化,在文化观方面出现了分化,但是无论如何,"考古学文化"到目前为止都是中国考古学研究的核心概念⑤。它同时包含了时空、组合等要素,其提出的意义在于把遗存的研究由年代特征扩大到了传统、地域的特征,摆脱了19世纪基于地质学的史前史序列编排范式的束缚,使史前考古学研究完全可以从遗存本身出发,从历史学和人类学的新角度来研究史前史,最终能建立起各地区的时空框架和文化谱系,所以它为探讨史前人的生存方式和社会结构提供了一个基本的研究单位,是通过考古学重建史前史的前提。正是从这个意义上讲,格林·丹尼尔(Glyn Daniel)说柴尔德的《欧洲文明的曙光》一书"造诣极深、无可匹敌",考古学文化概念的提出"给史前考古学的发展建立了一个新的起点"⑥,对世界史前考古学的发展产生了深远影响。

二、考古学中的"传播"

如果说考古学文化实现了从物质遗存出发对"人们共同体"的静态建构,那么"传

---

① 中国社会科学院考古研究所.中国考古学:新石器时代卷[M].北京:中国社会科学出版社,2010.
② 韩建业.考古学文化阐释的理论与实践[J].中国社会科学,2021(9):142-158.
③ 刘庆柱,韩国河.历史考古的考古学文化阐释[J].中国社会科学,2021(9):159-171.
④ 焦天龙.西方考古学文化概念的演变[J].南方文物,2008(3):101-107,12.
⑤ 陈胜前.考古学的文化观[J].考古,2009(10):59-67,97.
⑥ 丹尼尔.考古学一百五十年[M].黄其煦,译.安志敏,校.北京:文物出版社,1987:242.

播"可能是考古学中广泛使用以对考古遗存背后的内涵特征进行动态阐释的概念之一。"文化传播"借用自文化人类学,在考古学中通常被定义为"一种发明被社会接受的过程,即新的意识或新的文化特征从一个人或一群人向其他人或群体的扩散"①,以此为基础对考古学遗存相似性和差异性背后的原因和机制进行动态阐释的理论就是我们熟知的"文化传播论"。

文化传播论是起源于 20 世纪初欧洲的一种文化人类学理论,内核是对 19 世纪末流行的"文化进化论"(尤其是单线直线进化论)的质疑和反对,认为人类缺乏创造性,社会的独立发明是十分罕见的,所以,相似的文化不是独立发明发展的结果,而是文化中的模式从起源地向外传播的结果,换句话说,在文化发展过程中,"借用"(或"采借")总是多于独立发明②。在这样的逻辑下,传播论进一步发展,出现了三种有代表性且影响较大的理论主张,即英国的极端传播论派、德奥传播论派③和美国传播论派④。德奥传播论派又被称为"文化圈派",代表人物是德国的格拉布纳(F. Gräbner)和奥地利的施密特(W. Schmidt)等。他们都是人类地理学家拉采尔(Friedrich Ratzel)的学生。该派认为人类文化的发展就像涟漪,从原点慢慢扩散出去,不论地理远近,只要文化特质类似,就是文化传播或采借的结果,而独立发明要在寻找不到传播的迹象后才能确定。要寻找文化传播的迹象,可以从质和量两个方面来考察。⑤ 极端传播论派以英国的艾略特·史密斯(Grafton Elliot Smith)为代表,又称泛传播论派、太阳石器学派或埃及起源论。该派认为人类文明如此复杂,是不可能被多次独立发明的,只有古代埃及才是人类文明的发源地⑥。美国传播论派以威斯勒(Clark David Wissler)和克罗伯(Alfred Louis Kroeber)为代表。威斯勒根据大平原部落相似的文化特质划分出了不

---

① TRIGGER B G. Beyond history: the methods of prehistory[M]. New York: Holt, Rinehart and Winston, 1968.
② 刘莉. 传播论与横渡大洋之接触:美国考古学界关于新旧大陆之间文化传播问题的争论[J]. 史前研究,1987(1):81-84.
③ 容观夐. 文化传播与传播论派:文化人类学方法论研究之三[J]. 广西民族学院学报(哲学社会科学版),1998,20(4):20-24.
④ 童恩正. 文化人类学[M]. 上海:上海人民出版社,1989:24.
⑤ GRAEBNER F. Methode der ethnologie[M]. Heidelberg: Carl Winter, 1911:35-47.
⑥ SMITH G E. The ancient Egyptians and the origin of civilization[M]. London and New York: Harper & Brothers, 1923:20-78.

同的文化区,认为它们之间的相似性只能用传播来解释①;克罗伯以威斯勒的工作为基础,开创了人类文化与生态环境之间适应关系的研究先河②。随后,有学者在此基础上发展出"时空模式"(Age and Area Model)③;为了研究处于持续变迁中的人群或因历史上的文化接触而导致多元渊源的文化场境,人类学和社会学界明确定义了"涵化"这个概念④,"涵化"也被引入考古学关于史前人类文化互动的研究中⑤。

学术界很早就采用传播论解释中国文化与西方文化之间的联系,安特生(J. Andersson)基于他在中国的一系列考古活动提出"仰韶文化西来说",产生了比较大的学术影响。1921年,北洋政府的外籍专家瑞典人安特生主持发掘奉天锦西县沙锅屯洞穴遗址⑥,河南渑池仰韶村、不召寨等遗址⑦,标志着以田野考古为特征的现代考古学在中国出现。1923年,安特生发表《中华远古之文化》,用传播论的观点解释仰韶文化,提出彩陶西来说:"仰韶陶器中,尚有一部分或与西方文化具有关系者。近与俄属土耳其斯坦相同,远或与欧洲相关。施彩色而磨光之陶器,即其要证。与此相似之陶器,欧洲新石器时代或其末期亦有之。如意大利西西利岛之启龙尼亚,东欧之格雷西亚,及俄国西南之脱里波留,俄属土耳其斯坦安诺地方,皆曾发见。各处之器,各有特点。然与河南仰韶古器之器工花纹,皆有极似之点,夫花纹样式,固未必不能独立创作,彼此不相连属。然以河南与安诺之器相较,其图形相似之点,既多且切,实令吾人不能不起同出一源之感想。两地艺术,彼此流传,未可知也。诚知河南距安诺道里极远,然两地之间实不乏交通孔道。因仰韶遗址之发现,使中国文化西源又复有希望

---

① WISSLER C. Indians of the United States:four centuries of their history and culture[M]. New York:Doubleday and Company, 1941:75-90.
② KROEBER A L, KLUCKHOHN C. Culture:a critical review of concepts and definitions[M]. New York:Alfred A. Knopf, 1952:121-156.
③ DIXON R B. The building of cultures[M].New York:Charles Scribner's Sons, 1928:34-45.
④ REDFIELD R, LINTON R,HERSKOVITS M. Memorandum for the study of acculturation[J]. American Anthropologist, 1936, 38:149-152.
⑤ SCHORTMAN E M, URBAN P A. Modeling interregional interaction in prehistory [J]. Advances in archaeological method and theory,1987,11:37-97.
⑥ 安特生. 奉天锦西县沙锅屯洞穴层[M].袁复礼,译.北京:农业部地质调查所, 1923.
⑦ ANDERSSON J G. Prehistoric sites in Honan[M]. Stockholm:Museum of Far Eastern Antiquities, 1947.

以事实证明之。"①

为了证明彩陶西来的观点,安特生于1923—1924年间在甘肃和青海东北部进行了调查与试掘,1925年发表《甘肃考古记》,介绍其考古发现及研究成果,将甘肃远古时代(新石器时代末期至青铜时代初期)分为齐家期、仰韶期、马厂期、辛店期、寺洼期、沙井期这六期,即所谓"六期说"。安特生在甘肃发现了丰富的彩陶文物:"河南之彩色陶器,虽与甘肃所出者,有密切之联系,然仍自各成一族。"虽然无法准确判断是甘肃的彩陶早还是河南的彩陶早,他还是提出"彩色陶器之故乡,乃近东诸部,为一般学者所承认者也。著者深觉精美陶器之有彩纹者,其制作之术,首抵甘肃,次及河南。此说固属无疑"②,进一步强化了基于传播论的猜测。此后,中国学术界用新的考古发现对这一观点进行了反复的回应和批评。

苏联学者瓦西里耶夫比较系统地梳理了西方学术界用传播论对中国文化与西方文化的联系与相似性的解释,理解和解读中国人种、文化与文明的起源③。瓦西里耶夫的论点并没有坚实的材料作为支撑,很大程度上是基于想象和推论得出的,有一些推论很快为考古新发现所否定。

当然,无论文化传播论还是文化进化论,都是考古学界对人类文化社会,尤其是史前人类文化与社会,从历时性和共时性两个维度进行动态阐释的理论选择,对中国史前考古学研究都产生了历史性的影响,而且随着时间的发展和新范式的传入,学界对这两个理论的认识也渐趋客观中和④。由于篇幅限制,此处不对这两个理论做更深入的论述,而是对考古学常常涉及的"传播模式"以及几个与"传播"相关但不同的概念做简要介绍。

考古学由于不可能发现古人生活生产留下的所有遗存,所以很难原样重建古代文化传播的细节和过程,相对可行的是借用多个领域(包括人类学、民族学、社会学等)的观察,对古代文化传播发生的方式和机制进行概括,提出一些可供考古学研究参考的

---

① 安特生.中华远古之文化[M].袁复礼,译.北京:文物出版社,2011:25-29.
② 安特生.甘肃考古记[M].乐森璕,译.北京:文物出版社,2011.
③ 瓦西里耶夫.中国文明的起源问题[M].郝镇华,张书生,杨德明,等译.莫润先,校.北京:文物出版社,1989:362-364.
④ 赵敦华.考古哲学在西方发展以及在中国的任务[J].求是学刊,2003,30(5):16-27.

阐释模式①。

当然,除了传播以外,考古学对人类物质遗存所反映的人群、文化与社会变化进行动态阐释的概念还包括变迁、发明、迁移、扩散、同化、涵化、交流、互动等,它们都是对文化变化的原因和方式的一种揭示和表达,各有其内涵和外延,相互之间也有重叠或交叉,考古学家使用它们的情境也各有不同,但是它们都体现了对古代人群的文化和社会的动态关系进行高层面阐释和模式化归纳的追求。下文对它们也做一个简要的梳理和概括,以便与"传播"概念联系起来比较和理解。

"变迁"是指万事万物变化转移的过程,文化变迁是自有人类历史以来就开始的从未停顿的过程。相对而言,变迁这个概念比较中性,与变化相似,但又不完全相同。文化内部的变化可能会导致考古学可见的文化变迁,也可能不会在考古的物质遗存中留下痕迹。从其过程和机制来看,变迁一般分为两种,即无意识的变迁和有意识的变迁。无意识的变迁多为缓慢的过程,开始于一个偶然的甚至是细小的事件,以至于任何当事人都无法预测以后连锁反应带来的社会后果。比如,哥伦布发现美洲时就没想到它将给整个大陆旧文明带来毁灭,同时导致新文明的诞生。而范围最广、影响最深的无意识的变迁是近代资本主义商品化经济对传统社会的冲击。有意识的变迁是由个人(社会上层人士)或某一社会阶层所发动,按照计划对社会的个别文化要素或局部制度进行的改革、变法或维新。历史上有名的有意识的变迁如公元前4世纪末我国赵武灵王推行的胡服骑射政策,当代的实例如文化人类学上有名的"康奈尔秘鲁计划",即康奈尔大学人类学家艾伦·霍姆伯格(Allan R. Holmberg)为了让受剥削的秘鲁印第安人农奴居住的"维柯斯"农场独立解放而推行的改革,这个改革因为以革命的手段改变了旧的生产关系,最后获得了成功②。

"发明"意味着新意识的诞生,即认识到了先前一无所知的东西,并对新获得的知识予以运用,创造出过去不存在的事物。从本质上讲,这个概念排除了人们从外获得的新意识,因而不是传播的结果。人类历史上既有无意识的发明,也有有意识的发明。前者如史前的石器装柄、陶器烧制等,后者如结核病防治方法、登月计划、纺织机生产、

---

① 童恩正. 文化人类学[M]. 上海:上海人民出版社,1989:280.
② 童恩正. 文化人类学[M]. 上海:上海人民出版社,1989:285-290.

家用汽车制造等①。人类社会的重大变迁一般不是由单一发明引起的,而是由许多小发明积累而成的产物②。

"迁移"一般是指人群的移动,旧石器考古和古人类研究中常用"迁徙"表述这一概念,描述的是人口的大规模移动。迁移往往被列为传播的一种,它与传播的区别是,迁移通过人口本身的大规模移动而发生,但传播往往包括意识的扩散,换句话说,人口的迁移可以产生文化传播,也可以不产生文化传播,而传播可以经由人口迁移实现,也可以不经由人口迁移实现,所以(人口)迁移与(意识的)传播是互相独立的概念,考古学阐释中也需要对其作出区分③。

"扩散"指物质、意识、文化特征甚至人群从源生地向外扩展、分散的过程。它可以是自发的,也可能是自觉的。古人类和旧石器考古领域也常用此概念,比如现代人的起源与扩散。扩散与传播有区别,扩散的外延比传播更大,也就是说,传播是扩散的一种,但扩散不一定导致传播。

"同化"指一个群体完全接纳一种外来文化的过程。④ 如果考虑两个文化的地位及关系,则它也指"改变一个被征服或被吞并文化的诸方面,使其变成适应统治文化形式的状态",在该过程中,"统治文化倾向于强迫别的文化采用自己文化的某些特征,在表面上看起来获得了适应"⑤。"同化"是19世纪末和20世纪大部分时间里社会学研究移民问题时常用的概念,一度在研究中形成了比较突出的同化主义倾向,遭到现代人类学家反对,因而成为"涵化"概念提出和确立的背景。

"涵化"指"人类种族或部落因文化或艺术接触而变得相近似",也可以是"一个人

---

① 童恩正. 文化人类学[M]. 上海:上海人民出版社,1989:276-278.
② TRIGGER B G. Beyond history: the methods of prehistory[M]. New York: Holt, Rinehart and Winston, 1968:65-70.
③ TRIGGER B G. Beyond history: the methods of prehistory[M]. New York: Holt, Rinehart and Winston, 1968:72-80.
④ TRIGGER B G. Beyond history: the methods of prehistory[M]. New York: Holt, Rinehart and Winston, 1968:96-105.
⑤ HERSKOVITS M J. Acculturation: the study of culture contact[M]. New York: J. J. Augustin, publisher, 1938:9.

群对另一个人群的文化输入"或"人群对外来文化的采用和同化"①。如果考虑两个文化的地位及关系,学界实际上有不同的理解。一种是以北美人类学界为主,认为是"一种文化的某些方面被带入另一种文化,在某种程度上以相对平等互惠的方式,经调整使之适合该文化"的过程②;一种是当一个社会与另一个经济文化上都比较强大的社会接触时,由于不平等关系,弱小社会经常要被迫接受较强大社会的很多文化要素而对其文化要进行广泛的假借,这个过程就是"涵化"③。当然,这两种情况也可以被认为是涵化的两种形式,即文化因素的自由"借入"和改变及强制变化④,所以,涵化与同化和文化变迁之间既存在关联,也有不同,比较复杂。

"交流"和"互动"也是考古学在阐释人群文化动态关系时普遍使用的两个概念,相对中性,分别指"彼此把自己有的供给对方、相互受益"和"彼此联系、相互作用的过程"。中国考古学界,尤其是史前考古学界一般认为考古学文化互动或文化交流研究是"通过特定的人们共同体同其他人们共同体相互交往中遗留的遗迹遗物来研究其交往的原貌,揭示其交往的内涵、形式、途径和实质,恢复其交往的历史"⑤,所以更多的是坚持实证主义思想,"让材料牵着鼻子走",而较少停留于对上述概念的纯理论辨析上。

三、讨论和思考

考古学研究的核心目标是利用所发现的一切物质遗存(含宏观和微观遗存)阐释和复原古代人类的文化和行为,最关键的是实现"透物见人"的升华,所以"考古学文化"及以此为基础开展的人群文化互动关系研究和阐释非常重要。进入21世纪以来,考古学与多个学科尤其是自然科学的交叉,使考古学从遗存中提取信息的能力大幅增

---

① HERSKOVITS M J. Acculturation: the study of culture contact [M]. New York: J. J. Augustin, publisher, 1938: 3.
② HERSKOVITS M J. Acculturation: the study of culture contact [M]. New York: J. J. Augustin, publisher, 1938: 3.
③ 童恩正. 文化人类学[M]. 上海:上海人民出版社, 1989: 281-282.
④ 马季方. 文化人类学与涵化研究(上)[J]. 国外社会科学, 1994(12): 11-17.
⑤ 李伯谦. 关于考古学文化互动关系研究[J]. 南方文物, 2008(1): 14-20.

强,而且在构建古代人类文化框架的基础上,对古代人类行为的探索更加细致深入。其中最引人注目的是古 DNA 研究在提取和测序分析方法上的突破,为数十万年至几千几百年前的古代人类的起源、迁徙、扩散、传播、互动、交流等动态关系的阐释带来了新的认识[①]。时至今日,结合体质人类学、考古学、古 DNA 和现代人 DNA 进行的研究表明,考古学上所见的古代人类历史的动态图景变得异常复杂,既要区分人群,也要区分个体,既要区分文化或意识,也要区分技术,既要鉴别传播,也要考虑进化,每个层面运用的证据不同,阐释结果也有区别,甚至针锋相对。因此,作为古代人类研究的共业,考古学十分需要在多个学科、多重证据之间进行更有效的交叉整合[②],明确专长,凝练目标,以便更好地"透物见人"。本文仅为笔者的粗浅思考,还有全面深入探讨的空间,希望能与相关学科的研究进行交流互鉴。

[①] 付巧妹. 古 DNA 探秘东亚人群演化图谱[J]. 科学通报,2022,67(32):3836-3848.
[②] 高星. 朝向人类起源与演化研究的共业:古人类学、考古学与遗传学的交叉与整合[J]. 人类学学报,2017,36(1):131-140.

共识优先抑或差异优先?

——论雷歇尔与哈贝马斯关于交往前提与目的之争

◆ 喻郭飞 陈潇逸*

摘　要　主体间的交往活动(communication)是人们达成共识、处理分歧与冲突的重要途径,而不同的理性认知、价值观念与生活方式反映了交往主体之间的差异,那么,对于成功的交往活动而言,达成共识和尊重差异这两大目标孰轻孰重?哪一个具有优先性呢?尼古拉斯·雷歇尔(Nicholas Rescher)指出,人们通过交往获取和检验信息,并不总是以共识作为交往的前提与目的。他针对哈贝马斯(Jürgen Habermas)的观点提出批评,强调各种类型的分歧反映出主体间的差异,它们与人们经验世界的方式密切相关,正是这些差异使得交往活动显得有必要。而在我们看来,雷歇尔与哈贝马斯关于"交往""主体间性"等概念的不同理解,导致相关批评的效力不足。事实上,对于成功的交往活动而言,寻求共识和尊重差异同等重要。

关键词　交往;共识;差异;主体间性;理解

---

* 喻郭飞,华侨大学哲学与社会发展学院副教授,主要研究方向:外国哲学。陈潇逸,华侨大学哲学与社会发展学院硕士研究生,主要研究方向:外国哲学。

Consensus First or Difference First: On the Debate Between N. Rescher and J. Habermas about the Premise and Aim of Communication

Fei YuGuo, Xiaoyi Chen

Abstract As an intersubjective action, communication is an important way for people to reach consensus and cope with disagreements and conflicts. At the meanwhile, different rational cognitions, values and lifestyles reflect the divergence between communicative subjects. Therefore, in order to achieve successful communication, which of the two is more significant: reaching consensus or respecting differences? Which one has priority? Nicholas Rescher pointed out that people acquire and test their information by communication, and they seldom conceive consensus as the premise and aim of communication. He criticized Habermas's views and emphasized that various types of disagreement reflect the divergence between subjects, the latter is closely related to the way people perceiving the world, and makes communication necessary. In our opinion, the different understandings between Rescher and Habermas on the concept of 'communication' and 'intersubjectivity' had undermined the force of Rescher's criticism. In fact, reaching consensus and respecting differences are both crucial to successful communication.

Keywords communication, consensus, difference, intersubjectivity, understanding

交往是人类重要的存在方式,而现实中不同主体之间的分歧与共识、竞争与合作相互交织,促使人们越发迫切地感到有必要深入思考如何突破单一主体的局限,从多主体或主体间性的角度理解交往活动的根本目的、成功的交往所依赖的前提等问题。当代德国哲学家哈贝马斯提出,人们进行理性的沟通与交往旨在解决大家共同面临的问题,促进共识的形成,他将"商谈伦理"作为理想情景下不同主体之间交往的原则。当代美国哲学家雷歇尔基于经验主义和多元主义的立场,对哈贝马斯关于交往前提和目的的立场提出批评,他认为人类实际的交往活动牵涉不同主体之间差异化的信念系统和价值偏好,反映着每个人理解经验世界的独特方式,而共识意味着一致的评价与信念。所以,雷歇尔强调,交往活动的根本目的在于获取信息、增进不同主体之间的理解,而基于多元主义的价值观,他认为交往过程中的共识既难以达成,也无须苛求。本文旨在考察雷歇尔和哈贝马斯关于交往活动中"共识优先抑或差异优先"问题的争论,以期深化对于交往前提与目的及其与主体间性关系的理解。

一、"共识优先抑或差异优先?"问题的提出

日常意义上的"共识"概念是指人们在信念或价值方面形成的一致性,哈贝马斯将其视作交往活动的本质性特征。而 20 世纪科学哲学家托马斯·库恩(Thomas Kuhn)关于不同科学研究范式之间不可通约性的阐释,科学社会学中爱丁堡学派关于强纲领的刻画,都"试图放弃共识在传统哲学中的核心位置"[1]。在《多元主义:反对关于共识的要求》(1993 年首次出版,2005 年再版)一书中,雷歇尔试图在"无差别的相对主义"和"独断论的绝对主义"之间寻求一条中间道路,他认为,即便面临事实与价值问题的分歧,人们仍旧可以协调与合作。

在《多元主义:反对关于共识的要求》的第 8 章,雷歇尔以"交往需要共识吗?"这一问题直接针对哈贝马斯的立场提出批评。他以语言的使用为例,指出语言的学习和交流类似于跳舞——需要人们的协作而非共识。语言背后共同的概念框架并不是交往

---

[1] RESCHER N. Pluralism: against the demand for consensus [M]. New York: Oxford University Press, 1993: 2.

所必需的,就像我们可以理解别人的观点但并不需要赞同它们。任何个体的认知都具有不同程度的局限,因而没有人能够独断地认为自己的观点更接近真理,这也正是交往的必要性所在,人们通过交往发现自身原本持有的概念框架的局限,并通过交往"拓展"或"修正"自己的概念框架,从而更好地理解世界、理解他者和理解自己。只不过"为了理解他者我们也许有必要知道他们的信念,但是我们并不需要赞同他们的立场"①,因此,雷歇尔认为对于成功的交往而言,意义的理解是必要的,但并不需要预设共享的信念与价值。他将哈贝马斯及其支持者的论证重构如下:

前提1:人际间的协作是人际交往的必要条件;

前提2:交往过程中的共识是人际间协作的必要条件;

结论:共识是人际交往的必要条件。②

雷歇尔认为以上三段论中的前提2是不成立的,尽管共识能够促进有效的交往,但共识并不是交往的必要条件。在他看来,交往真正所需的是:"第一,(主体)意图向他者传达信息并从他者的语言中获得信息;第二,通过明智的方式审慎地实现上述意图。"③

二、哈贝马斯论交往的目的与前提

众所周知,20世纪西方哲学研究视野从"主体性"向"主体间性"的转换与人们对语言、认知活动理解的深化密切相关。传统意义上将主体与对象分隔甚至对立的二元模式忽视了人类认知活动的重要特征,它们不只是单个主体的能力运用,还面临着其他主体的检验、质疑和认同。尤其是规范意义上的自我与他者之间形成的主体间性或交互主体性呈现出不同主体之间非还原的关系,既不能也不应被还原为主体性,"不能"是因为它意指主体之间的关系而非(单个)主体自身的属性,"不应"是因为"还原"

---

① RESCHER N. Pluralism:against the demand for consensus[M]. New York:Oxford University Press,1993:141.
② RESCHER N. Pluralism:against the demand for consensus[M]. New York:Oxford University Press,1993:147.
③ RESCHER N. Pluralism:against the demand for consensus[M]. New York:Oxford University Press,1993:150.

意味着自我与他者的关系取决于"我"。因此,交往的必要性与重要性在主体性与主体间性的张力中凸显出来。在哈贝马斯看来,"要破解现代性的困境,必须进行哲学范式的转换,即从主体性转向主体间性,用交往理性克服和取代工具理性"①,他认为人们能够凭借真正的交往行动建立和谐一致的社会生活,走出现代性危机。

语言作为人类交往活动的重要载体和形式,集中体现了主体间性的特征。哈贝马斯区分了表达式的意义和语力,强调语言能够传递信息,由此在不同主体之间建立起社会关联。他认为人类的交往行为与语言紧密相关,交往是"至少两个以上具有言语和行为能力的主体之间的互动,这些主体使用(口头的或口头之外的)手段,建立起一种人际关系"②。交往与沟通依赖于语言,"有了主体间性,个体之间才能自由交往,个体才能通过与自我进行自由交流而找到自己的认同,也就是说,才可以在没有强制的情况下实现社会化"③。

值得注意的是,"主体间除了有交流、对话、合作和互相理解的正面性,还有冲突、对立、战争和互相误解的负面性"④。哈贝马斯认为主体间性是交往活动的必要条件,成功的交往需要符合四个"有效性要求"或"有效性主张"(validity claim),即"可理解性""真实性""正当性"和"真诚性",这些要求是"交往行为的一般假设前提"⑤,它们涉及说话者的言说态度、发言资格、所说之事。在他看来,交往活动的参与者是在进行一种以言行事的言语行为,而有效性要求是其规范性前提,它不依赖交往中某一方而起作用,即不单独取决于说者或听者,而是需要交往各方的共同承认。在语言交往过程中,表达式要真实地报告世界实际所是的情况、言说者要真诚地表达、言说者有表达的权利、表达式要有意义。这些有效性要求"提出了保证言语行为参与者之间彼此能够相互理解的前提、条件"⑥。

---

① 孙绍勇.交往理性的主体间性向度解析及当代审思:以哈贝马斯交往范式与交往实践旨趣为论域[J].山东社会科学,2022(7):57-65,143.
② 哈贝马斯.交往行为理论:行为合理性与社会合理化[M].曹卫东,译.上海:上海人民出版社,2004:84.
③ 哈贝马斯.交往行为理论:行为合理性与社会合理化[M].曹卫东,译.上海:上海人民出版社,2004:375.
④ 赵汀阳.如何定义跨主体性?[J].读书,2023(5):3-13.
⑤ 哈贝马斯.交往与社会进化[M].张博树,译.重庆:重庆出版社,1989:1.
⑥ 傅永军.哈贝马斯交往行为合理化理论述评[J].山东大学学报(哲学社会科学版),2003(3):9-14.

在哈贝马斯看来,交往的顺利进行依赖于不同主体之间形成的共识,即他们或者直接同意最初的有效性要求,或者在交往过程中提出质疑并就新的有效性要求取得一致,否则交往行为就可能半途而废。换言之,如果人们没有就交往的前提达成一致,交往的目标就难以实现,因为"交往互动旨在达成一种基于对有效性主张的共同认可之上的同意"①。事实上,不同的主体带着各自的目的进行交往,并将其视作通过一定的手段达成特定目的的活动,这使得主体间性的交往可能滑落为主体性的操作。不过,哈贝马斯比较乐观,他认为通过对有效性要求的质疑,人们可以就所谈之事达成一致,并辨明对话者的动机(是否真诚)。交往"把不同参与者的目的行为计划结合起来,进而把各种行为综合起来,使之形成一种互动"②。在此意义上,哈贝马斯将共识视为(成功的)交往的结果与目的,一方总能质疑并要求对方回应,在该回应说服质疑者后交往便会继续,直到在那个语境下的有效性要求经受了检验,一方接受了另一方的内容。因此,他认为"共识或者是通过交往实现的,或者是在交往行为中共同设定的"③。

哈贝马斯对于共识的重视还体现在他关于"解释"与"理解"的看法上。在有意义的言语交往行为中,对接受者而言,表达式的意义需要经由解释(interpretation)才能被人们理解,"解释的核心意义主要在于通过协商对共识的语境加以明确"④。解释是一种内部活动,而非外在观察。哈贝马斯指出,解释者要想正确揭示文本的意义,就必须深入文本之中,了解作者和同时代人的语境并将其作为解释的起点,只从自己的立场出发可能会错失或误解作者关切的问题⑤。解释他人的表达需要了解相关的语境,"解释者必须清楚地认识到,与表达相关的有效性要求在何种前提下才能被承认"⑥,

---

① 麦卡锡.哈贝马斯的批判理论[M].王江涛,译.上海:华东师范大学出版社,2010:364.
② 哈贝马斯.交往行为理论:行为合理性与社会合理化[M].曹卫东,译.上海:上海人民出版社,2004:84.
③ 哈贝马斯.交往行为理论:行为合理性与社会合理化[M].曹卫东,译.上海:上海人民出版社,2004:275.
④ 哈贝马斯.交往行为理论:行为合理性与社会合理化[M].曹卫东,译.上海:上海人民出版社,2004:274.
⑤ 哈贝马斯.交往行为理论:行为合理性与社会合理化[M].曹卫东,译.上海:上海人民出版社,2004:131.
⑥ 哈贝马斯.交往行为理论:行为合理性与社会合理化[M].曹卫东,译.上海:上海人民出版社,2004:115.

即在解释言说者的表达式时,接受者需要从其有效性要求入手,确认对方所言不虚、确有其意并且态度诚实、有权表达,于是双方就言说者的语境达成一致,接受者理解了言说者的表达式。合格的言说者必定理解自己的表达式,不同主体之间形成了共同理解,进而达成共识。

不难看出,"共识"概念是哈贝马斯串联起"交往""主体间性""理解"等主题的钥匙,它构成了交往的前提与目的,"前提"是指对于有效性要求的一致认可,"目的"是指对于表达式的共同理解。话语交流的过程可以经受批判与检验,交往的失败意味着不同的主体无法就共同关心的问题达成共识,比如无法克服的语言障碍或不平等的地位。在哈贝马斯对于交往行为刻画的整体图景中,共识具有优先性,它使得主体间性、交往与理解等要素与环节连成一个整体。

三、雷歇尔对哈贝马斯的批评

哈贝马斯眼中的"共识"对于交往行为具有双重规范作用,它既是成功交往的前提,也是人们通过交往行为追求的目标。"交往行为是主体之间的一种'相互理解'的话语行为,最终目的指向是'达成赞同'。"① 然而,他对主体间合作的强调、对交往的理想规范的执着使其"未能充分关注主体间的冲突,也忽略了对话的弱势参与者"。② 由于理论设想与现实世界之间的张力始终存在,不同主体之间的交往是由偶然的经验事件所构成的,参与者不能保证真心诚意、心平气和,或者无法及时质疑、做出合理回应。因此,雷歇尔从经验主义的立场出发,对哈贝马斯提出批评。他认为不同主体在生存处境方面的差异使其解释各种经验现象的概念框架不尽相同,由此产生不同的信念系统、价值取向或审美评价,"不同的文化和智识传统必定会依据与我们实质上不同的概念和范畴来描述并解释它们的经验"③。

雷歇尔主张,人们持有不同观点的权利需要得到尊重。他坚持多元主义的立场,

---

① 曹卫东.交往理性与权力批判[M].上海:上海人民出版社,2016:228.
② 朱彦明.哈贝马斯对实践哲学的批判和重建[J].哲学研究,2013(11):20-26.
③ RESCHER N. Pluralism: against the demand for consensus [M]. New York: Oxford University Press,1993:69.

认为不同主体之间交往的目的在于扩展和巩固信息,实现相互理解。尽管持有不同立场的人就某一主题达成共识的确是一个很有吸引力的目标,但是,"理性的人们……并不期待(expect)自己最美好、最遥远的期望一定会实现。而是会满足于以这种方式交往:提升他们自己的理解"①。雷歇尔认为,真实的交往并不保证共同理解,因为人们的信念和价值来自他们的经验,而人们各自的处境并不是采纳来自其他处境的观点的理由。所以,他批评哈贝马斯对交往与共识之间理想关系的设想是不切实际的。

通过梳理哲学史,雷歇尔指出"共识"并非一开始就在人类的交往活动中占据核心地位。亚里士多德、奥古斯丁等哲学家将理性视作人类获取知识的能力,共识涉及理性无暇顾及的事情。启蒙运动之后,共识被哲学家视作理性活动的结果。雷歇尔强调如果共识内在于人类的认知活动,那么人们获得关于对象的认识之后便很容易达成共识,因为采取"我"的观察方式,"你"也会看到同样的东西。然而,即便对于同一时期的某个共同体而言,也总会有人持有不同意见,更不用说不同的时期或不同的共同体所秉持的信念和价值了,各种形式的分歧贯穿于人类文明的始终,但是交往并没有因此而中止。

哈贝马斯主张共识是成功交往的前提,如果人们缺乏共同的出发点,那么理性的交往活动就难以开展。但是雷歇尔表示,共识作为人们交往活动的起点只是一种"预设",不同主体共享的前提并不是实质性的共识;人们只需要一些共同或共享的信息就可以进行交往,例如共同的习俗规定了对"叉子"一词的正确使用②。他认为在交往过程中,一方假定对方跟自己谈论的是同一件事,随着双方通过对话获得了新的信息,可以判断彼此是否在谈论同一件事、对方如何思考、谁的论据更加有力、理由能否合并,等等。即便双方存在某些共识,它们也可能被推翻,因此,交往无须以共识作为前提。

另一方面,"我们面对同一对象"蕴含着"我们追求一致的意见"或"你我(必然)会得出相同的结论"吗?雷歇尔对此持否定态度,在他看来,交往旨在提升参与者"自己的理解",而共识意味着接受、肯定。倾听者理解了言说者(表达式)的意思,知道对方

---

① RESCHER N. Pluralism: against the demand for consensus [M]. New York: Oxford University Press, 1993: 154.

② RESCHER N. Pluralism: against the demand for consensus [M]. New York: Oxford University Press, 1993: 142.

说的是什么，并不等于接受对方的信念或观点（为真），更不是使自己的观点与之一致。这也不意味着双方一定会在某个时间达成共识——得到"一致的评价或信念"。比如，具有不同宗教信仰的两个人在交谈过后会说："好吧，就到这里吧，我知道了你的想法，你也知道了我的（想法）。"他们通过交往熟悉了对方的信仰、教义，并不意味着要去改变自己的立场，也不表明他们一开始就想做出改变，但是这种交往也可以被视作成功的交往。所以，雷歇尔认为共识并非成功交往的目的或（必然）结果。

雷歇尔认为，哈贝马斯支持的一个重要信条是成问题的，即通过开诚布公的自由对话，人们终将就具体问题的相关真理达成一致[1]。这一信条面临的质疑是：第一，过于理想化；第二，默认共识与真理之间存在必然联系。一方面，共识不是交往或对话的必要条件，那么交往之后人际间的分歧可能会持续甚至放大，因为现实中真诚的对话并不总能解决问题；另一方面，将真理系于共识之上的做法意味着共识的缺陷会造成真理的缺陷，而这显然与人们对真理的理解不一致。人类的认知活动是经验性的"提问—回答"（question-solution）的过程：不同的人具有不同的经验，由此形成多样的信念与认知评价标准。认识者对他（她）面对的问题的解决程度就是在其经验处境中收集和处理的信息的总和，为了获得真理，人们需要投身于对认知对象的探究活动中，而交往活动服务于求真目标。雷歇尔指出，在"提问—回答"过程中，信念、意见或观点的差异性是自然而然的，它并不必然导向共识。并且，"语言只是不完美的人类具有的不完美工具，语言的适当性本身不是真理的担保者"[2]，例如"日出""日落"切合人们的经验，但相关的物理事实是"地球围着太阳旋转"。因此，即便语言是人类交往的工具，它也不能为共识与真理"搭起桥梁"。

此外，雷歇尔认为，从"人们具有一致的评价"这一事实不能单独推出应然性规范；价值判断反映了人们的经验结构与生活方式，人们在评价与规范问题上难以甚至不应以达成共识为目标[3]。即便交往双方勉强达成了共识（妥协），这种共识也未必是出于

---

[1] RESCHER N. Pluralism：against the demand for consensus [M]. New York：Oxford University Press，1993：46.

[2] RESCHER N. Pluralism：against the demand for consensus [M]. New York：Oxford University Press，1993：46.

[3] RESCHER N. Pluralism：against the demand for consensus [M]. New York：Oxford University Press，1993：130.

道德的动机,因此,他认为,只有当人们先将道德因素置于共识的形成过程之中,才能通过达成共识形成道德规范上的一致性,而哈贝马斯此处有循环论证的嫌疑①。

哈贝马斯旨在用"共识"概念串联起不同主体之间的交往与互动。通过交往,不同的主体可以获得共同理解,据此形成共识、建立合理化社会,尽管这一过程艰难而漫长。但雷歇尔认为哈贝马斯的上述理想不切实际,他从经验主义视角解读理解、交往和共识,认为多样性和差异性才真正反映了人的本性(nature),交往的目标是信息的获取与满足,共识只不过是立场或意见的统一。"我们交流的深刻原因不在于人人都被社会规定为同一,而恰恰在于我们之间的差异。"②因此,雷歇尔理解的交往之前提与目的更多体现了不同主体之间的尊重与包容,主体之间的差异不仅使得交往具有必要性,还能够从经验主义的角度为认知和价值上的多元主义提供支持。

四、差异、多元价值与主体间性

雷歇尔从人类交往活动展开的现实处境出发,强调个体经验的差异性,并试图以此为基础构建一种多元主义。在他看来,这种经验的多元主义更符合实际,因而更具可行性。

哈、雷二人在"交往过程中共识优先抑或差异优先"的问题上看法不同,他们的争论源自对"交往"及相关概念的理解差异。在哈贝马斯那里,交往的过程与结果都围绕共识展开。以语言交往为例,人们以一些假定与初始的承认作为共识性基础,开始交谈,听者在对话过程中可以就这些假设质疑说者,对话在说者做出辩护并重新获得承认之后得以继续。说者与听者在交往过程中的角色能够互换,于是参与者之间形成了相互承认,即在参与者之间逐渐形成一个共同的语境,听者在其中理解说者的表达,从而实现共同理解。与之相对,雷歇尔从发生学角度对交往活动的主要特征进行了刻画,他认为人们通过交往获得更多的信息,并对自己掌握的信息进行检验,确认其真假,人们根据这些信息做出进一步的行动。听者可以理解说者的前提与表达的意思,

---

① RESCHER N. Pluralism: against the demand for consensus [M]. New York: Oxford University Press, 1993: 134.
② 佘诗琴.弗兰克对哈贝马斯主体间性思想的批判[J].哲学动态,2014(10):58.

但不需要接受它们(为真)。一方以自己熟悉的方式重述对方的观点,也不代表他对另一方(观点)的赞同。雷歇尔认为,交往过程中真正重要的是"知道"或者对话者"自己的理解",而不是达成"观点的一致",尤其是在价值问题上,理解对方的价值观念并不意味着接受它们。所以,共识没有构成对交往行为的(规范性)限制。

此外,哈贝马斯和雷歇尔对交往、共识和差异之间的关系做出了不同的阐释。哈贝马斯认为交往是以沟通为取向的社会行为,"在沟通过程中,参与者就客观世界中的事物、他们共同拥有的社会世界中的事物、或各自主观世界中的事物要么达成一致,要么发生争执。"① 共识可以是对前提的承认,也可以是作为交往结果的共同理解。但无论如何,共识都是(成功的)理性对话的目标,即交往行为的规范性要求。当然,哈贝马斯也注意到不同主体之间的差异,因为对话者各自所处的语境决定其表达的含义,但是成功的交往需要共同的语境,这是正确解释以及理解的前提,而建立(交往所需的)共同语境并不代表取消(主体生活于其中的)差异语境。因此,达成一致并不意味着消解差异,共识在不同主体的交往过程中具有优先性。

雷歇尔认为,交往活动在人们的生活中随处可见,例如正式商议、熟人见面、友人闲谈、陌生人问路,等等。他认为人际间的交往是为了获得信息与检验信息,共识即"信念和评价的一致"②。人们在很多交往情境中并没有形成共识,或者人们不必将结果称为共识,共识也不是交往的前提。例如,在问路情境中,张三通过询问李四知道了去医院的路,最直观的解释是张三获得了相关的信息并能据此行动,说他就路途与李四达成一致显然是多余的。而在闲谈情境中,对话者只是在交换信息,他们对某个行为的一致评价仅仅是交往意愿的满足,声称其中存在共识反倒违反了闲谈情境的惬意性。交往追求的是"个人的理解"。因此,雷歇尔认为,对于成功的交往而言,差异是优先的。

我们在此的疑问是:雷歇尔对"交往"概念的定义能否涵盖哈贝马斯理解的交往活动?如果能够涵盖,雷歇尔的解释是否比哈贝马斯的解释更好?这涉及哈贝马斯的解

---

① 哈贝马斯.交往行为理论:行为合理性与社会合理化[M].曹卫东,译.上海:上海人民出版社,2004:131.
② RESCHER N. Pluralism: against the demand for consensus [M]. New York: Oxford University Press, 1993: 1.

释可能是特设性的(ad hoc),而哈贝马斯的论证策略可能是循环的。雷歇尔认为,哈贝马斯"从共识到道德"的解释路线是循环的,因为只有先将道德置于共识之中,人们才能从共识得到道德。与此类似,只有将共识置于交往过程中,交往才能形成(新的)共识,哈贝马斯似乎主张共识存在于交往的整个过程中。在我们看来,哈贝马斯对"基础性共识"(underlying agreement)和"实际取得的共识"(actually attained agreement)[①]的区分为回应上述质疑提供了资源:前者是就交往的有效性要求而言的,这些要求为成功的交往确立了主体间认可的前提,后者是就对交往主题的解释与理解而言的,它是交往与沟通旨在达成的一致,并且能够基于前者得到批判性检验。所以这里并没有循环,而所谓的"预置"只涉及有效性要求的背景共识[②]。

直觉上看,雷歇尔的解释更切合现实,然而,他只强调了"提升自己的理解"的重要性,却没有注意到理解的对等性,因为希望获得足够信息的对话者可能有多个。在某些情境中,"我"完全可以在了解他人的立场后(找个借口)结束谈话,甚至有意向对方提供误导性信息,更不用说"我"可能一开始就只考虑自己。交往中的另一方(他者)也希望(要求)得到他(们)想要的(真)信息,"我"应该提供给他(们)吗?根据雷歇尔的立场,"我"似乎不必这样做,因为"互相讲真话"只是一个脆弱的假定。正如雷歇尔承认的,从人们实际上欲求某物无法(单独)"推出"它应该被欲求[③],从人们实际上追求"自己的理解"也无法(单独)"推出"他们在交往中应该只关注"自己的理解"。

与此同时,针对"交往—共识—真理"的模型,雷歇尔主张人们实际的认知活动遵循"提问—回答"模型。"提问—回答"模型影响了雷歇尔关于交往活动的说明:人们在认知活动中满足于获得对象的相关信息,无论是否达到目标,"我"都可以随时终止自己的认识活动而不用考虑对象(如感受、认识中的收获等)。"提问—回答"模型使得交往活动的参与者无法保证自己总能获得足够(有效)的信息,即使一个人具有良好的解释能力,也未必有良好的信息供他处理。所以,获得能够提升(自己的)理解的信息不

[①] HABERMAS J. Theory of communicative action (Volume 1) [M]. Boston: Beacon Press, 1984:134.
[②] 麦卡锡.哈贝马斯的批判理论[M].王江涛,译.上海:华东师范大学出版社,2010:363.
[③] RESCHER N. Pluralism: against the demand for consensus [M]. New York: Oxford University Press, 1993:127-130.

足以指导合理的交往行动。人们会依据自身的认知以及与他人交往所获得的信息做出行动,如果人们需要在一些事务上共同行动,为什么不听从共识的指引呢?实际上,哈贝马斯反过来批评雷歇尔的"提问—回答"模型仍囿于客观认识的范式,而真正的交往行为依赖于理解的范式,它要求言说者采用参与者视角而非观察者视角[1]。人们可以向自然和他人提问,前者是一种比喻,人们关于自然的认知活动最终旨在解决其面临的问题,而后者是不同主体之间真实的互动,一方面,自然(界)不会真的与认知者交流;另一方面,人们在交流中不仅提出自己的问题,也会遇到他人的疑问。因此,"提问—回答"模型没有形成对交往行动的完整刻画。

更重要的是,雷歇尔没有考虑经验的限度问题。他认为"就如被合理采纳的信念一样,被合理采纳的价值必须反映行动者的经验结构,而经验在不同处境的个体之间必定是不同的。"[2]但是,不同交往主体之间的经验差异究竟有多大?交往活动本身是否能够作为新的、共同的经验?如果经验差异是拒绝共识的正当理由,那么相对主义尤其是价值相对主义是否是雷歇尔的必然归宿?他将相对主义概括为"理由的无差别论(reason-indifferentism)",即人们对可选项的选择是任意的、无差别的。除了相对主义的自毁(self-undermining)问题,他还从两方面进行了考察。一方面,针对观点 p,说"p 是可接受的"可以引申为"p 对谁而言是可接受的?",价值判断的主体所处具体的经验处境恰好是其进行价值选择的理由,因为人们实际持有的视角是(对其而言)唯一有效的立场[3]。另一方面,雷歇尔认为,差异化的价值反映了差异化的个体偏好,他主张每个人依据自己的处境坚持自己的立场是对多元价值的尊重。但是,既然个体化的经验如此重要,为什么"我"要组成"我们"呢?仅仅诉诸"我"的经验处境无助于解决不同的主体在价值问题上的分歧与冲突。尽管交往活动的参与者是具有差异的个体,但人际间的经验差异并不总是实质性的,差异是他们了解彼此、融入对方生活的起点,从差异化的经验生活出发,通过对话与交往建构起新的、共同的经验生活,能够在尊重

---

[1] 哈贝马斯.现代性的哲学话语[M].曹卫东,等译.南京:译林出版社,2011:346-348.
[2] RESCHER N. Pluralism:against the demand for consensus [M]. New York:Oxford University Press,1993:133.
[3] RESCHER N. Pluralism:against the demand for consensus [M]. New York:Oxford University Press,1993:108.

差异的基础上寻求共识。事实上,雷歇尔也承认,为了避免多元主义滑向相对主义,有必要设定一些交往活动的底线,他指出"如果人们在什么可以被当作理由的问题上存在分歧,那么非理性就是难以避免的"[①],交往在这种情况下就不再可能。

因此,哈贝马斯的交往理论并不会像雷歇尔批评的那样成为特设性的。我们承认雷歇尔强调的差异性与主体间性能够带来多元价值和对个体的尊重,但是哈贝马斯主张以共识为指导的主体间的交往行为也可以容纳多元价值,新的共识来自存在差异的不同主体运用交往理性进行的对话,而这个过程本身体现了交往活动的真正价值。

结 语

通过考察哈贝马斯和雷歇尔关于交往前提与目的的争论,我们不难看出,对于"交往过程中的共识与差异的优先性"问题的回答不是简单的非此即彼。雷歇尔注意到共识与一致性的关联,他担心一味追求共识会迫使人与人之间建立认同和一致。但是人们在经验处境方面的差异使他们形成各自的信念、做出不同的评价,体现了人的独特性与具体性。尽管主体间性刻画了一种根本的社会关联,但不意味着个性的隐退;相反,在强调价值多元性的当下,差异应该优先被承认。

然而,雷歇尔的上述担忧并非与哈贝马斯的立场不兼容,关键在于他所忧之事发生在个体之内还是个体之间。如果造成危机的是外在事物,那么强调差异是可行的,甚至是必须的。但是,哈贝马斯的思考主要针对现代社会关于理性的狭隘刻画:工具理性的同一性试图宰制一切。他强调目的行为并不是人类活动的全部,除了工具理性,人类还有交往理性,它体现了主体进行交往的能力。交往是以沟通为取向的社会行为,而不是目的行为,听者不是说者实现目的的手段[②]。一种新的合理秩序亟待建立,以应对现代性的危机,它不应该压制个体之间的差异,但又需要有效地解决不同主体之间现实的分歧与冲突。所以,哈贝马斯主张交往过程中的共识是优先的。

---

① RESCHER N. Pluralism: against the demand for consensus [M]. New York: Oxford University Press, 1993: 152.
② 哈贝马斯.交往行为理论:行为合理性与社会合理化[M].曹卫东,译.上海:上海人民出版社,2004:273.

因此，我们认为，在不同主体间的交往过程中，共识和差异是并行的，也是能够兼容的。关键的问题不在于经验生活给人们带来了不同的差异视角，也不在于共识是否意味着放弃不同主体的独特性，而在于求同与存异之间的平衡，存异是交往的底线，求同则是在尊重多元价值的基础上追求共同的、良善的生活，实现人类更崇高、更理想的目标。

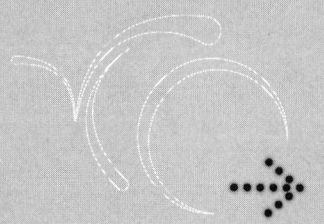

新问题与新视野

基于情景的对话:邀请修辞与跨文化沟通的修辞实践*

◇ 刘 涛**

摘 要 作为当前备受关注的一种修辞形式,邀请修辞(invitational rhetoric)超越了古典修辞学的"劝说"模式,强调将受众"邀请"到修辞者的世界中,以促进彼此的共同理解,而实现"邀请"的常见方法是创设一个自由的、平等的沟通情景。邀请修辞将情景推向了认识活动的中心位置,其超越了古典修辞学所强调的情景工具论,也超越了新修辞学所强调的情景反映论,而倡导一种全新的情景认识观念——情景信息论或情景媒介论。面对跨文化沟通中普遍存在的偏见与冲突问题,邀请修辞所强调的"以情景为方法"的理论路径无疑从修辞学视角拓展了跨文化沟通的认识视角和实践模式。而要实现情景意义上的跨文化"邀请",客观上需要重构情景的生成语言,一是从论证转向事实,二是从论辩转向行动。在数字媒介环境下,数字叙事极大地释放了"邀请"的想象力,跨文化沟通亟须重视并拓展数字情景生成的修辞之道。

关键词 情景;邀请修辞;跨文化沟通;古典修辞学;新修辞学

---

* 本文系国家社会科学基金项目"传播研究的修辞学范式及其创新研究"(项目编号:22VRC068)的研究成果。
** 刘涛:暨南大学新闻与传播学院教授,武汉大学媒体发展中心研究员,复旦大学信息与传播研究中心研究员,电子邮箱:liutao@jnu.edu.cn。

Dialogue Based on Situation: Invitational Rhetoric and the Rhetorical Practice of Cross-Cultural Communication

Tao Liu

Abstract Invitational rhetoric, as a rhetoric form of current academic interest, transcends the "persuasion" model of classic rhetoric and lays its focus on how to "invite" the recipient into the world of the sender in order that their mutual understanding could be developed. To make an "invitation", a situation of free communication is created, therefore, situation occupies the key position of cognitive activities, which makes invitational rhetoric break the models of situational instrumentalism set by classic rhetoric and situational reflectionism by new rhetoric. Proposing a new cognitive model on situation, namely, situational information theory and/or situational media theory, invitational rhetoric takes situation as an approach to deal with the pervasive prejudice and conflicts in cross-cultural communication. Such an approach widens the cognitive perspective and expands the practice models of cross-cultural communication from rhetoric study, as to make a situational "invitation" requires a new generative language to reconstruct situation, which turns argumentation to facts and actions. In the context of digital media, digital narrative greatly inspires the "invitational" imagination of rhetoric, and invitational rhetoric in digital situation invites great attention of cross-cultural communication.

Keywords situation, invitational rhetoric, cross-cultural communication, classic rhetoric, new rhetoric

一、邀请修辞与跨文化沟通之可能

跨文化沟通的一个基本命题是：寻找那些"居间"的资源、符号、语言形式及理解模式，以促进不同文化间的理解和对话。而"居间"作为一个核心概念进入文化认知与传播的理解框架，本质上揭示的是媒介意义上的连接、中介及生成功能——这三种功能实际上打开了"居间"的三种理解方式，并形成了跨文化沟通的三副面孔。其一，连接意为一种接合形式，即一种文化迈向另一种文化，并"捆绑"在某一结构性的文化系统之中；其二，中介意为一种配置方式，即借助中介化的技术装置或驱动体系，文化得以"显现"，并与其他文化建立了调停关系；其三，生成意为一种依存结构，即文化之间存在某种隐性的作用和张力，其特点便是形成了协同共生、共同进化的存在状态。实际上，在跨文化沟通实践中，"居间"作为一种话语方式，揭示了不同文化之间的"相遇"方式，也回应了跨文化得以实现的沟通"语言"。由于文化之"跨"并非文化的"异"与"同"的问题，而是承认人类生活模式多样性基础上的跨的"文化"①，因此，跨文化沟通需要正面回答的问题是：如何发现或重识那些"居间"的资源与话语，以建立文化之间的某种接合关系、调停关系或生成关系？

由于文化之间的"相遇"必然指向一定的现实情景，加之文本意义生成也依赖于既定的语义情景，因此，考察文化之"跨"的"居间"功能，不能忽视情景本身的配置结构及其内部语法。情景既是主体活动的发生场所，又是传播行为的组织原则，亦是文本语义的阐释规则。② 必须承认，对文化"交集"的识别或建构，依赖于"中间地带"本身的阐释规则，而情景则在符号学维度上回答了意义阐释的元语言（meta-language）问题。正是在情景所构筑的锚定系统中，"居间"层面上的意义通约成为可能。因此，从情景维度出发，思考"居间"功能是实现方式，是本文重点思考的一个研究论题。

跨文化传播预设了文化有别，而文化之"别"同样存在语境意义上的"情景之维"。爱德华·T. 霍尔（Edward T. Hall）曾将文化区分为"高语境文化"（high-context cul-

---

① 黄旦.文化之"跨"：关于"跨文化传播"的一点浅见[J].跨文化传播研究，2022(2):21-40.
② 刘涛.视觉修辞学[M].北京：北京大学出版社，2021:102-107.

ture)和"低语境文化"(low-context culture)。以中国文化为代表的东方文化属于典型的高语境文化,即文化的传播与理解高度依赖于现实情景,因此,中国文化在跨文化传播中总会面临"中国人令人费解,城府很深,不可理喻"①的指责。按照霍尔的观点,如果说低语境文化可以相对容易地在语言逻辑层面进行沟通与理解,高语境文化则需要回到一个更大的情景结构中加以识别和认识,"大多数信息或存在于物质环境中,或内化在人的身上;需要经过编码的、显性的、传输出来的信息却非常之小"。② 正因为高语境文化受制于复杂的现实规则限定和影响,中国人的传播实践呈现出丰富的超语言逻辑。③ 必须承认,在具体的文化沟通实践中,这里的"语境"本质上指向的是一个情景问题。由此引发的思考是:只有回到语境与情景维度,才能真正识别文化之"跨"所面临的阻力和障碍,进而在情景维度上回应跨文化沟通所面临的情景问题。

情景问题是社会学、传播学、符号学等学科共同关注的命题,本文则主要从修辞学的视角加以探讨,尝试拓展跨文化沟通中情景研究的修辞学想象力。罗曼·雅各布森(Roman Jakobson)在其语言六功能模型中,将"语境"(context)视为"指称性"(refrential)功能,④意在强调传播结构中发送者和接受者之间的共享之"物"对于理解的重要意义。语言之所以能够建立一种指称结构,是因为存在语境维度的意义锚定结构。从修辞学的视角来看,语境意义上的指称性功能,本质上体现为一个修辞情景命题,⑤这意味着人们可以从修辞学视角出发,审视跨文化沟通中的情景问题,从而在修辞维度上寻求文化之间的对话之可能。基于此,本文主要从当前学界备受关注的一种修辞理念——邀请修辞(invitational rhetoric)切入,探讨跨文化沟通中的情景问题及其生成原因。

邀请修辞是索尼娅·K.福斯(Sonja K. Foss)和辛迪·L.格里芬(Cindy L. Griffin)提出并倡导的一种修辞理论。该理论延续了女性主义修辞的传统,认为古典修辞学是一种父权制的修辞方式——修辞者的自我价值(self-worth)实现,源于通过

---

① 罗素.中国问题[M].秦悦,译.上海:学林出版社,1996:157.
② 霍尔.超越文化[M].何道宽,译.北京:北京大学出版社,2010:82.
③ 李红.理解高语境文化:中国传播观念的超语言逻辑[J].南京社会学,2022(4):97-104.
④ JAKOBSON R. Closing statement: linguistics and poetics[M]//SEBEOK T A. Style in language. Cambridge, MA: MIT Press, 1960:353.
⑤ 刘涛.传播修辞学的问题域及其研究范式[J].南京社会科学,2022(1):91-105.

施加权力来影响他人态度,其目的是通过改变他人来建立控制关系。福斯在女性主义修辞传统的根基上,建造起邀请修辞的大厦,以创造一种平等的交往关系,从而向弥漫着霸权主义和精英主义的人类交往体系发起挑战。相较于古典修辞学的劝说观,邀请修辞并非试图通过说服来控制他人,而是尝试建立一种基于平等(equality)、内在价值(immanent value)和自我决定(self-determination)原则的修辞形式。① 福斯与格里芬指出,邀请修辞是"对理解的邀请,是创造一种植根于平等、内在价值和自我决定的关系的手段。邀请修辞意在对受众进行邀请,让他们进入修辞者的世界,并像修辞者那样看待世界"②。

多年来,福斯和格里芬一直深耕这一研究领域,并于2020年将学界的相关文献整理成著作《邀请式理解:邀请修辞研究指南》出版。③ 按照福斯的说法,邀请性的互动交流具有七大特征:其一,理解是交际的目的;其二,参与者带着开放的态度倾听他人的不同见解;其三,参与者之间的地位是平等的;其四,双方寻求"权力共享"(power-with)而非"权力控制"(power-over);其五,任何改变都是自主选择的结果;其六,参与者带着"愿意妥协"的心态参与互动;其七,彼此之间接受并欣赏差异性。④ 当前,作为一种修辞理念和实践,邀请修辞引发了修辞学界的普遍关注,其广泛应用于教育教

---

① FOSS S K, GRIFFIN C L. Beyond persuasion: a proposal for an invitational rhetoric[J]. Communication monographs, 1995, 62(1): 2-18.
② FOSS S K, GRIFFIN C L. Beyond persuasion: a proposal for an invitational rhetoric[J]. Communication monographs, 1995, 62(1): 2-18.
③ FOSS S K, GRIFFIN C L, eds. Inviting understanding: a portrait of invitational rhetoric[M]. Lanham, MD: Rowman & Littlefield Publishers, 2020.
④ FOSS S K, FOSS K A. Inviting transformation: presentational speaking for a changing world[M].3rd ed. Long Grove, IL: Waveland Press, 2012: 10-17.

学[①]、文学艺术[②]、健康医疗[③]、跨文化传播[④]等领域。例如,杰森·A.谢里尔(Jason A. Sharier)研究发现,邀请修辞有助于增强宗教领域的跨文化沟通效果,因为其促使修辞者以更具同情心(sympathetic)和同理心(empathetic)的方式来讨论宗教主题。[⑤] 基于邀请修辞的理念和视角,福斯进一步提出了邀请传播(invitational communication)的研究命题。不难发现,邀请传播可谓是邀请修辞的一种实践形式。如果说詹姆斯·C.麦克罗斯基(James C. McCroskey)提出的修辞传播(rhetorical communication)旨在打造一种以修辞者为中心的可控的、劝说的交流体系[⑥],建立在邀请修辞基础上的邀请传播则致力于创设一种邀请式的修辞情景,以达到对话发生的"邀请"功能。

如何实现邀请修辞的"邀请"功能?福斯与格里芬特别强调要创造外部条件,允许他人在尊重和平等的氛围中提出自己的观点。相应地,安全(safety)、价值(value)和自由(freedom)构成了情景生成的基本条件,即"修辞者能够认识到他们的目的并非说服他人,而只是创造一种环境,以促进理解;对于他人观点给予足够的肯定和尊重,并促进平等关系的建立"。[⑦] 概括而言,邀请修辞旨在倡导一种积极的对话,而对话发生的关键在于创设一种自由的沟通情景。而在邀请修辞中,如何邀请以及邀请何为,客观上需要"用情景说话"——只有当情景本身包含或呈现了真实的、客观的、多元的信息线索时,"邀请"才能真正在情景维度上"落地",并上升为一种消除偏见、弥合冲突的

[①] NOVAK D, BONINE B. Offering invitational rhetoric in communication courses[J]. Communication teacher, 2009, 23(1): 11-14.

[②] KIRTLEY S. Considering the alternative in composition pedagogy: teaching invitational rhetoric with Lynda Barry's *What It Is*[J]. Women's studies in communication, 2014, 37(3): 339-359.

[③] JARVIS C M. Invitational rhetoric in epistemic practice: invitational knowledge in infertility support groups[J]. Rhetoric of health & medicine, 2021, 4(1): 1-32.

[④] STROUD S R. The pluralistic style and the demands of intercultural rhetoric: Swami Vivekananda at the World's Parliament of Religions[J]. Advances in the history of rhetoric, 2018, 21(3): 247-270.

[⑤] SHARIER J A. Redefining interfaith discourse: applying invitational rhetoric to religion[J]. Young scholars in writing, 2012, 9: 87-97.

[⑥] MCCROSKEY J C. An introduction to rhetorical communication[M]. 9th ed. London: Routledge, 2016.

[⑦] FOSS S K, GRIFFIN C L. Beyond persuasion: a proposal for an invitational rhetoric[J]. Communication monographs, 1995, 62(1): 2-18.

修辞实践。2009年发生在云南静宁县的"躲猫猫事件"引发了巨大的社会争议：24岁的青年李乔明在看守所"离奇"死亡，警方给出的解释为他在与狱友玩"躲猫猫"游戏时因头部受伤而死。面对网友的集体质疑，云南省委宣传部采取的方法是邀请网友参与调查。尽管邀请社会人士参与重大敏感议题调查的举措，能够体现官方尝试与公众对话的诚意，然而，由于网友不具有专业侦查能力，加之李乔明已经死亡，现场可以获取的线索和信息非常有限，因此"邀请"行为更像是一场平息舆论的展演。究其根源，是因为这里的"邀请"行为并未真正还原对话发生的真实情景，亦未提供调查推进的现实线索，最终，这场声势浩大的网友调查在喧嚣之中无疾而终。

在跨文化沟通实践中，文化既是冲突发生的潜在动因，也是化解冲突的解释语言，而后者则有赖于邀请式的情景创设。在郑晓龙导演的电影《刮痧》中，美籍华人许大同的父亲采用中国传统的刮痧疗法为孙子治病，却被美国儿童福利局指控为虐待儿童，因此陷入了一场始料未及的官司。孩子背上由于刮痧而留下的一道道"伤痕"，无疑成为两种文化竞相解释的符号——中国文化将其视为一种普通的治疗手段，而美国文化则视其为一种虐待儿童的罪行。显然，这场冲突是在文化维度上展开的，其根源在于对刮痧"伤痕"的元语言争夺，两种文化都尝试赋予自身话语一定的合法性，但却因为话语深层的认知框架无法调和，而难以找到可协商、可通约的对话"语言"。如果进一步审视文化冲突的发生原因，则不能不提及沟通系统中的情景因素——冲突大多发生在一元声音主导的场景之中，这种特殊的情景设计，使得彼此难以"看见"对方，和解之路异常艰难。实际上，跨文化沟通中的冲突性场景，本质上体现为单一文化主导的封闭空间，这里没有通往外界的"出口"，也缺少可以实现对话的连接"媒介"，彼此都深陷于被偏见所包裹的"牢笼"中，无力地论辩。由于缺少沟通与协商的公共性基础，一系列独白式的生活场景铺设了故事发生的基本情景，而冲突发生的根本原因恰恰是情景本身难以实现两种文化的调和。如果情景本身的规则体系及其配置逻辑并非基于对话的目的加以设定，那跨文化沟通便失去了对话得以发生的情景基础。而最终，两种文化之所以能够实现和解，并非基于直接碰撞之后的臣服，亦非建立在某种论辩体系之上的说服，而是因为创设了一个邀请式的而非劝说式的交往情景——西方文化主动进入中医文化，在相互"看见"的日常生活情境中，发现了一种理解"伤痕"的通约语言。

二、情景何以发生作用:从古典修辞学到新修辞学

当邀请修辞赋予了情景极为重要的实践功能时,我们有必要回到修辞学的知识脉络,进一步探讨修辞与情景之间的内在关系。唯有厘清情景在修辞中的话语"位置",才能真正认识修辞在情景维度上的"展开"方式,从而把握跨文化沟通中"邀请"实现的修辞情景问题。实际上,在修辞学的历史河流中,从古典修辞学到新修辞学,修辞观念的每一次"靠岸",情景问题都从未离场——只不过在不同的修辞观念中,情景的意义和功能存在一定差异。基于此,本文重返修辞学的知识史,揭示情景之于修辞的认识内涵,并在此基础上以邀请修辞为理论话语,进一步探讨跨文化沟通中"邀请"得以实现的情景生成方式及其修辞语言。

(一)古典修辞学:作为修辞手段的情景

古典修辞学诞生于具体的社会场景,如公共演讲、法庭抗辩、道德教育等——情景既是修辞发生的实践场所,亦是修辞知识的生成条件,修辞的语言与情景的语言深刻地嵌套在一起,由此形成了一种基于情景的修辞知识。简言之,修辞发生在情景之中,而情景本身的系统构成及其潜藏的矛盾与问题,不仅决定了修辞的出场方式,也决定了修辞的问题意识。相应地,古典修辞学所关注的修辞术,本质上是对既定社会议题的发生情景及其功能和使命的一种策略性回应,即既定的社会议题铺设了相应的社会情景,也设定了相应的修辞目的,而修辞知识恰恰是在情景自身的属性和语言基础上形成的。例如,亚里士多德在讨论公共演讲时,将其细分为三种不同的演说类型——政治演说、诉讼演说和典礼演说,认为三者不仅对应于不同的实践场景,还指向不同的情景问题——"政治演说用于劝说和劝阻。诉讼演说用于控告或答辩。典礼演说用于称赞或谴责。"① 同时,由于情景属性存在差异,三种修辞实践分别预设了不同的修辞功能,并且在情景的"语言"上体现出相应的时间"偏向"——政治演说主要面向未来,诉讼演说主要面向过去,典礼演说主要回应当下。在不同的修辞情景中,修辞的命题

---

① 亚理斯多德.修辞学[M].罗念生,译.上海:上海世纪出版集团,2006:28.

及其情景"语言"分别体现为"确实的证明""或然的事情"以及"或然的证明"。① 不难发现,古典修辞学的知识体系,主体上体现为一种基于情景的知识——修辞发生在社会公共空间,也存在于既定的社会情景,其目的是"以修辞的方式"回应具体情境中的问题。

必须承认,古典修辞学所关注的情景,并不局限于社会维度的议题情景,还深入文本生产维度,关注意义生产维度的语义情景。纵观古希腊修辞学提出的五大经典命题(修辞"五艺")——发明(invention)、谋篇(disposition)、文体(elocution)、记忆(memory)和发表(delivery),②都在不同程度上回应了修辞实践中的情景问题。具体而言,"发明"所关注的话题生产和争议宣认,实际上意味着重置意义感知的认知框架,其中必然包含了对某种情景关系的重构与再造;③"谋篇"所讨论的语义系统问题,旨在构造一种暗合特定情景规则的语篇结构,其关注的意义系统,依然是沿着语境意义上的情景内涵展开的;"文体"所强调的语言风格问题,不过是对既定情境中受众需求及认知特点的一种回应,其潜在假设是:唯有文本的语言风格符合传播场景的内在要求,才能产生更有效的劝说效果;"记忆"所思考的记忆方法问题,越来越多地转向了一种基于情景的记忆策略,即通过复活信息的情景结构和关系,以提高演说者的记忆能力;"发表"所对应的传播方式问题,早已超越了口语传播时代的口头叙述问题,延伸到媒介传播的讨论维度,而进入电子媒介时代,传播功能的实现逐渐转向了对情景的调适、重组与改变,④因此古典修辞学意义上的"发表"不能忽视传播结构中的情景要素。概括而言,古典修辞学推崇的发明、谋篇、文体、记忆和发表问题,都存在一个基础性的情景认知向度。

实际上,古典修辞学视野中的情景,无论是社会维度的议题情景,还是文本维度的语义情景,更多的是将情景置于修辞对象或修辞策略的认识维度,视情景为一种生产性的修辞要素——通过对情景的策略性构造与配置,达到某种劝服性的修辞目的。不

---

① 亚理斯多德.修辞学[M].罗念生,译.上海:上海世纪出版集团,2006:29.
② 乔丽.图像分析[M].怀宇,译.天津:天津人民出版社,2012:81-84.
③ 刘涛.元框架:话语实践中的修辞发明与争议宣认[J].新闻大学,2017(2):1-15,146.
④ 梅罗维茨.消失的地域:电子媒介对社会行为的影响[M].肖志军,译.北京:清华大学出版社,2002:34.

同于邀请修辞所关注的自由的、平等的、存在性的情景,古典修辞学主要在"修辞术"层面讨论情景——情景并非一种自反性的存在语境,而是进入修辞的工具、手段、策略维度,它因劝说而生,并服务于劝说的目的和使命。情景所打开的语境结构,包裹着主体的意图,充斥着教化的欲望,流淌着劝说的基因,潜藏着无声的暴力,而一种隐性的、匿名的话语和权力恰恰是在修辞笼罩的情境中被悄无声息地生产出来。由此可见,情景问题进入修辞视野的原因,或是作为有待解决的"问题"出场,或是作为修辞发生的"场景"出场,抑或作为文本生产的存在"条件"出场,其共同特点是将情景推向了修辞认知的"策略"维度,即通过将情景纳入修辞的考察视野,形成更有针对性的修辞术。

(二)新修辞学:作为修辞发生条件的情景

如果说古典修辞学主要是在工具、手段、策略维度思考情景问题,新修辞学则将情景视为修辞行为的发生基础,认为修辞的本质不过是对既定情景的适当反应,由此视情景为一种认识话语,代表性的理论话语为劳埃德·比彻尔(Lloyd Bitzer)的修辞情景(rhetorical situation)理论。比彻尔将"情景"和"语言"视为修辞的两大基本要素,前者类似于"问题"或"疑问",而后者则是对问题或疑问的直接"回应"或回答,由此赋予了情景极为重要的修辞认识潜力。例如,在布罗尼斯拉夫·马林诺夫斯基(Bronislaw Malinowski)所描述的特洛布列恩德岛上,渔民捕鱼的"情景"决定了语言的内容和形式,"收网""放手""起网"等语言形式之所以被构造出来并进入日常生活领域,与"捕鱼成功"这一任务密切相关。[①] 如果抽离"捕鱼"这一任务情景,这些语言将变得毫无意义。因此,建立在符号基础上的修辞行为及其意义实践,不过是既定情景规约下的符号性反应与表达。

情景问题之所以上升到新修辞学的关键位置,是因为修辞行为存在普遍的情景生成基础——修辞因情景获得意义,并在情境中成为修辞。相对于古典修辞学的劝说体系,新修辞学沿着三个维度重构了修辞的观念,而重构的思路和方法则是"转向情景"。第一,新修辞学超越了古典修辞学以语言"使用者"为中心的修辞体系,延伸到语言"接

---

① 比彻尔.修辞情景[M]//博克,等.当代西方修辞学:演讲与话语批评.常昌富,顾宝桐,译.北京:中国社会科学出版社,1998:122-123.

受者"一端,开始关注人类交往结构中的认同问题。新修辞学代表人物肯尼斯·伯克(Kenneth Burke)将"同一"(identification)问题视为修辞发生的基础,认为修辞的真正目的是促进"共同理解"。而"共同理解"的实现方式则指向情景维度的修辞实践,即依照情景的内在规定性组织修辞行为,以实现情境中的修辞认同。第二,新修辞学超越了古典修辞学的文本语义考察范畴,将修辞的内涵延伸到人类的生存环境,由此关注一种普遍的修辞动机问题。按照新修辞学的观点,人类的生存环境存在一个基础性的修辞认知维度。而环境本质上也是一个情景维度的概念,情景和修辞之间便存在一种相互生成的结构——修辞铺设或设定了情景的语言和规则,而情景也限定了修辞的出场方式和发挥空间。例如,伯克的戏剧五要素模型——由行动(act)、行动者(agent)、手段(agency)、场景(scene)和目的(purpose)共同构成的一个关联体①,讨论的核心问题便是如何通过要素之间的搭配组合来完成修辞情景的阐释,并在此基础上解释情境中的修辞动机。第三,新修辞学超越了古典修辞学的语言框架,将目光转向了人类符号系统中的象征行动(symbolic action)范畴,这使得图像、音乐、雕塑、舞蹈、建筑等一切具有象征性的符号形式都被纳入修辞学的分析范畴,从而摆脱了修辞学长期以来的"语言依赖"问题,最终转向对多元符号形式的修辞关注。② 当非语言符号成为一种修辞对象时,新修辞学所关注的情景问题,便超越了文本意义上的语境(context)认识框架,并且延伸到情景本身的符号系统,这意味着修辞情景研究需要关注情境中一切携带象征功能的符号构件——作为情景构成的要素与内容,其中的图像形式、空间构造等非语言符号,既是修辞关注的对象,亦是修辞作用的后果。

概括而言,无论是古典修辞学,抑或新修辞学,都将情景问题推到一个至关重要的认识论位置。如果说古典修辞学所关注的情景更多地意味着议题、发生场景、实践领域等概念内涵,其修辞内涵可以概括为"情景中的修辞",新修辞学则将情景本身视为一个修辞对象,认为修辞行为不过是对既定情景的符号性反应,因此在情景维度上重构了修辞的观念和内涵,其对应的修辞内涵则为"情景的修辞"。

---

① BURKE K. A grammar of motives[M]. Berkeley, CA: University of California Press, 1945: xv.
② BURKE K. Language as symbolic action: essays on life, literature, and method[M]. Berkeley, CA: University of California Press, 1966: 28.

三、文化"交集"的实现：来自情景的"邀请"

不同于古典修辞学在工具论上思考情景问题，也有别于新修辞学将情景问题上升为一种认识话语，邀请修辞则将情景视为修辞发生的认识内容，即修辞的理念是邀请，修辞的目的是建立基于情景的理解，修辞的方法是创设一个自由的、自在的、自然的情景。情景不仅意味着修辞的场所，而且体现为修辞发生的直接认识对象。正因为情景超越了背景、场所、地点的意义维度，而上升为认识的直接内容，因此可以提炼出邀请修辞的情景观——情景即信息。在邀请修辞的符号系统中，所谓的信息，并非镶嵌在情景之上或隐匿于情景之中的其他对象，而是情景本身。相应地，邀请修辞极力倡导的情景创设，并非构造一个信息得以存在的外部环境，亦非重建一个信息得以阐释的规则体系，而是搭建一个联通彼此的沟通情景，其特点便是将那些预先设定的立场、观点、主体意图都悬置起来，将纯粹的、自然的情景本身推向认识的中心位置。

在跨文化沟通系统中，尽管情景创设必然伴随着人为建构的过程与痕迹，但建构的方向与语言并非封闭的、论辩的，而是以承认多元为价值基础，积极向世界敞开，邀请对方进入情景之中——我的情景，亦是你的情景。保罗·哈吉斯（Paul Haggis）在电影《撞车》（Crash）的开场设置了这样一段意味深长的旁白："在洛杉矶这座城市，人们总是躲在冰冷的建筑后面，这里没有心灵的触摸，相反，人与人之间的相遇，很可能就是剧烈的碰撞。"影片开始时的撞车场景，更像是一个微妙的隐喻，预示着文化之间猝不及防的张力和冲突。看似平静的交往情境中，却弥漫着挥之不去的种族主义阴影，偏见、歧视、刻板印象铺设了日常交往情景的底层语言。影片中的这一情节令人深思：一名非裔演员在表达"别那样讲"时，使用了"Don't talk to me about that"这一表述，这在非裔导演看来并无不妥，然而，剧组中的白人却对此产生异议，认为非裔人群的"正确表述"应该为"Don't talk about that"——前者相对文雅，一般为白人的"专属用语"，而后者相对粗鄙，符合人们对非裔人群的刻板印象。显然，这一剧场情景并非邀请性的，而是携带着偏见与歧视，其底层的元语言系统指向一个时代无处不在的社会歧视。如果情景的元语言系统受制于一方的隐性支配和控制，并且失去了对话得以发生的自由基础与平等结构，那么，文化之"跨"所寻求的交集区域便不复存在。从这个意义上讲,邀请修辞所强调的情景,并非霸权话语规约下的独白式情景,而是非操控性的情景,是现象学的情景,是自然主义的情景,是悬置了劝说意图的情景。

可见,在邀请修辞那里,情景既是沟通的媒介,亦是沟通的内容,它超越了古典修辞学所强调的情景工具论,也超越了新修辞学所强调的情景反映论,并且沿着两个维度拓展了情景的修辞内涵:一是情景信息论,即情景构成了邀请修辞的认知主体,受众所获取的信息即是情景本身;二是情景媒介论,即情景本身构成了一种连接结构和中介关系,而彼此之间的理解达成,源于对方进入一个熟悉的、通约的、可对话的情景之中。

概括而言,邀请修辞将情景推向了认识活动的中心位置,即信息并非附着在情景之上的"对象",亦非滋生于情景之中的"果实",而就是情景本身。按照心理学的建构主义观点,人类认知活动中的意义建构依赖于情景的创设,正是在情境中,认识活动拥有了更丰富的外部线索和关联结构,从而形成一种整体性的认知结构。邀请修辞充分认识到情景本身在沟通中的作用和意义,将其上升为"邀请"的现实条件,同时视其为"邀请"的直接对象。不同于一般的沟通方式,由于跨文化传播存在文化之间的区隔或距离,以"情景"为基础的"修辞方案"构建则显得尤为迫切而重要。

相应地,邀请修辞所强调的"平等""内在价值"以及"自我决定"同样存在一个深刻的"情景承诺",即能否达到"邀请"而非"劝说"的修辞目的,根本上取决于修辞主体的情景配置理念和方案。无论是"平等"所关注的身份问题,还是"内在价值"所强调的主体性问题,抑或是"自我决定"所讨论的认知方式问题,都要求参与者之间的沟通本质是对话,是相互理解,是承认相互的主体性。而要达到沟通活动中的"邀请"目的,一种行之有效的修辞方案便是以情景为方法,构建基于情景的对话系统。纵观当前的跨文化传播实践,尽管情景被推向极为重要的沟通位置,但作为沟通发生的场所或语境,情景究竟是促进了主体间的平等对话,还是掩饰甚至加剧了参与者之间的不平等关系,本质上对应的是两种不同的情景修辞"语言"。不可否认,当前的跨文化沟通往往充斥着各种隐性的、匿名的、复式的压制关系,而这一劝说效果的达成,更多的是通过对情景的策略性设计完成的——情景表面上呈现的是一个中立的、描述的、客观的、现实的环境结构,但选择何种素材、侧重何种主题、讲述何种故事,最终往往服务于极为隐蔽的劝说目的,即便是当前较为流行的零度修辞,也往往不可避免地滑向了另一种修辞。

例如,旨在讲述美国西进运动的大平原印第安人博物馆(The Plains Indian Museum),主要选择美国白人与印第安人之间的交往故事作为情景修辞资源。尽管故事是真实存在的,但其中的情景修辞方法却是通过"忘记"来制造"记忆",这里没有杀戮和死亡,也看不见印第安人文化所遭遇的侵蚀与消亡,西进运动最终在由"敬畏修辞"(rhetoric of reverence)所构筑的故事情境中,变成了一种朝圣式的"和平之旅"。①

如何构建"邀请"得以发生的"修辞方案"?一种有效的跨文化沟通方法便是以情景为修辞对象,实现从"控制"到"邀请"的情景语言转换。在美剧《迷失》(Lost)中,亚裔夫妇的"遭遇"如同一个微妙的隐喻,形象地阐释了跨文化沟通的情景转换方式。一架从悉尼飞往洛杉矶的客机不幸坠落在一座孤岛上,不同国家、种族、性别、职业的乘客在这里被迫"相遇"。在接下来的"日常生活"中,一场跨文化之旅拉开序幕。这场"猝不及防"的意外,促使每个人被迫进入一个陌生的交往情境之中,由于外部秩序暂时失效,众人被悬置在一个由"初始认知"和"经验知识"所设定的伦理、情感及利益交往结构中,人与人之间的沟通"语言",主要依赖于自我对他人的"原始印象"——正是在这一特殊的情景结构中,自我对他人的想象方式限定了彼此之间的沟通内容和交往边界。剧中的韩国夫妇在充斥着偏见与歧视的情境中入场,他们在西方对东方的想象模式中,被建构为公共生活中的"失语者"——妻子的沉默寡言,丈夫的保守、粗鲁、怪异,加之韩语和英语之间存在着沟通壁垒,都使得他们与西方话语主导的"日常生活"格格不入。这种"交流的无奈"源于西方对东方的想象模式——在西方人眼里,韩国夫妇实际上是以"亚裔"标签的整体形象出场的,他们存在的目的便是完成多元世界的象征性"拼图"。在最初的交流情境中,亚裔夫妇的韩国身份是被隐匿的,他们被迫笼罩在"东方"的总体规定性之中,失去了主体身份上的自我。而在后续的情节中,韩国夫妇之所以得到大家的认可,主要原因在于他们进入了一个邀请的对话情景,完成了情景语言的转换——白人妇女哮喘发作,生命垂危,韩国妇女从山上采摘草药,以极具东方神秘主义色彩的救治方式,帮助病人渡过难关。正是在生命叙事所铺设的文化情境中,亚裔群体才得以真正进入"集体","东方"也获得了合法的出场方式,并与西方文化

---

① DICKINSON G, OTT B L, AOKI E. Spaces of remembering and forgetting: the reverent eye/I at the Plains Indian Museum[J]. Communication and critical/cultural studies, 2006, 3(1): 27-47.

实现了和解。不难发现,西方与东方之间的对话之所以成为可能,是因为沟通发生在超越常规沟通规则的新的情景之中,由此重置了情景运作的底层规则——如果说"日常生活"中的情景语言受制于种族话语的隐性支配,新的情景语言则超越了"东方与西方"的二元框架,在种族话语之外打开了一个新的沟通情景,其特点是在伦理、生命、情感维度上编织了一种可能的通约语言。

四、基于情景的对话:何以可能?

邀请修辞赋予了情景积极的认识位置,并将其推向实践的向度——人们源于沟通的需要,对相关要素进行重新选择、组织和整合,以建立一个整体性的、结构性的、装置性的环境系统。长期以来,情景被视为一种对象性的、背景性的、空间性的沟通要素,仅仅具有场景、地点、环境的物理属性功能,而主体与情景的关系,也被视为一种镶嵌结构,即情景更多的是作为意义的"支撑"系统和"供给"平台出场,其功能便是为意义活动引入诸多外部线索,以拓展和丰富主体认知的可能视域。但在跨文化沟通模式中,情景是"邀请"的重要"抓手",要真正实现情景意义上的邀请,客观上需要重构情景的生成语言。

(一)情景中的框架:从论证转向事实

跨文化沟通之所以存在认知距离,甚至伴随着一定的偏见和冲突,一个重要的原因在于彼此之间缺少"共同理解"得以发生的认知基础。实际上,弥合偏见、消除冲突的基本思路,便是识别、发现或再造文化之间的通约语言,即根据认知距离产生的原因,进行有针对性的情景创设工作。

纵观当前跨文化沟通的认知"壁垒",更多的偏见和冲突主要发生在话语维度与观念维度。一方面,话语和观念都建立在论证基础之上——话语的正当性确立以及观念的知识性建构,必然伴随着逻辑与推演基础上的论证实践。正是在论证铺设的逻辑结构中,现实拥有了一种经由话语授权的描述方式、排除法则和分类体系,观念也作为一种知识形态,进入群体意识维度,成为群体行动产生的认识基础。另一方面,话语和观念往往又是修辞建构的"产物",而修辞的基本作用方式便是对话语和观念赖以存在的认知框架加以激活或再造。因此,在跨文化交际模式中,话语或观念的冲突,本质上体现为认知框架的冲突,即人们赋予了事物不同的理解模式,由此建构了不同的"现实"。进一步讲,不同主体之间之所以产生认知距离,根本上是因为彼此身处不同的文化语境,形成了不同的认知范畴。范畴本质上对应的是一个认知框架命题,即个体在事物的属性界定、内涵归类、性质提炼上所诉诸的一套认知框架。[1] 按照认知语言学的观点,"框架,是你看不见也听不到的东西。它们属于认知科学家称为'认知无意识'(cognitive unconscious)的环节,是我们大脑里无法有意识访问,只能根据其结果(推理方式和常识)来认识的结构"[2]。由于框架限定了人们认识事物的加工模式,故任何话语形式的建构,都存在一个基础性的框架生成逻辑,其文化意义上的认知后果是:框架冲突必然转向话语冲突或观念冲突,而话语或观念冲突也必然存在一个基础性的框架冲突。

因此,在跨文化沟通实践中,克服话语冲突或观念分歧的修辞学方法与路径,便是从框架问题切入,寻求彼此之间的框架协商可能及其通约语言。区别于其他场景中的框架运作机制,跨文化沟通中的框架冲突,更多地源于彼此之间缺少共同理解而形成了不同的"框架依赖",由此建构了不同的"现实"。相应地,框架协商与调适的基本方法便是对框架进行"降维"处理,重返框架存在与形成的现实与经验维度,创设基于事实的而非论证的修辞情景,从而在事实维度上调适"原始框架"所携带的偏见和冲突,即通过对事实的重新挖掘与呈现,重新进行争议宣认,进而实现框架与框架的通约与对话。

之所以强调事实之于框架调适的可能,是因为在修辞学的传统中,事实框架不但意味着一种基础性的框架形式,而且是一种通往争议宣认(argument claim)的修辞发明实践。按照古典修辞学的争议点理论,框架存在一个普遍而深刻的"争议之维"或"争议之所",而争议不仅铺设了框架"出场"的修辞情景,也构成了框架认知与存在的"显现"方式——不同的框架形式,不过是对争议的不同宣认方式。[3] 而回应争议的有

---

[1] 刘涛.新概念 新范畴 新表述:对外话语体系创新的修辞学观念与路径[J].新闻与传播研究,2017,24(2):6-19,126.
[2] 莱考夫.别想那只大象[M].闾佳,译.杭州:浙江人民出版社,2013:1.
[3] 刘涛.元框架:话语实践中的修辞发明与争议宣认[J].新闻大学,2017(2):1-15,146.

效方式,便是回到事实本身。正因如此,古希腊修辞学将事实上升为一种框架形式,强调在事实维度上对争议进行宣认,以寻求一种基于事实的协商方式。古希腊修辞学家赫尔玛格拉斯(Hermagoras of Temnos)以法律修辞为例,将"事实"(fact)、"定义"(definition)、"品质"(quality)和"程序"(procedure)确定为修辞情景中的四大核心争议点,①相应地也就形成了争议宣认的四种框架形式——事实框架、定义框架、品质框架和程序框架。其中,事实框架意味着一种基础性的元框架(meta-frame),即一种解释框架的框架,其功能便是铺设了其他框架的生成语言。因此,跨文化情景创设的基本思路便是转向一种事实性的、陈述性的、白描性的情景构建理念,使得受众能够在情境中获取原始的事实信息,依照"现实原本如此"的加工模式,调适自我的初始框架,以寻求框架维度上的对话之可能。

概括而言,邀请修辞视域下的跨文化沟通之情景创设,需要回到事实这一基本的认知原点,以事实调和不同主体之间的框架冲突,重建公共对话的协商基础,具体的建构思路可以概括为:以事实代替立场,以陈述代替推演,以白描代替观点,从而将各种隐匿的主体意图和无意识话语悬置起来,以创设一个自由的、对话的交际情景。实际上,古典修辞学中的情景,总是或多或少地存在"立场先行"的问题,其内部的规则往往是不平等的——修辞者不仅创设了情景的存在形式,还决定了情景的生成规则,这使得情景维度上的意义实践必然携带着某种隐秘的劝说欲望。例如,作为一种基本的元框架形态,定义框架(define frame)总是尝试以一种先入为主的方式设置议题,通过对事物性质的界定和推演,限定或引导人们对事物的理解模式,②这显然不符合邀请修辞的情景建构理念。相反,只有当情景的构成方式更多地建立在事实元素、客观陈述、直接描述的基础上时,受众才能从那些隐蔽的话语"牢笼"中解脱出来,主动、独立且自主地绘制自我的认知地图,形成关于现实的理解方式。李子柒的短视频能够在海外引发广泛认同,离不开其在情景修辞上的探索——相对于其他专题片普遍使用的"主题先行"外宣模式,李子柒最大限度地淡化影片中的论证色彩,甚至很少使用旁白,最终通过对现实的深描和记录,打造了一个基于事实的而非论证的修辞情景。

---

① 刘亚猛.西方修辞学史[M].北京:外语教学与研究出版社,2008:77.
② 刘涛.元框架:话语实践中的修辞发明与争议宣认[J].新闻大学,2017(2):1-15,146.

之所以强调事实的而非论证的跨文化情景生成机制,根本上是因为论证中往往潜藏着某种先入为主的态度和目的,不利于参与者形成独立的自我判断。在新冠疫情期间,时任美国总统特朗普使用"中国病毒""武汉病毒"等概念时,便通过概念隐喻的修辞模式,构造了一个充斥着偏见和暴力的符号情景。在跨文化沟通实践中,如何创建一个以事实为基础的认知情景,是邀请修辞首先需要回应的情景问题。然而,在被权力话语所支配的传播体系中,事实或者被权力或利益暴力遮蔽,或者被道德偏见公然掩饰,抑或被一个时代的集体无意识悄然掩盖,因此,从论证情景转向事实情景,意味着需要讲述那些未曾被修辞术裁剪的故事,复盘那些未曾被话语和权力支配的现场,以及复活那些未曾被论辩裹挟的陈述与记录。在美国"9·11"国家纪念博物馆中,那些由家人写给逝者的书信占据了较大的空间"篇幅",游客行走于其间,经历并体验着彼此的故事。这些信件静静地陈列在博物馆中,其目的是打造一个沉默的、吸引人聆听的超时空对话情景。

(二)情景中的规则:从论辩转向行动

古典修辞学所关注的情景问题,主体上是围绕文本层面上的意义语境展开的,而语境构建的理念与规则,主要体现为劝说维度上的论辩模式,即语境本质上意味着一种论辩性的文本情景,其特点是借助一定的叙事策略,建构或生成某种框架性的认知模式,以引导受众进入主体预先设计的话语"管道",从而实现主体意图的合理化与正当化。在经典修辞学的"修辞五艺"中,"发明"和"谋篇"不仅意味着论辩发生的修辞策略,而且揭示了语境深层的论辩语言及其生成规则——"发明"所关注的话题制造,本质上意味着对某种认知框架的建构,而一种框架一旦在语言维度上被生产出来,便悄无声息地铺设了一种模式化的、图式性的论证结构;"谋篇"所关注的语篇组织,意味着对某种叙事情景的建构,而叙事活动中常见的讲故事,本质上体现为一种故事化的论证方式,其特点是将修辞者的意图或观点悄无声息地植入故事情境中,达到潜移默化的劝说效果。不难发现,古典修辞学所关注的情景,本质上意味着一种论辩情景,而情景作为一种修辞元素出场,旨在服务于论辩意义上的逻辑和推演。

在跨文化沟通实践中,由于不同文化不可避免地存在强弱之分,论辩很容易转向一种独白式的自我表演,而另一种声音则被迫陷入从属的、匿名的、沉默的位置,难以获得对等的"发声"空间。如何实现跨文化沟通中的"和声"与"复调"？一种常见的思路便是重构情景的生成规则——从论辩转向行动，在行动中寻求可能的对话方式。在邀请修辞的知识视域中，情景的内涵延伸到了"行动"的维度——情景不仅是主体相遇的"场所"，而且铺设了主体交流和对话的行动者网络。必须承认，跨文化沟通之所以存在刻板印象，是因为彼此之间缺少对等的可见性——当他人处于自我认知的模糊区域或黑暗区域，自我便会本能地根据某种认同需求，重构自我与世界之间的想象性关系，其后果便是将对方推向文化意义上的劣势位置，以此获得自我身份的合法地位。正是在这种不可见的想象性关系中，刻板印象被悄无声息地生产出来，并作用于主体性的建构过程。而破除刻板印象的有效方式，便是将对方邀请到一个行动的情景中，赋予对方行动的自由和空间，以此重新审视自我与他人的交往结构。由北京师范大学于2011年发起的"看中国·外国青年影像计划"，每年邀请外国青年来华进行影像创作，由他们自由地发掘素材，讲述故事。这无疑创设了一个行动的交际情景，从而将传统的文本情景延伸到行动情景。概括而言，由于不同文化处境中的个体存在一定的认知距离，"邀请"功能实现的跨文化情景创设方式，主要体现为改变古典修辞学所强调的以控制为目的、以论辩为手段的语义生成规则，而转向一种行动的交往情景。

实际上，从论辩转向行动，意味着通过跨文化情境中的行动设计，赋予彼此一种基于行动的连接方式，而为了最大限度地实现"复调"效应，行动的内涵有必要延伸到"共创"的维度。只有在彼此深度参与的共创情景中，跨文化沟通才能彻底改写长期以来的"凝视结构"，并最终转向一种平等的、复调的、自由的"对视结构"或"共视结构"。之所以强调情景规则的共创内涵，是因为彼此之间的共创行动，往往能够最大限度地激活并放大彼此的可见性（visibility），进而在一个可见的行动框架中，使得彼此能够看见对方，进而形成更为稳定的连接关系和依存结构。2016年，千龙网发起的中外漫画家"1+1"结对共画最美北京活动引发了广泛热议，这里的行动情景设计规则已经不再满足于简单的"参与"，而是转向了"共创"的维度。

之所以强调共创情景之于跨文化沟通的重要意义，是因为只有进入共创性的行动情境中，彼此之间才更容易形成一种协同共生的依存关系，这无疑有助于态度、信念、行为乃至价值维度的对话。埃里卡·W. 奥斯汀（Erica W. Austin）和布鲁斯·E. 平克里顿（Bruce E. Pinkleton）绘制了人类认知的金字塔模型，认为个体的认知行为是分层次的,从低到高依次为:感知(awareness)、知识(knowledge)、观点(opinions)、态度(attitudes)、信念(beliefs)、短期行为(short-term behavior)、持续行为(sustained behavior)和价值(value)。① 随着认知层次逐级升高,认知结构愈加稳定,相较于低层次的感知、知识,高层次的信念、行为、价值更加难以改变。其中,价值代表了一种极为稳定的图式系统,建立在价值基础上的对话基础只能是"承认"而非"论辩",正如奥斯汀和平克里顿所说:"当那些自命非凡的游说组织试图去改变公众的价值时,他们最后却失望地发现,这种尝试经常是没有必要的(unnecessary),而且是不现实的(unrealistic)"。② 因此,共创之于跨文化沟通的意义在于,构建了一个协同的、共生的行动情景,这有助于超越古典修辞学的论辩逻辑,打开价值对话的"行动之维"。不难发现,作为一种全新的情景构建理念,共创深化了行动的内涵,也改写了论辩的底色,更为重要的是,它在主体行动维度上编织了"共同理解"之可能。

五、讨论:数字叙事与"邀请"的另类实现

相对于较为宽泛的"语境"概念,本文所讨论的情景,属于一种具体的语境形式。从符号学视角来看,任何解释行为都依赖于一套元语言系统,而符号所处的语境便是一种基础性的元语言,其限定了事物的存在结构,也决定了事物的释义规则。必须承认,语境并非一个整体性的概念范畴,而是存在三种常见的形态——文化语境、情景语境和互文语境,相应地也就形成了不同的解释规则。③ 不可否认,在现代媒介技术环境下,三种语境形态的形成及发生机制,都存在一个基础性的传播生成向度,即语境本身所携带的解释规则,往往需要诉诸媒介与传播的认识视角,如此才能完整地把握语境发生作用的"语法"系统。例如,在图像的阐释结构中,媒介逻辑已经深度嵌入图像

---

① AUSTIN E W, PINKLETON B, PINKLETON B E. Strategic public relations management: planning and managing effective communication programs[M]. 2nd ed. Mahwah, NJ: Lawrence Erlbaum Associates, 2006: 291-293.
② AUSTIN E W, PINKLETON B, PINKLETON B E. Strategic public relations management: Planning and managing effective communication programs[M]. 2nd ed. Mahwah, NJ: Lawrence Erlbaum Associates, 2006: 293.
③ 刘涛.语境论:释义规则与视觉修辞分析[J].西北师大学报(社会科学版),2018,55(1):5-15.

的生成系统,由此形成了一种由"物"及"图"的阐释语言[①];与此同时,文化语境、情景语境和互文语境所打开的图像释义空间,都需要回到"传播"这一基础性的生成装置中寻找答案,即传播的"语言"深刻地影响着语境的生成结构和解释规则[②]。

必须承认,当前修辞学所关注的文本及其修辞情景问题,主体上建立在经典叙事学的"文本"概念之上,而新媒体环境下的数字叙事,如空间叙事[③]、声音叙事[④]、互动叙事[⑤]、再媒介化叙事[⑥],极大地拓展了经典叙事的文本呈现形式及生成方式,尤其是通过对数字情景的构造,进一步延伸了文本与受众之间的"相遇"方式,并使得"基于情景的对话"呈现多种面向和可能。那么,在跨文化沟通实践中,数字技术是否有助于创设一种平等的、自由的沟通情景,是否有助于实现跨文化沟通的"邀请"使命,无疑是一个亟待深入研究的学术命题。

由于传播结构中的情景存在普遍的媒介化配置与生成基础,数字叙事之于情景的构建与生产实践主体上沿着两个维度展开:一是文本语义情景的数字化建构。当前数字叙事的图像化、情感化、游戏化、剧场化"转向",有效拓展了主体对话的"邀请"形式;二是现实情景的数字化重构。由于传播结构中的情景存在一个普遍的媒介化配置与生成体系,数字叙事有效拓展了数字情景(digital situation)的生产实践。只有关注数字叙事之于情景的建构方式及运作语言,才能在情境维度上拓展并创新跨文化沟通的邀请修辞实践。

在数字媒介技术的装置结构及其中介系统中,一系列新兴的数字情景形式(如VR空间、AR空间、直播空间、元宇宙、混合场景、导航空间)被源源不断地生产出来。除了对现实场景的数字化修饰与改造,数字技术还通过对叙事和位置加以绑定,将虚

---

① 刘涛.超越"象征之殇":物质逻辑与图像阐释的媒介视角——通往以媒介为方法的图像阐释学[J].探索与争鸣,2022(12):57-73,211,215.
② 刘涛.语境论:释义规则与视觉修辞分析[J].西北师大学报(社会科学版),2018,55(1):5-15.
③ 刘涛,黄婷.融合新闻的空间叙事形式及语言:基于数字叙事学的视角[J].新闻与写作,2023(2):56-67.
④ 刘涛,朱思敏.融合新闻的声音"景观"及其叙事语言[J].新闻与写作,2020(12):76-82.
⑤ 刘涛,杨烁燏.融合新闻叙事:语言、结构与互动[J].新闻与写作,2019(9):67-73.
⑥ 刘涛,蔡雨耘.形态·语法·意象:融合新闻的"再媒介化"叙事语言[J].新闻与写作,2021(4):74-80.

拟与现实整合进同一个叙事系统,一种新兴的数字情景形式——混合空间(hybrid spaces)由此生成了。[①] 更为重要的是,以 VR、数字游戏为代表的交互式数字叙事,更是通过对新兴情景形式的创设与再造,解决了叙事中的身体"在场"问题,从而将身体安放在叙事之中,重建了作者、读者、文本、环境之间的复杂情景,这使得建立在具身性基础上的跨文化沟通之"感同身受"成为可能。当身体获得一定的叙事位置,并拥有一定的穿行能力时,情景的观念便发生了变化,其不再是静态的空间形式,而是呈现出一种流动的属性、状态和趋势。[②] 不难发现,数字叙事极大地释放了"邀请"的想象力,也拓展了情景的形式、语言及功能,未来的跨文化沟通之邀请式情景构建,亟须重视并研究数字情景生成的修辞之道。

[①] DE SOUZA E SILVA A. Pokémon Go as an HRG:mobility, sociability, and surveillance in hybrid spaces[J]. Mobile media & communication,2017,5(1):20-23.
[②] PUNDAY D. Narrative bodies:toward a corporeal narratology[M].New York:Palgrave Macmillan,2003:117-148.

理论评析

他者的消失还是他者的涌现?*

◇ 刘海龙**

摘　要　哲学家韩炳哲在《他者的消失》中提出一个尖锐的问题:在现代社会,由于新自由主义与数字化技术的影响,人类正在进入一个危险的、同质化的社会。本文总结了韩炳哲关于他者消失的表现、后果、原因的论述,通过这个命题,探讨韩炳哲理论中有关传播技术影响的论断,并通过罗萨的理论进一步深化了"他者的消失"命题背后的控制一切的观念。本文指出韩炳哲的观点有简化的倾向,忽略了技术和资本在消除他性的同时,也在制造新的不可掌握的他者。韩炳哲的"他者的消失",准确来说应该是他者的更迭和涌现。

关键词　韩炳哲;他者;他性;数字化;人工智能

---

* 本成果受中国人民大学 2023 年度"中央高校建设世界一流大学(本科)和特色发展引导专项资金、中央高校基本科研业务费"支持。
** 刘海龙:中国人民大学新闻与社会发展研究中心研究员,中国人民大学新闻学院教授,电子邮箱:liuhailong@ruc.edu.cn。

The Expulsion of the Other or the Emergence of the Other?

Hailong Liu

Abstract In *The Expulsion of the Other*, philosopher Byung-Chul Han raises a incisive question: In modern society, due to the influence of neoliberalism and digital technology, we are facing a dangerous, homogenized society. This paper summarizes Han's discussion of the conception, consequences, and causes of the disappearance of the Other, and by considering this proposition, explores the assertions of Han's theory regarding the impact of communication technology, and further discusses the idea of total control behind the proposition of the disappearance of the Other in the light of Hartmur Rosa's theory. At the same time, the oversimplification of Han's theory was discussed, in which he ignored the fact that technology and capital, while eliminating otherness, are also creating new, unmanageable others. Han's "death of the other" is, to be precise, a change and emergence of the other.

Keywords Byung-chul Han, the other, the otherness, digitization, AI

美国社会心理学家海德提出过一个经典的平衡理论，他认为差异与不平衡的存在，会导致传播行为。这个基于微观人际交往动力的观察似乎可以推而广之：他者的存在，导致传播。传播的目的之一，是消除不确定性，也就是通过预测对方的行为，减少他性。

从这个意义上来说，他性始终是人类传播行为的一个隐藏的线索。韩裔德国哲学家韩炳哲在2017年出版的《他者的消失》（中文版于2019年出版）中讨论的他者消失问题，对于传播研究，尤其是跨文化传播来说，颇具启发性。

韩炳哲是一位哲学新星，这几年，我国几乎引进出版了他所有的著作。他的著作与传统的哲学著作有明显的不同。首先是篇幅短小,通常一本书翻译成中文不到10万字,有的甚至就三五万字,是名副其实的小册子。同时,韩炳哲的行文非常通俗,虽然旁征博引,从海德格尔到福柯、阿甘本,但是并不晦涩,也不像专业写作那样充满大段的原文阐释或概念讨论,只是借用这些哲学概念的通俗版,为他的问题服务。准确地说,韩炳哲做的是哲学批评而不是哲学研究,他并没有建立自己的哲学体系的野心,也没有在哲学领域提出新的问题,只是通过对专业哲学家理论的再语境化的演绎,解释现代人的困境。从立场上看,韩炳哲是个传统的人文主义者,对于物与信息、技术与身体、控制与自由等问题的理解都存在着简单二元对立的看法,因此,这种充满着怀旧主义和民粹主义的行文容易被大众所接受,很多读者会感觉读他的著作非常畅快。

韩炳哲讨论的问题也非常"接地气"。和以专业哲学问题为中心的标准哲学著作不同,韩炳哲的哲学都以现实问题展开,讨论社交媒体、自拍、全球化、知识产权、互联网经济、加速内卷等,金句频出,让重新阐释过的哲学向日常问题敞开。尽管这种做法可能面临语境错置、简单化的指责,但是当象牙塔里的抽象哲学重新介入现实,每个读者还是会心有戚戚。

韩炳哲的行文还有一个特点,就是充满互文性。他每本书的核心观点会在其他的书中反复出现,所以读其中一本基本上相当于涉猎了他的所有观点,只不过侧重点略有不同而已。"他者的消失"这个主题,在韩炳哲讨论当代生存状况的所有著作中都会不断浮现。如果抽掉了"他者的消失"这个主题,韩炳哲对现代社会的批判就会丧失灵魂。

韩炳哲的所有书中有两个主题贯穿始终:对以商品化为表现的新自由主义的批判和对数字化、网络化等当代技术的批判。这两个主题在许多时候相互纠缠,你中有我,我中有你。因为数字化、网络化的扩张一方面是资本主义推动的结果,另一方面也会促进资本主义对世界的统治和对劳动者的剥削。

本文所讨论的《他者的消失》中也贯穿了上述两个主题,他者消失的原因和后果反映了韩炳哲对于这两个问题的具体而微的思考。

什么是"他者的消失"?用韩炳哲的话来说,他者的消失就是"他者的时代已然逝去。那神秘的、诱惑的、爱欲的、渴望的、地狱般的、痛苦的他者就此消失。"①韩炳哲对于他者的看法吸收了列维纳斯关于他者是无法被内在化,无法被还原为自我的东西②的看法,他者意味着不可消除的差异、神秘感、诱惑,同时还意味着对立与阻力,甚至还体现着一种他人的关爱、社会秩序的要求、主体性建构的依据。总之,他者是我们无法控制的东西,是一种否定性的存在,正是这种否定性界定了自我的轮廓与尺度。

他者的消失在韩炳哲的其他主题的论述中也是一个重要的维度。比如在《妥协社会》中,他观察到在现代社会,人们会回避痛苦,把痛苦当成一个耻辱,不肯轻易示人。新自由主义也不断地推销着正能量文化,展示快乐与幸福,廉价的点赞文化盛行。③就像Facebook的评论设置里,只有"点赞"的按钮,却没有"不满"或"厌恶"的按钮,态度的表达被限制在赞扬与沉默之间。人们很难听到不同声音,活在商业社会与社交媒体营造的过滤泡之中,于是"地狱般的、痛苦的他者就此消失"。

在《爱欲之死》和《透明社会》中,韩炳哲重点讨论了"诱惑的、爱欲的、渴望的他者"的消失,一切神秘感都被打破,身体像商品一样被展示出来,让人一览无遗。波德里亚在《论诱惑》中所说的那种不在场的在场,永远在别处的诱惑不复存在。④ 爱欲正让位于展示性的色情,后者是可以消费的,明码标价,可以服务任何消费者,是标准化的,缺乏他性。在这个意义上,整个社会都在色情化。⑤

他者的消失还意味着交流的消失,世界进入高度同质化的状态,变成了缺乏深度的平面。人们拒绝对话,拒绝倾听。在韩炳哲看来,拒绝对话是恐怖分子的特征⑥,所以他者的消失将会导致同质化的暴力⑦。

他者的消失还表现为自恋的流行。除了拒绝交流外,当今的自拍就是典型的自恋表现。自拍中,脸占据画面的大部分位置,人们还会采取标准化的表情与姿态,同肖像

---

① 韩炳哲.他者的消失:当代社会、感知与交际[M].吴琼,译.北京:中信出版社,2019:1.
② 列维纳斯.总体与无限:论外在性[M].朱刚,译.北京:北京大学出版社,2016.
③ 韩炳哲.妥协社会:今日之痛[M].吴琼,译.北京:中信出版社,2023.
④ 波德里亚.论诱惑[M].张新木,译.南京:南京大学出版社,2011.
⑤ 韩炳哲.爱欲之死[M].宋娀,译.北京:中信出版社,2019;韩炳哲.透明社会[M].吴琼,译.北京:中信出版社,2019.
⑥ 韩炳哲.他者的消失:当代社会、感知与交际[M].吴琼,译.北京:中信出版社,2019:23.
⑦ 韩炳哲.他者的消失:当代社会、感知与交际[M].吴琼,译.北京:中信出版社,2019:15.

画和早期摄影术中的距离感和肃穆的神态相比,自拍更像是空虚在自我复制[1]。自拍的目的是在社交媒体上即时地分享、展示,而不是保存,它不会成为故事与记忆的承载者。人们甚至都不会将这些照片打印出来保存,它只作为非物的数字幽灵存在。[2]

黑格尔的《精神现象学》中著名的主奴辩证法,是一个经典的关于自我与他者关系的阐述。在黑格尔所论述的精神的发展过程中,主体为了获得他者的承认,必须展开生死斗争,胜者成为主人,败者沦为奴隶。斗争的双方只有得到他者的承认,才能真正确立自己的主体性。在黑格尔看来,这种承认是单向的零和博弈,这就使得被征服的他者必不可少。虽然韩炳哲在这本书中并没有引用这个文献,但这个古典的自我与他者关系的辩证法,揭示出了自我与他者的共生性,取消了他者,取消了对立面,也就取消了自我。当然,故事的后一半则是奴隶又在劳动中获得比主人更深刻的认识,最终不是主人,而是奴隶所承载的精神进化到下一个更高的阶段。

韩炳哲似乎没有沿着黑格尔这种自我承认的斗争逻辑去论证他者的重要性,毕竟黑格尔这个主奴辩证法的设置过于暴力和非此即彼。虽然韩炳哲也认为自我的定义必须依赖于他者,但是他采取了一个更符合现代人认知的民主化的论证路线。韩炳哲认为,他者的消失会导致自我的同质化。原因是"他者的否定性给同一者以轮廓和尺度。没有了这一否定性,同质化便会滋长"[3]。

讨论了他者消失的表现及其后果后,我们自然会提出下一个更为重要的问题:为什么会在当下出现他者的消失呢?

韩炳哲所总结的原因有两个:商品化与信息化。这正与我们前面所揭示的他所有著作的主题完全重合。换句话说,他者的消失这个动机,只是作为他整个晚期现代性批判交响乐章的一个变奏。他通过一个新的角度再次重新发展充实了整个写作主题。

商品化是新自由主义的一个重要组成部分,资本要满足消费者的所有需求,要让整个消费体验平滑无摩擦,让每个消费者满意而归,这就必须消除人行动过程中一切可能导致不愉快的具有他性的成分。人们被安置在一个舒适的点赞社会之中,所有让

---

[1] 韩炳哲.他者的消失:当代社会、感知与交际[M].吴琼,译.北京:中信出版社,2019:37.
[2] 韩炳哲.非物:生活世界的变革[M].谢晓川,译.上海:东方出版中心,2023:58-59.
[3] 韩炳哲.他者的消失:当代社会、感知与交际[M].吴琼,译.北京:中信出版社,2019:3.

人感觉到不适的痛苦都会被隐藏起来。一个色情化的社会,只有诱惑与满足,没有神秘与拒绝。新自由主义、商品化、超文化、超交际(传播)、点赞社会、色情社会这些韩炳哲使用的一系列概念背后的力量,推动了他者的消失。

新自由主义这个因素属于政治经济学的范畴,可能还不是传播学关注的重点。而韩炳哲提出的导致他者消失的第二个理由,即信息化,就和传播学所讨论的问题息息相关了。

信息化、数字化、网络化、社交媒体化,这些都是韩炳哲分析的重点。他的观点如果用一句话概括,那就是传播技术的发展令世界变得非物化,变得更加平滑和虚拟,这使得原来在现实生活中充满着阻力和他者的生存状态正在消失。

信息化与数字化首先带来的是物的退隐,一切都在非物化。所谓的非物就是不具有绵延性的信息与数字。在海德格尔的晚期思想中,物是一个召唤的虚空,将天地神人集中在一起。与人手的触觉相关的物一旦消失,也就意味着客体的消失。韩炳哲从词源学上考证出客体(object)的原始意义是阻挡、阻力、对立、相对。取消了物体与实体化,其实也就取消了他性。我们不再感觉到物对我们的阻力,能经验到的只剩下被商品化的客体对人类的讨好和引诱。

在韩炳哲看来,门槛和渡桥都代表着物的阻碍,我们必须跨过它们的阻挡,或者小心谨慎地通过摇摆的吊桥,才能够到达彼岸。但是现代社会的技术把一切阻碍都转化成畅行无阻的通道。顺畅的通道固然给我们带来了便利,但它同时也将通道与目的地之间的差异抹平,最后我们就永远无法拥有可驻留的家园,变成了永远在通道上流浪的行者。我们连接得多,交流得少。我们不断地在接入,而无法真正地进入或者拥有实实在在的物。这正是当代社交媒体给我们带来的困境,我们疲于点赞、交流,但是却仍然感到孤独。与所有人的交往,都只是一种浅层的体验,只有表面的连接与接入,而没有建立真正的交流与关系。这也正像梭罗当年嘲讽的那样,我们有了跨大西洋电报,却发现没有什么可说的东西。连接不过是资本推动下的一个数字游戏,却让我们产生了人类紧密相连的幻觉。

数字化媒介的去身体化传播,还带来了作为他者的视线的消失和作为声音的他者的消失。福柯曾在全景监狱里,发现了一个由凝视目光所构成的新的权力类型。在福柯的笔下,监视者与被监视者的目光是非对称的,正是这种非对称的目光,将被监视者变成客体。

这种权力的成立,除了不对称的凝视外,还要加上两个附加条件:被监视者之间无法交流,以及被监视者知晓自己正在被不透明的主体进行监视。被监视者的反思性,是凝视的权力成立的重要条件。离开了被监视者的配合,这种权力也无法实现。

而在数字化和信息化的今天,真人的目光凝视已经在离身化的数字交流中消失。韩炳哲所怀念的是母亲对孩子的那种目光,而在今天的数字环境下,这种饱含人性的目光已经被技术图像所替代,观察我们的是没有视角的机器之眼。这种目光缺乏共情与人性,也就很难让人获得被承认感与建立身份认同。

更为极端的是,使用者还会将他人目光内化,自己观察自己。自拍,然后发在社交媒体上,这种新型的自我监视用感觉替代他者的目光,换来的却是韩炳哲所说的数字透明监狱的进一步监控。

和目光一样,声音作为一种媒介,也削弱了自我的在场和自我的透明度①。在卡夫卡那里,声音代表着一个更高的审查机构,一种超越性(如《城堡》中的电话)。它从上方,从全然的他处发声。② 无论是康德的"理性的声音"还是海德格尔的"良知的声音",都意味着一种更高的秩序,这是一种定调的规定性,人被声音触动和召唤。因此,声音是代表着他者的媒介。然而,今天这种外在的、规定性的秩序已经被商品化的、迎合消费者需要的社会秩序所替代。我们听到的只是自己声音的回声,这种去掉他性的声音把我们包裹在一个过滤泡或茧房之中,我们无法聆听神圣的召唤,只剩下自以为是的傲慢。今天,我们在网络争论和某些哗众取宠的"取消文化"中,能清晰地看到这种拒绝倾听他者声音的现象。

他者的声音来自身体的震动与共鸣,它带有每个人的独特性。但是在智能手机加社交媒体的时代,人们之间相互联系时,不再轻易打电话,而更愿意通过发信息的方式。通过智能手机,我们把自己收回到与他者屏蔽的气泡中。③ 韩炳哲认为这个典型现象说明人们更加依赖去身体化的交流,放弃了"纹理化"的声音。数字化媒体模拟出

---

① 韩炳哲.他者的消失:当代社会、感知与交际[M].吴琼,译.北京:中信出版社,2019:75.
② 韩炳哲.他者的消失:当代社会、感知与交际[M].吴琼,译.北京:中信出版社,2019:83.
③ 韩炳哲.非物:生活世界的变革[M].谢晓川,译.上海:东方出版中心,2023:34.

来的平滑的、缺乏身体感的、透明的声音并不诱人,无法引起肉欲。^① 这就像今天人工智能合成的 AI 孙燕姿,只有空洞的可计算的声音,却无法通过即兴的、情感的表达,甚至是失误的演绎来传达人的他性。

韩炳哲用大量雄辩的论据说明,人类为了更好地掌控生活,不断地清除各种障碍,让世界的一切按照人的需求被重新规划。但是这种将对立面取消的做法,必然会遭到辩证法的惩罚。他的研究中虽然没有提到黑格尔,但是按照黑格尔的看法,他者的消失,对立面的取消,也就意味着自我取消。韩炳哲让我们看到了问题的另一面,当对立双方出现不对称与不平衡发展时,必然是双方两败俱伤。对他者的取消,最后固然会导致异化本身的消失,但并不意味着人就可以获得完全的自由。我们清除了所谓的统治力量,像是经营网店、经营民宿,甚至自主创业,这些都是对传统异化的逃避与否定,但是最后的结果却是自我监督、自我激励和自我剥削,是一种"自我异化"[2]。这种自我剥削最大的陷阱在于,我们以为自己是自由的,所以干得更加卖力。

韩炳哲的"他者的消失"的主题深刻地再现了现代社会内在的悖论。这不禁让我们怀疑,难道我们真的在进步吗? 还是像刚去世的拉图尔说的那样:我们从未现代过。[3]

另一位德国学者罗萨在《不受掌控》中也提到了类似的问题,呼应了韩炳哲的观点。[4] 罗萨认为当代人的最大问题在于追求确定性,想要预测和安排一切,不能容忍任何失误或者偶然性。这样一种井井有条、一切尽在掌控之中的世界,正是韩炳哲所说的取消他者的世界,一个只接受一种秩序的、机械的、同质化的世界。但与此同时,这也是一个无聊的世界、冷漠的世界、孤独的世界,人与人之间缺乏共鸣的世界。

按照列维纳斯对于他者的定义,他者就是永远不可能还原为自我的东西。[5] 三年的新冠疫情让我们突然意识到,他者永远会超出人类的预想,三年前,没有人会预测到在科技这么发达的时代,地球会被一个小小的病毒搅得天翻天覆。远的不说,哪怕是

---

① 韩炳哲.他者的消失:当代社会、感知与交际[M].吴琼,译.北京:中信出版社,2019:87.
② 韩炳哲.他者的消失.当代社会、感知与交际[M].吴琼,译.北京:中信出版社,2019:57.
③ 拉图尔.我们从未现代过[M].余晓岚,林文源,许全义,译.台北:群学出版社,2012.
④ 罗萨.不受掌控[M].郑作彧,马欣,译.上海:上海人民出版社,2022.
⑤ 列维纳斯.总体与无限:论外在性[M].朱刚,译.北京:北京大学出版社,2016.

我们身边的一只挥之不去的蚊蝇，对我们来说，也是难以消除的他者。

所以，罗萨认为，人越是想掌控一切，就越是会发现有更多无法掌控的东西冒出来。人类就像是推石头上山的西西弗，永远会在感觉要成功的时候，又被打回原型。因此，就像韩炳哲其他武断的观点一样，"他者的消失"这一判断或许也只是一个表面现象。数字的、信息的世界也未必就是一个平滑的世界，弹出菜单、收费通知、删帖、炸号、争吵、网暴、网络诈骗……在阻力消失的地方，又会产生新的阻力。

就拿技术本身来说，技术的神秘感，以及海德格尔所说的技术将人作为一种存料的集置特征，都在不断制造着新的他者。比如最近全球热议的 ChatGPT，在设置上完全是缺乏他性的，对人百依百顺，有问必答，耐心地回应人类提出的任何问题。除了一些涉及伦理的问题外，几乎不会拒绝人类的要求。但是这样一种设置并没有消除人类对于这个技术的恐惧感和技术中的他性，人类在使用中反而对其产生了新的神秘感。

围棋领域很早就受到人工智能冲击，2016 年谷歌 DeepMind 开发的 AlphaGo 证明了人工智能可以达到人类无法企及的高度，目前中国开发的绝艺、星阵等围棋 AI 已经成为职业棋手判断一步棋好坏的重要依据。离开了 AI，职业棋手已经无法对自己的思考做出评价。就像中国目前围棋等级分第一的棋手柯洁所说的："人类在围棋上的价值也就是胜和负，因为所有的创造性都是由 AI 来完成的，人类只是在模仿。"① AI 成了一个新权威，用人类棋手不能计算出来的数字的胜率，评判着人类的每一步棋，就像一个更高的秩序或者他者，从看不见的高处或深渊里凝视人类。AI 就像拉康所说的"大他者"，由人类建构，又代表着某种更高级的秩序。②

但是这个代表着更高秩序的他者并不是一个明确的存在，随着技术的进步，它的算法也在不断进化，这就使得这个所谓的"更高秩序"变得更加神秘莫测，令人难以理解。例如，DeepMind 公司开发出击败早已不是世界第一的韩国棋手李世石的 AlphaGo 之后，又开发出了更强的 AlphaGo Master，不仅在网上 60 连胜职业棋手，还零封了当时世界排名第一的棋手柯洁。下一个版本的 AlphaGo Zero 可以不依赖于人类棋谱，无监督学习。AlphaGo Zero 从零开始，左右互搏，只经过 3 天的训练便以

---

① 袁春燕.放下"想赢"包袱 离胜利更近[N].宝安日报,2023-04-04(C03).
② 霍默.导读拉康[M].李新雨,译.重庆:重庆大学出版社,2014:94-95.

100∶0的战绩击败了 AlphaGo Lee（战胜李世石的版本），经过 40 天的训练便击败了 AlphaGo Master（战胜柯洁的版本）。此后，Deepmind 公司放弃了开发围棋 AI，转向其他领域。但是如果继续改进算法，还会有更强的版本出现。[1]

这意味着，今天围棋 AI 提供的所谓"标准答案"，明天可能会被更强大的 AI 证伪，但是人类只能在新的答案出现后，才能后知之明地意识到之前的答案存在什么问题。所以，这个"大他者"所代表的最高秩序已经超出了人类的认知，我们只能从经验效果上判断其结论的对错，而无法从理性上加以理解和把握。AI 的他者性就像我们日常所感知的他者性一样，是逐渐被揭示出来的，具有人类无法理解的深不可测的层次。[2] 甚至连 AI 的发明者、编程者，也无法准确地预测和完全理解 AI 的选择与行为。这种他者带来的首要危险是：人的思维去适应机器的智能，它自身变得机器化。[3]

因此，从某种意义上来说，传播技术的发展，导致的不是他者的消失，而是他者的更迭甚至他者的涌现。这个世界对于人类来说，永远无法掌控，也永远无法一劳永逸地消灭他者。最佳的解决方案，似乎是接受偶然性，接受他性，倾听，共鸣，或者按照中国道家思想所说的，顺其自然，顺势而为。只有这样，才能像韩炳哲在他的著作中反复强调的那样，恢复人类的本真性，建立真正的关系，找到人心的归处。

---

[1][2] 刘海龙,连晓东.新常人统治的来临:ChatGPT 与传播研究[J].新闻记者,2023(6):11-20.
[3] 韩炳哲.非物:生活世界的变革[M].谢晓川,译.上海:东方出版中心,2023:74.

第三文化建构：面向跨文化关系的创造及其可能路径*

◆ 罗一凡　单　波**

摘　要　"第三文化建构"指建构一个互惠的互动环境，让来自两种不同文化的个人能够以一种对所有参与者有利的方式发挥作用。第三文化建构补充了跨文化传播领域内部应有的共识性知识基础，即将文化视为过程而非最终状态，关注文化间的互惠交流而非进行支配、说服或分类，也为跨文化交流与关系提供了伦理目标和实践路径。但在现有研究中，第三文化建构的创造性过程特征被忽略，关注的重点偏移至作为最终状态和文化"马赛克"的第三文化；互惠交流的特征也滑向个体的跨文化能力。摆脱最终状态的思维模式以研究和建构跨文化关系非常困难，最终限制了第三文化建构的发展。

关键词　第三文化建构；跨文化关系；互惠

---

* 本文系教育部人文社会科学重点研究基地重大攻关项目"互惠性理解：网络社会跨文化对话理论与方法创新研究"（项目编号：22JJD860007）的阶段性成果。
** 罗一凡，武汉大学新闻与传播学院2023级博士生，电子邮箱：luoyifan85@163.com；单波，武汉大学媒体发展研究中心研究员。

Third Culture Building: Creation for Intercultural Relationships and Possible Paths

Yifan Luo, Bo Shan

Abstract "Third Culture Building" refers to the construction of a mutually beneficial interactive environment in which individuals from two different cultures can function in a way beneficial to all involved. Third Culture Building supplements the consensus knowledge base that should exist within the field of intercultural communication, viewing culture as a process rather than an end state, focusing on mutually beneficial interactions between cultures rather than domination, persuasion or classification, and providing ethical goals and practical paths for intercultural communication and relationships. However, existing research has overlooked the creative process characteristics of Third Culture Building, with the focus shifting to the Third Culture as an end state and cultural "mosaic". The characteristics of mutually beneficial interactions have also shifted towards individuals' intercultural competence. It is challenging to move away from end-state thinking when studying and constructing intercultural relationships, which ultimately hinders the development of Third Culture Building.

Keywords Third Culture Building, intercultural relationships, mutually beneficial

在成为文化一部分的过程中,个体总是处在两类相互独立和彼此冲突的需求中:人类自由的本性和社会秩序的要求。很不幸的是,现代文化把人们吸入各种秩序,如科层制、理性生活、劳动分工、商品拜物教等。为此,人们不可避免地遭遇现代性的一个重要后果,即同化(Assimilation),一种在20世纪得到广泛认同的跨文化交流方式。同化被定义为:"一个相互渗透和融合的过程,在这个过程中,个人和群体获得其他个人或群体的记忆、观念和态度,并通过分享他们的经验和历史,与他们一起融入共同的文化生活。"①

在美国,从20世纪20年代初期到60年代中期,关于移民文化适应的研究一直被各种同化观点所主导。② 直到1963年,内森·格雷泽(Nathan Glazer)和丹尼尔·P.莫伊尼汉(Daniel P. Moynihan)出版《超越熔炉:纽约市的黑人、波多黎各人、犹太人、意大利人和爱尔兰人》(Beyond the melting pot: the Negroes, Puerto Ricans, Jews, Italians, and Irish of New York City)一书,研究了居住在美国纽约的五个少数族裔社群,这些族群在宗教和文化价值观上存在很大差异,各自保持着独特的身份,不愿意融入一个标准的、统一的民族类型,因此他们认为同化在纽约乃至美国根本未曾发生。③ 同化的可行性存疑,移民、混血儿或被殖民者所进行的是"模仿"而非同化,因为他们与西方人"几乎一致但永远不是白人";④西方社会在同化非西方移民的同时,自身也会受到移民的影响。此外,同化的合法性也十分脆弱,齐格蒙特·鲍曼(Zygmunt Bauman)批评同化默认了文化的等级秩序,假定一种生活方式的优越性和另一种生活方式的劣势,把生活方式的不平等变成了一个公理,并把这种不平等作为所有论证的出发点,从而使其免受审查和挑战。⑤

---

① PARK R E, BURGESS E W. Introduction to the science of sociology[M]. Chicago: University of Chicago Press, 1921: 735.
② BRUBAKER R. The return of assimilation? Changing perspectives on immigration and its sequels in France, Germany, and the United States[J]. Ethnic and racial studies, 2001, 24(4): 531-548.
③ GLAZER N, MOYNIHAN D P. Beyond the melting pot: the Negroes, Puerto Ricans, Jews, Italians, and Irish of New York City[M]. 2nd ed. Cambridge: M.I.T. Press, 1970.
④ BHABHA H K. The location of culture[M]. London; New York: Routledge, 1994: 89.
⑤ BAUMAN Z. Modernity and ambivalence[M]. Reprinted. Cambridge: Polity, 2007: 106.

自 20 世纪 60 年代开始,一种差别主义的话语逐渐取代同化,①多元文化主义被视为文化冲突的新的解决方案。与同化理论相比,多元文化主义认同文化间的差异,试图通过承认和尊重各群体的身份和文化来促进对文化多样性的理解和欣赏。② 多元文化主义不仅是一个概念,更是一种意识形态,到了 20 世纪末,它已经成为加拿大、澳大利亚、美国和欧洲各国的常识。

但多元文化主义也面临着许多争议:它被质疑有本质化的倾向,忽略了各文化内部的复杂性③,把文化间的关系简化,视多元文化为互不干涉的有序网格,各群体"在一起分隔"(living-apart-together)④。长此以往,在人们的认知中,文化差异逐渐绝对化,反而制造更多的分隔和冲突。⑤ 此外,批评者认为多元文化主义是一种间接的种族主义,⑥多元文化主义者欣赏他者文化"好"的一面,例如语言、艺术等;同时以欧洲中心主义的价值观排斥他者文化"坏"的一面,例如传统医学等,以此来肯定自身的优越性。把文化差异绝对化来源于对现代性的抵抗,来源于对人的非个性化、无根飘零状态的抵抗,但绝对化本身又复制了同化的方式,落入被现代性反噬的命运。

因此,在同化和多元文化主义之外,学者们开始探索另一种文化接触方式——第三文化建构。在人文地理学领域,爱德华·索亚(Edward Soja)提出"第三空间",指在真实的"第一空间"与想象的"第二空间"之外,同时也是两个空间之间的地方,它融构真实与想象,代表超越传统二元论认识空间的可能性。⑦ "第三"意味着超越二元关系

---

① BRUBAKER R. The return of assimilation? Changing perspectives on immigration and its sequels in France, Germany, and the United States[J]. Ethnic and Racial Studies, 2001, 24(4): 531-548.

② VERKUYTEN M. Ethnic Group identification and group evaluation among minority and majority groups: testing the multiculturalism hypothesis[J]. Journal of personality and social psychology, 2005, 88(1): 121-138.

③ BRUBAKER R, COOPER F. Beyond "identity"[J]. Theory and society, 2000, 29(1): 1-47.

④ ANG I. On not speaking Chinese: living between Asia and the West[M]. London; New York: Routledge, 2001: 14.

⑤ BREWER M B. The social psychology of intergroup relations: can research inform practice?[J]. Journal of social issues, 2010, 53(1): 197-211.

⑥ 齐泽克. 敏感的主体:政治本体论的缺席中心[M]. 应奇,陈丽微,孟军,等译. 南京:江苏人民出版社,2006:246,249.

⑦ 汪民安. 文化研究关键词[M]. 南京:江苏人民出版社,2020:52.

的另一种可能。而用"第三"修饰"文化",将"第三性"引入跨文化关系研究之中,意在突破文化间的二元对立。同化理论支持用一种文化取代另一种;多元文化主义提倡文化之间互相平等、互相尊重。第三文化建构则认为在跨文化接触中,原始文化(original culture)共同协商、互相交融,为跨文化交流提供一个区别于原始文化的共同基础,它也是趋同与求异两个端点中间的第三种跨文化关系。需要注意的是,"第三"是虚指,是关系而非数量的第三性,并不限定参与跨文化交流的原始文化的数量。"建构"则强调其中的动态关系属性,避免与静态的文化模式相混淆。

不同文化接触后的"交融"或"混杂"并不是一个新异的现象和概念,它在现实中时有发生,在知识界也颇受关切,学者们以后殖民的批判视角出发为此话题贡献了许多思考。玛丽·L.普拉特(Mary L. Pratt)使用"接触地带"(contact zone)的概念描述"迥然不同的文化彼此遭遇、冲突、格斗的空间,往往表现为非对称的支配与从属关系",①这种关系并不基于分离,而基于共存和互动;"跨文化"(transculturation)则是一种接触地带现象,强调从属或边缘群体也会对支配或宗主国文化传输给他们的材料进行挑选和构建,②"交融"与"混杂"便发生在这种空间和现象中。霍米·巴巴(Homi Bhabha)也以"第三空间"(third space)指代殖民者文化与被殖民者文化二元对立的"间隙"区域,来自不同文化传统的因素进入这个空间,彼此交织、碰撞,产生新的文化意义;③其中"混杂性"(hybridity)的概念表达的是文化的不同形式都处在不断地与其他文化混杂化的过程中,任何文化都不是本质主义的和静态的。④ 其实,这也是拜现代性所赐,它打破了文化的封闭性,带来了文化间的权力关系,也带来了对这种权力关系的反抗,每一种文化都在开放与反抗的过程中调适与其他文化的关系。

殖民宗主国与殖民地文化间的权力不平等是接触地带与第三空间的核心形态,跨文化与混杂性被视为是对殖民主义的抵抗。但当第三空间的概念被自由多元文化主

---

① 普拉特. 帝国之眼:旅行书写与文化互化[M]. 方杰,方宸,译. 南京:译林出版社,2017:9.
② 普拉特. 帝国之眼:旅行书写与文化互化[M]. 方杰,方宸,译. 南京:译林出版社,2017:9-11.
③ 查日新. 空间转向、文化协商与身份重构:霍米·巴巴后殖民文化批评思想述评[J]. 国外理论动态,2011(3):74-80;王微. 霍米·巴巴阈限空间思想刍议[J]. 当代外国文学,2016,37(2):122-130.
④ ANTHIAS F. New hybridities, old concepts: the limits of "culture"[J]. Ethnic and racial studies, 2001, 24(4): 619-641.

义的意识形态所挪用时,①至关重要的权力因素被忽视,一种"快乐混杂"②的幻想油然而生。在这种幻想中,混杂不再关涉权力,而等同于和谐的融合,一个新的、综合的共识文化成为克服文化差异与社会分裂的最终答案。但事实上,混杂性不是答案,而是问题,它不仅关乎融合,也涉及摩擦、冲突、矛盾、争论、质问和不可化约的部分。③ 如果将混杂发生的地点、身份与关系结构纳入考量,那么它会呈现许多不同的模式,例如强制同化、内化的自我拒绝(internalized self-rejection)、政治合作、社会从众、文化模仿与创造性超越。④

同化、多元文化主义与混杂性等后殖民理论是人们对跨文化关系的不同见解,但它们都无法摆脱关系中的权力不平衡问题,同化助长权力关系,多元文化主义忽视或默认权力关系,混杂性等后殖民理论则把权力关系作为批判的对象。文化与文化间如何建立平等的关系则仍然是一个待解之谜。面对这一关键问题,第三文化建构是一个可能的解答,因此,人们有必要追问第三文化建构设想了怎样的跨文化关系愿景? 在其中,权力关系如何被化解? 以及这份愿景是乌托邦式的幻想,抑或有待发掘的现实? 本文通过爬梳第三文化建构概念的演进过程与核心观念,结合现实经验解读跨文化关系视角下的第三文化建构,并反思第三文化建构在概念上的合理性与实践上的可行性。

一、人类学的原型及其改造

跨文化传播研究中的"第三文化建构"受到人类学"第三文化"的启发。20世纪中叶,世界掀起民族独立浪潮,殖民主义的时代进入尾声,民族国家之间的关系由统辖-

---

① MACDONALD M N. The discourse of 'thirdness' in intercultural studies[J]. Language and intercultural communication, 2019, 19(1): 93-109.
② LO J. Beyond happy hybridity: performing Asian-Australian identities[M]//ANG I, CHALMERS S, LAW L, et al. Alter/Asians: Asian-Australian identities in art, media and popular culture. Annandale: Pluto Press, 2000: 152-168.
③ ANG I. Together-in-difference: beyond diaspora, into hybridity[J]. Asian studies review, 2003, 27(2): 141-154.
④ SHOHAT E. Notes on the "Post-Colonial"[J]. Social text, 1992(31/32): 99-113.

从属转向"平等"交往,不同文化的关系、来自不同文化的人之间的关系也发生转变。这种转变深切地影响了生活在非西方国家的西方人与本土人士的共生基础,也影响了他们的交流与生活状态。无论是在商业公司、传教士团体、学校、武装部队还是在政府,外国参与者的权力和级别都被削弱,而本国参与者的权力和级别则被强化。①

殖民浪潮过后,美国密歇根州立大学的人类学家约翰·尤西姆(John Useem)和露丝·尤西姆(Ruth Useem)夫妇对处于非西方社会的西方人社群产生了兴趣。1952年与1957年,他们两次前往印度,观察印度社会中的美国社群。在印美国社群主要由在印美国人和与这些美国人交往的印度人组成,当时以个人身份前往印度的美国人非常稀少,因此在印美国人主要从事外交服务、技术援助或商业贸易,他们都代表着美国或某个美国机构,是有组织的跨文化项目的成员。② 如何管理跨文化项目是各类组织和知识界共同关注的话题。在各种讨论中,培训项目成员理解"第一文化",即非西方目的地的文化(如印度文化、越南文化或巴西文化),已经成为共识;加深对"第二文化"即自身文化(如美国文化)的认识,也越来越多地受到重视。在此基础上,尤西姆夫妇发现,还有另一种文化形式也会影响跨文化项目能否顺利运行,即在跨文化交往中,跨文化社群内部形成的"第三文化"。当来自不同文化的人们从事共同的活动时,他们在互动中共同创造群体的人际交往标准、工作规范、生活方式、信息交换网络、机构设置、世界观,并将自我纳入群体的精神世界,这些共同创造的成果就是"第三文化",尤西姆夫妇将其定义为:不同社会的成员所创造、学习和共享的行为模式,这些成员将他们的社会,或至少是社会的一部分相互联系起来。③ 尤西姆夫妇和约翰·多诺霍(John Donoghue)以"两国第三文化"(binational third culture)为切口介绍第三文化,即来自西方和非西方社会的人类群体所学习和共享的模式的综合体,这一群体在非西方社会

---

① USEEM J, USEEM R, DONOGHUE J. Men in the middle of the third culture: the roles of American and non-western people in cross-cultural administration[J]. Human organization, 1963, 22(3): 169-179.

② USEEM R. Third culture kids: focus of major study— TCK "mother" pens history of field [EB/OL]. (1999-04-11)[2022-12-14]. http://www.tckworld.com/useem/art1.html.

③ USEEM J, USEEM R, DONOGHUE J. Men in the middle of the third culture: the roles of American and non-western people in cross-cultural administration[J]. Human organization, 1963, 22(3): 169-179; USEEM J, USEEM R. The interfaces of a binational third culture: a study of the American community in India[J]. Journal of social issues, 1967, 23(1): 130-143.

的现实环境中互动,将他们的社会或社会的某一部分联系起来。①

在今天看来,尤西姆夫妇和多诺霍的研究存在一些局限,两国第三文化具有强烈的西方中心主义取向。只有西方社会和非西方社会交汇地带的文化模式才被称为两国第三文化,而两种社会内部普遍存在的跨文化交流则没有得到作者们的关注。他们在文章中也以两国关系在非西方社会的传播范围作为评价第三文化发达程度的标准,两国关系在西方社会的普及则没有那么重要。文章的西方中心主义取向在对第三文化社群的剖析中呈现得更加分明,对交往双方的呈现并不对等,在印美国人的生活状态得到了充分的观察和论述,而参与跨文化交往的印度人却只被寥寥几句概括,社群内部的权力关系也没有受到关注。

1976年,露丝·尤西姆和理查德·D.唐尼(Richard D. Downie)在前述概念的基础上提出"第三文化孩子"(Third-Culture Kids,也被简称为TCKs)的概念,指在其成长过程中,有相当一部分时间是在其父母的文化之外度过的人,第三文化孩子与多个文化都建立了关系,但对任何文化都没有完全的归属感,他们与其他具有相同背景的个体具有相似的生活经验,因此可以归属于"第三文化孩子"这个群体。② 关于第三文化孩子的研究大多集中于他们的生存状态。一部分文献强调了变化和流动的生活方式的负面影响,包括难以获得身份感和归属感、边缘化和无家可归的体验等;③而另一部分文献则试图证明第三文化孩子具有更高的跨文化能力、社会敏感性等。④前者偏向反思现代人的无根飘零生存状态,而后者明显偏向指引出路。

---

① USEEM J, USEEM R, DONOGHUE J. Men in the middle of the third culture: the roles of American and non-western people in cross-cultural administration[J]. Human organization, 1963, 22(3): 169-179; USEEM J, USEEM R. The interfaces of a binational third culture: a study of the American community in India[J]. Journal of social issues, 1967, 23(1): 130-143.
② POLLOCK D C, VAN REKEN R E, POLLOCK M V. Third culture kids: growing up among worlds[M]. 3rd ed. Boston: Nicholas Brealey Publishing, 2017.
③ HOERSTING R C, JENKINS S R. No place to call home: cultural homelessness, self-esteem and cross-cultural identities[J]. International journal of intercultural relations, 2011, 35(1): 17-30.
④ LYTTLE A D, BARKER G G, CORNWELL T L. Adept through adaptation: third culture individuals' interpersonal sensitivity[J]. International journal of intercultural relations, 2011, 35(5): 686-694; MOORE A M, BARKER G G. Confused or multicultural: third culture individuals' cultural identity[J]. International journal of intercultural relations, 2012, 36(4): 553-562.

有趣的是，尤西姆夫妇和多诺霍的第三文化概念得到的反响寥寥无几。与之相反，关于第三文化孩子的研究引起学界长久的兴趣，但这些研究集中关注特定群体的生存状况，忽视了第三文化探讨跨文化关系的潜力。直到20世纪80年代，跨文化传播领域的学者弗雷德·L.卡斯米尔(Fred L. Casmir)重拾第三文化概念，在有选择地继承其原始内涵的同时，也基于跨文化传播的视角对这个概念进行了改造。

　　卡斯米尔于1928年在德国出生，他亲身经历了二战时期柏林遭受的轰炸，也曾作为德国士兵参与战争，战争的创伤或许是驱使他投身跨文化传播研究的动因。战后，卡斯米尔在俄亥俄州立大学获得演讲学博士学位，并完成了题为《希特勒：关于说服的研究》的学位论文。像他自我表述的那样，他的根深深地扎在修辞/演讲/传播传统的沃土中。卡斯米尔是确立跨文化传播研究领域的主要人物之一，他组织并参加了一些早期跨文化传播研究学术会议，出任《国际与跨文化传播年刊》(*International and Intercultural Communication Annual*)的首任编辑，并在佩珀代因大学教授国际研究、跨文化传播等课程。① 在由说服传统转向跨文化传播研究的过程中，卡斯米尔与诺伯拉·C.亚松森-兰德(Nobleza C. Asuncion-Lande)试图为跨文化传播研究找到一个共识性的知识基础，这一知识基础是所有相关研究的起点，是发展理论和研究方法的根基，并能够将跨文化传播与其他传播研究领域乃至其他学科区分开来。② 他们试图通过重访既有研究范式发掘共识性的知识基础，在对技术范式的批判中，文化的模式浮现。

　　交流的参与者需要处理文化差异是跨文化交流与其他交流形式相区别的关键现象。因此，跨文化传播研究的共识性知识基础存在于对文化本身以及跨文化关系的理解之中。许多研究基于技术的范式理解文化与跨文化关系，预设文化是由许多不同的部件构成的，而文化间的关系则是折中、重合或替代，③关系中的问题可以通过技术手段消除。这里所提到的技术并非仅仅指代现代科技，而是泛指人类为了解决问题所创

---

① HOPSON M C, HART T, BELL G C. Meeting in the middle: Fred L. Casmir's contributions to the field of intercultural communication[J]. International journal of intercultural relations, 2012, 36(6): 789-797.

②③ CASMIR F L, ASUNCION-LANDE N C. Intercultural communication revisited: conceptualization, paradigm building, and methodological approaches[J]. Annals of the international communication association, 1989, 12(1): 278-309.

造的各种手段,这些手段是反文化的(countercultures),[①]其目的不是为文化服务,而更多地基于政治、经济与社会利益的考量。技术范式是不充分的,我们无法确定技术诱导或控制带来的后果。例如,作为技术的现代国家体制被认为能够将许多文化和民族实体整合成一个现代机构,印度继承了英国殖民政府的做法,将南亚次大陆上存在的多种文化"绑在一起",[②]但同时也带来了激烈的文化分裂与冲突。技术范式长久以来被视为理解文化与跨文化关系的唯一角度,前文提到的同化或多元文化主义都是基于技术范式进行的讨论,文化被政策、意识形态糅合或割裂。但技术范式颠倒了文化与技术的关系,技术是被文化所定义的,文化是技术的基础,因此,文化间的困境无法通过技术的进化解决,研究者的视野仍须回到文化本身。

卡斯米尔与亚松森-兰德发现了一种替代性的模式,它强调文化是人类互动的结果,文化在互动中不断地重新定义自己,创造新的见解、目标、技术和角色,这些新的东西不受参与交流过程的任何一方支配,可以帮助双方更有效地互动。[③] 相比于技术范式,这种模式更贴近文化真实的特性,也更符合跨文化传播研究的需求。尤西姆等学者关于两国第三文化的研究正是这一模式的经验呈现,卡斯米尔评价第三文化概念"既有用又有趣,能够很好地阐明跨文化环境中的交流动态"[④]。于是,受到第三文化概念的启发,卡斯米尔将这种模式命名为"第三文化建构"(Third Culture Building)。

具体而言,第三文化建构是指建构一个互惠的互动环境,让来自两种不同文化的个人能够以一种对所有参与者有利的方式发挥作用,为了区别于技术范式,卡斯米尔进一步明确了第三文化建构的核心主张。[⑤]

(1)关注人类之间的交流,而不是关注与更大的实体(如民族文化)有关的客位(etic)分类或概括性的发现,这些分类或发现可能是先入为主的分析范式或系统介入跨文化事件研究中的结果,而不是从观察中发展出来的。

(2)将理论家和研究者的重点从观察、描述文化和交流的最终状态或结果转移到

[①②③④] CASMIR F L, ASUNCION-LANDE N C. Intercultural communication revisited: conceptualization, paradigm building, and methodological approaches[J]. Annals of the international communication association, 1989, 12(1): 278-309.

[⑤] CASMIR F L. Foundations for the study of intercultural communication based on a third-culture building model[J]. International journal of intercultural relations, 1999, 23(1): 91-116.

考虑一个连续的、进化的过程。

二、第三文化建构的互惠性

(一)支配与说服的关系模式

长久以来,一个群体支配另一群体,一种意见说服另一意见,一种文化取代另一文化被认为是不同群体、意见与文化间唯一的关系模式。这种模式源自古希腊的修辞学传统,[①]并随着西方文化的全球扩张一度成为普遍的跨文化关系模式。在殖民时代,支配与说服模式因能够维护参与跨文化互动的特定机构的利益得到存续,但同时也催生了一批受到损害的反对者,使这种模式始终处于不稳定的状态中。而在当下社会,参与跨文化交流的主体不再仅限于机构,个人行动者也被卷入其中,[②]满足人类的需求取代满足特定机构的需求成为跨文化交流的新使命,支配与服从的关系与普遍人类的需求相抵触。

但这并不意味着支配与说服模式的消亡,它在跨国关系中被否定,却继续存在于国家内部。国家更大程度上是一个政治单位而非文化单位,历史、政治、经济等因素决定了国家内部往往是多元文化并存的。但意识形态或政治和经济的需要使现代国家试图在文化上统一其成员,而这些文化多半是由其领导人决定的,缺乏共同的文化价值基础。[③] 例如,澳大利亚政府推崇的不只是多元文化主义,而是"澳大利亚的"多元文化主义,尽管它允许内部存在多样性,但也强调国家作为一个整体的最终重要性,多元文化主义不过是一种更加复杂的民族主义(nationalism),[④]也是一种更加隐蔽的支配与说服模式,制造了整体高于部分的权力关系。除此之外,意识形态或政治和经济的需要也会促使现代国家在其内部复制过往国际间的权力关系。例如,发达国家接收

[①] 单波,侯雨. 思想的阴影:西方传播学古希腊渊源的批评性考察[J]. 新闻与传播研究,2017,24(12):15-35,126.

[②③] CASMIR F L. Third-culture building: a paradigm shift for international and intercultural communication[J]. Annals of the international communication association, 1993, 16(1): 407-428.

[④] ANG I. On not speaking Chinese: living between Asia and the West[M]. London; New York: Routledge, 2001: 16.

来自发展中国家的移民劳工,让他们从事低收入、低保障的工作,赋予他们不完全的公民权利,使他们成为国家中的"二等公民"。

卡斯米尔也批评了早期跨文化研究学者的工作,他认为许多研究只是对文化的分类和编目,这些结论是研究者从文化的外部、高于文化成员的立场出发所得出的。他称这样的研究为"学术博物馆的构建",在博物馆中,文化被从现实的情境中剥离,以对观察者有意义的方式展示和排列,①爱德华·T. 霍尔(Edward T. Hall)的研究与吉尔特·霍夫斯泰德(Geert Hofstede)的文化维度理论就属于此类。跨文化传播研究应当基于文化的交流过程,关注来自不同文化背景的人相互接触时具体会发生什么,这样的研究才真正关乎"跨"文化问题而非文化问题。

支配与说服模式制造了权力关系,使一种文化凌驾于另一种文化之上,但许多跨文化研究却对权力关系乃至文化间关系视而不见。跨文化传播研究有责任回应这一难题,卡斯米尔给出的答案是,用互惠的交流平衡权力差距,这是第三文化建构模式的核心思想之一。

(二)互惠的交流与关系

第三文化建构的概念主张关注人类交流过程,不仅因为其跨文化传播学的背景,更因为交流的过程也是建立和维护关系的过程,只有建立新的关系才能取代旧的、支配与服从的权力关系。新的关系并不强调抽象、复杂的"平等",而是更具实践性的"互惠"(mutually beneficial),这里的互惠并不是指双方为对方提供等量的贡献,而是基于共同商定的需求所作出的贡献,这些贡献被双方认可并加以重视,不受每个贡献所占比例的影响。②

在美国,权力关系是影响欧裔美国人与原住民之间跨文化交流的关键因素,两者间支配与被支配的交往方式只能产生反文化关系,而非跨文化关系。1974 年,威斯康星州两位原住民因在保留地外用鱼叉捕鱼而被逮捕,1983 年,他们向联邦法院上诉,

---

①② CASMIR F L. Foundations for the study of intercultural communication based on a third-culture building model[J]. International journal of intercultural relations,1999,23(1):91-116.

法庭依据过去政府与原住民订立的条约，最终裁决原住民有权利在他们割让的土地上使用传统方法狩猎、捕鱼和采集，这一判决被称为沃伊特判决(The Voigt Decision)。①

沃伊特判决为欧裔美国人与原住民的平等交流提供了法律基础，也引发了各方争论，新的交往方式与跨文化关系在这些争论中萌发。一些右翼欧裔美国人认为判决是一种逆向歧视，部分居民则担忧当地的生态景观会因此被破坏，影响旅游业的收入，他们甚至喊出了"拯救狗鱼，刺杀印第安人"的口号；左翼群体则从另一个角度反对裁决，他们主张原住民向美国割让土地的条约本身无效，试图加剧冲突，反对者以自我群体为中心，拒绝理解和接受他人的观点；政府、媒体和一些学校接受了右翼反对者的观点，助长分裂；还有一些人以沉默参与争论，任由其他参与者代表他们。

参与讨论的不仅有反对者，也有由其他欧裔美国人和原住民共同组成的调解者群体，他们试图跨越群体界限，创造共同理解的场所。调解者所采用的方式是治愈与支持性的，他们拒绝接受右翼、左翼和中立派的区别，提倡将注意力转移至克服所有群体共有的问题上，例如经济萧条、药物滥用、家庭破裂等；与反对者"阵营式的"言论不同，调解者的修辞是支持性的，专注于合作解决共同问题，他们的问题是：我们如何才能在共同的需要中互相帮助？一旦跨群体和种族的支持性修辞在行动中促成了互惠的工作关系和友谊，那么就有足够的动机去容忍、接受甚至推崇文化差异以维持关系。②这一过程就是第三文化建构的过程，也是一个"中层道德社群"(mid-level moral community)形成的过程。中层道德社群由超越民族/种族文化界限的成员构成，覆盖一个中等大小的区域以共同面对区域性的问题，最重要的是它不是由特定民族文化凝聚起来的，而是由精神、关系和政治包容性的价值观联系起来的"人工"社群，社群成员因认同这种在互惠的交流中形成的价值观而团结起来。③威斯康星州的经验提示人们，

---

① Milwaukee Public Museum. Ojibwe Treaty Rights[EB/OL]. (n.d.)[2023-04-30]. https://www.mpm.edu/content/wirp/ICW-110.

② METZGER J G, SPRINGSTON J K, WEBER D W, et al. The Wisconsin treaty rights debate: narratives of conflict and change in a mid-level moral community[J]. International journal of intercultural relations, 1991, 15(2): 191-207.

③ METZGER J G, SPRINGSTON J K, WEBER D W, et al. The Wisconsin treaty rights debate: narratives of conflict and change in a mid-level moral community[J]. International journal of intercultural relations, 1991, 15(2): 191-207.

互惠的关系可以在处理共同问题中形成,这支撑了建立互惠关系的可行性,因为无论是在个体之间,某个区域之中,抑或整个人类群体之内,尽管可能不存在共识,但总会面临共同的问题。

(三)关系中的"第三方"

威廉·J. 斯塔罗斯塔(William J. Starosta)划分了第三文化建构的两种不同的模式,一是时序性发展模式,二是干预性促进模式。[①] 干预性促进模式下的第三文化建构不仅受到直接参与跨文化交流的双方影响,也与第三方的行动有关。在不同层面的跨文化交流中,第三方由不同的个人或机构组织充任。例如,在跨文化婚姻关系中,第三方可能是父母、朋友;在跨文化工作关系中,第三方可能是企业;在更宏观的跨文化群体关系中,第三方可能是政府机构、政治团体等。第三方有时可能成为破坏性的干预力量。例如,政治团体可能会为了政治或经济利益维持甚至加剧特定文化社群之间的感知差异与摩擦。[②]

但第三方也可以发挥各种作用促进第三文化建构。首先,第三方可以监督和记录第三文化建构的过程,以提高参与者对跨文化交往过程的意识,跨文化研究学者对第三文化建构的研究正是第三方履行记录功能的体现;其次,第三方还可以培育第三文化建构,鼓励、安抚或促进交往双方之间的沟通与理解;再次,第三方也能够为第三文化建构提供援助。从次,第三方还可以管理第三文化建构过程,为双方提供计划并测试双方关系的发展程度,例如,一些企业在工作场所实施的文化多样性计划就属于这一范畴;最后,第三方还可以直接参与到第三文化建构中,强行将不同文化融合成一个整体。[③]

[①] STAROSTA W J. Third culture building: chronological development and the role of third parties. Response paper presented during the master's session, Emerging Contemporary Approaches to the Study of Intercultural Communication in the Nineties, at the annual meeting of the International Communication Association, Chicago, 1991. as cited in LEE S. Somewhere in the middle: the measurement of third culture[J]. Journal of intercultural communication research, 2006, 35(3): 253-264.

[②] JACKSON R L. Encyclopedia of identity[M]. Thousand Oaks, Calif: SAGE Publications, 2010: 834.

[③] CASMIR F L. Third-culture building: a paradigm shift for international and intercultural communication[J]. Annals of the international communication association, 1993, 16(1): 407-428.

2010年，南非媒体作为第三方发起 LeadSA 计划，试图培育南非社会的第三文化建构。LeadSA 计划关注南非社会所有群体共同面临的问题，这些问题涉及环境、社会和教育等多个领域，包括犀牛偷猎、高强奸率和艾滋病防治意识不足等，LeadSA 计划呼吁个人和组织机构共同参与处理问题。① 例如，该计划在南非宗教间理事会的支持下，联合基础教育部，将《南非共和国宪法》中《权利法案》所附着的平等、自由等价值观转化为"责任清单"，组织教师、呼吁家长接受"责任清单"并在学生中推广以开展公民教育，建立人们在日常互动中共同的道德和价值准则。② LeadSA 计划最重要的贡献不是处理了某一个社会问题，而是为经历长期种族隔离的南非社会创造了一个不同文化群体开展对话的途径，让人们意识到合作面对共同的问题是处理文化间不信任与冲突的有效方式。不仅如此，LeadSA 计划也提供了一个对话的空间和许多开展对话的契机，联系不同群体在其关切的共同问题中合作行动。

第三方的存在提示第三文化建构不仅涉及交往的双方，也与交往发生的环境息息相关，使研究更贴近真实的跨文化交往情境，并因此要求政治学、管理学、公共关系学等更多的学科视角进入第三文化建构的研究之中。但第三方同时也增加了第三文化建构研究的复杂性，因为第三方也有其特定的文化背景，它们对跨文化交往双方所施加的影响可能会破坏关系的平衡，再次强化权力关系，最终背离第三文化建构的初衷。

---

① BENECKE D R, OKSIUTYCZ A. Changing conversation and dialogue through LeadSA: an example of public relations activism in South Africa[J]. Public relations review, 2015, 41(5): 816-824.
② BRAND SOUTH AFRICA. SA launches Bill of Responsibilities[EB/OL]. (2011-03-31)[2023-05-03]. https://brandsouthafrica.com/105659/responsibilities/.

三、第三文化建构的创造性

(一)对文化的"最终状态"的理解

跨文化传播研究的发展受到两个因素的制约,一是对跨文化关系的忽视,许多早期跨文化传播研究实际上是对不同文化的比较与分类,是"构建学术博物馆",而没有真正考察来自不同文化背景的人相互交流的过程;二是将文化视为最终状态,而非动态的、变化的、发展的过程。卡斯米尔认为文化是"互动的产物或结果"[1],将文化视为最终状态意味着学者并非从交流的现实中得出结论,而是由学者个人期望或其他学科经验的先入之见得出结论,因此制造了一些基于地理或政治而非文化本身的类目,例如"德国文化""亚洲文化"或"阿拉伯文化"[2]。这两个制约因素相互转化,对文化互动的忽视使人们倾向于以界限分明的、静态的"最终状态"定义文化,而这种文化观念又反过来限制人们对跨文化关系的想象与觉知,两个最终状态之间只有取代、隔离或混合,仍然陷于二元关系的窠臼,并且无法摆脱与之伴生的权力不平衡问题。

尤西姆等三位学者关于第三文化的论述也是基于最终状态的假设,这或许是缘于三位学者的人类学学科背景。在卡斯米尔看来,人类学或社会学的使命是识别文化的组成部分和描述文化,关注抽象模式而非实施细节;而跨文化传播研究的使命离不开"传播",是探索不同文化相遇或新的文化出现时会发生什么,是对交流过程的研究。[3]因此,第三文化建构将文化视为过程,瓦解二元关系,以及二元关系倾向于产生的层次结构与权力关系,同时也关注文化的转化与新文化的生成。

---

[1] CASMIR F L, ASUNCION-LANDE N C. Intercultural communication revisited: conceptualization, paradigm building, and methodological approaches[J]. Annals of the international communication association, 1989, 12(1): 278-309.

[2] CASMIR F L. Foundations for the study of intercultural communication based on a third-culture building model[J]. International journal of intercultural relations, 1999, 23(1): 91-116.

[3] CASMIR F L, ASUNCION-LANDE N C. Intercultural communication revisited: conceptualization, paradigm building, and methodological approaches[J]. Annals of the international communication association, 1989, 12(1): 278-309.

(二)作为创造性过程的关系

互惠的交流与过程性是第三文化建构的两大核心观点,互惠的交流是一个文化纵向发展过程的横断面,因为在长期的交流中,会有新的价值体系和知识出现,这正是第三文化建构中"文化"和"建构"两个词的由来。交流的主体基于新的文化形成并维持新的互动模式和关系,因为新的文化不是完全绝对的、预先确定的,所以主体间的交流模式不是传播和接受;并且新的文化不属于交流的任何一方,很难形成支配与服从的权力关系。对跨文化关系的忽视与将文化视为最终状态的观念相互转化,互惠的交流关系也与创造性的过程相互促进。

前文曾提及,依据斯塔罗斯塔的分类,时序性发展模式是干预性促进模式之外的另一种第三文化建构模式。几位学者依循发展程度的线索,具体呈现了作为创造性过程的第三文化建构。斯塔罗斯塔将第三文化建构划分为如表1所示的九个阶段(得到了卡斯米尔的认可)[1],并且与合作者一同基于每一阶段中交流的性质,进一步把第三文化建构过程总结为人内跨文化交流(第1、2阶段),人际跨文化交流(第3至5阶段),修辞跨文化交流(第6、7阶段),元文化交流(第8、9阶段),同时,增加了文化内交流的第10阶段:A和B从原始文化中分离出来,建立新的身份认同,并能够代际传递[2]。卡斯米尔也将其总结为从开始"接触"(第1至4阶段),产生"需求"(第5阶段),持续"交互"(第6、7阶段)到最终形成"相互依存"关系(第8、9阶段)的过程。[3] 研究者抽象地描述了第三文化建构过程,却很难在现实中找到对应,因为第三文化建构是

---

[1] STAROSTA W J. Third culture building: chronological development and the role of third parties. Response paper presented during the master's session, Emerging Contemporary Approaches to the Study of Intercultural Communication in the Nineties, at the annual meeting of the International Communication Association, Chicago, 1991. as cited in CASMIR F L. Third-culture building: a paradigm shift for international and intercultural communication[J]. Annals of the international communication association, 1993, 16(1): 407-428.

[2] CHEN G M, STAROSTA W J. 跨文化交际学基础[M]. 上海: 上海外语教育出版社, 2007: 134-138; CHUANG R. Third-culture building[M]//KIM Y Y. The international encyclopedia of intercultural communication. Hoboken, NJ: Wiley, 2017: 1-10: 137-138.

[3] CASMIR F L. Foundations for the study of intercultural communication based on a third-culture building model[J]. International journal of intercultural relations, 1999, 23(1): 91-116.

一个长期的过程，通常发生于无意识中，并且随时可能中止。

表 1　第三文化建构过程时序模型

(1) A 注意 B
(2) A 向 B 介绍自己
(3) A 寻求关于 B 的信息
(4) A 使 B 参与上述相同的过程
(5) A 和 B 彼此互相理解并开始质疑自身的态度、风俗和价值观
(6) A 和 B 修改了自身的态度、风俗和价值观，使之更接近对方
(7) A 和 B 将新的态度、风俗和价值观融入现有的体系中
(8) A 和 B 根据不断变化的环境和背景，重新协商他们的关系
(9) 这些重新协商的关系的某些方面成为永久性的和自我延续的

第三文化建构也在跨文化社群中展开，形成可观察的跨文化场域：INTASU 是一个主要由凤凰城地区某大学的国际学生组成的团体，其成员超过 400 名，来自 40 多个不同的国家，具有差异化的年龄、教育水平、宗教和文化背景，它将自己定义为"高度非官方的、非宗教的、非政治的、跨国的 INTASU"；INTASU 同时存在于现实和虚拟环境（各类社交媒体群组）中，成员在各种线下活动中互动，如旅行、文化节日、主题派对、运动队训练、乐队表演等，也同步进行线上交流，在社交媒体群组中规划活动、闲聊、与离开美国的成员继续联系。① 成员通过参加各种活动并在活动中开展对话以了解彼此的文化，这是第三文化建构过程的初始阶段。

成员间的交往与互相了解促进了关系移情（relational empathy）的产生，即使彼此的文化处于冲突状态，成员们也能够从对方的文化出发思考问题。例如，组织中的成员在浏览外国新闻时，会联想起来自该国的成员，思考新闻事件的方式也会随之改变。在面临文化冲突时，成员倾向于利用幽默弱化冲突，组织中来自以色列的犹太人伊茨恰克（Yitzchak）和来自黎巴嫩的阿拉伯人瓦利德（Walid）的经验可以说明这一点，他们二人能够开放地讨论政治和中东局势，互相取笑彼此的文化刻板印象。伊茨恰克描

---

① SOBRE-DENTON M. Multicultural third culture building: a case study of a multicultural social support group[J]. Journal of intercultural communication, 2017(45)[2023-05-03]. https://immi.se/oldwebsite/nr45/sobre.html.

述道:"我们一直在嘲笑这些事情……因为在 INTASU,我认为有很多不同的成员来自互相冲突的文化,但处理方式往往是……一种讨论或开玩笑的方式,又或者减轻这种冲突,让它变得不那么与文化相关,更个人化,更容易摆脱。"[1]关系移情帮助成员理解和处理彼此在文化价值观和沟通方式方面的差异,化解文化冲突。在这一过程中,成员开始有意识地理解其他文化,反思或修改自我文化的规范和价值观,这也是第三文化建构过程的中间阶段。

在 INTASU 中,来自不同文化背景的成员重新协商了他们的关系。国际学生离开原生文化(home culture)来到美国,在此过程中,他们失去归属感,而 INTASU 为他们提供了一个"家"的空间,成员能够在情感、社会和任务方面相互依赖。在创建这个家的过程中,不同文化背景的人利用沟通建立了一种"第三文化",使他们能够分享文化理念,感受社会支持,并创造强烈的关系移情。INTASU 的第三文化包括等级制度、规范甚至语言。等级制度指核心成员、新人与边缘成员的区隔,他们在组织中的影响力不同;规范则在成员产生文化冲突时发挥作用,核心成员会管理线上群组,接受投诉,并在线下邀请争议双方进行协商,参与调解,直至双方能够互相理解;INTASU 还有独特的表达方式,大多是几种语言的混合,例如,圣诞节被称为"Chrismahanakeid",成员的生日则通常用西班牙语表示,组织的创始人之一弗朗索瓦(François)说"你们听不懂我们说的东西,因为一些单词是英语词,一些是德语词,我们只是把所有的东西都混合在一起",[2]弗朗索瓦认为这些语言创造了一个新的群体、新的文化。这些等级制度、规范和语言是来自不同文化的成员相互协商而成的新的关系和文化,也标志着第三文化建构的成熟阶段。值得观察的是,这些规范和语言既能够在群体的内部创造不同文化的连接,但同时也可能制造群体的边界和群体间的断连,造成第三文化群体的自我隔离。

---

[1][2] SOBRE-DENTON M. Multicultural third culture building:a case study of a multicultural social support group[J]. Journal of intercultural communication,2017(45)[2023-05-03]. https://immi.se/oldwebsite/nr45/sobre.html.

四、第三文化建构的反思性与可能路径

跨文化关系可以理解为不同文化交流与共存的方式，它会影响政治、经济与社会运行，也会投射到文化产品之上。因此，跨文化关系在学界成为跨学科的议题，不同学科贡献各自的视角，例如，同化与多元文化主义是人类学、社会学和政治学领域的发现与主张，跨文化、混杂性等后殖民理论通过讨论文学作品揭露和批评殖民与后殖民时代的跨文化关系，而第三文化建构则是跨文化传播研究对跨文化关系话题的回应。第三文化建构着眼于文化间的交流，将文化视为持续发展变化的过程，这些都是传播学研究取向的体现。第三文化建构的特别之处不仅在于学科视角，更在于其应对跨文化关系中至关重要的因素——权力关系的方式。同化巩固了文化间的权力关系，多元文化主义忽视或默认权力关系，它们都建立在文化二元对立的假设上；尽管后殖民理论超越二元对立，但仍然摆脱不了权力的阴影，将权力关系作为批判的对象；而第三文化建构试图为处理权力关系提供方案，强调文化的过程本质以反对二元对立，主张互惠的交流与交流过程中诞生的新价值体系能够缩小跨文化关系中的权力差距。

第三文化建构为跨文化关系的研究贡献了新的、更加理想的关系形态，与此同时，它也反过来推动了跨文化传播研究的发展。

首先，第三文化建构补充了领域内部应有的（卡斯米尔认为的）共识性知识基础，即将文化视为过程而非最终状态，关注文化间的交流而非分类。这样一来，每一个人都能够走出文化的封闭圈，也不再把他者看成是不变的，而是在交流过程中感受他者，避免刻板印象化。

其次，第三文化建构为跨文化交流与跨文化传播研究设定了伦理目标。第三文化建构反对支配与说服的范式，尽管文化间的平等很难实现，跨文化交流的目标也应是尽量建立相互性、适应、理解、互动、相互依存和有意义的参与，使人类更人道地对待彼此，在中间地带相遇。[①]这就有可能让每一个人面向交流的自由和文化选择的自由，恢

---

① HOPSON M C, HART T, BELL G C. Meeting in the middle: Fred L. Casmir's contributions to the field of intercultural communication[J]. International journal of intercultural relations, 2012, 36(6): 789-797.

复主体间性、文化间性意识。

最后,第三文化建构本身作为一个概念也可以转化为实践路径,每一个个体都可以参与第三文化建构,通过与多元文化的连接,丰富自己的文化感知,在连接中"在世",在世界中"在家"。

学界对于第三文化建构的关注程度并不与其重要性相匹配,截至2023年5月12日,卡斯米尔阐释第三文化建构概念的两篇代表性文章[①]的被引次数分别是305和289次(被引数据源自Google Scholar Citation Count),远少于其他跨文化传播研究关键文献,更与同化、多元文化主义、接触地带和第三空间所获得的讨论相差甚远。有许多原因阻碍了第三文化建构概念的扩散与发展,包括概念本身的缺陷和概念与现实的疏离。

根据卡斯米尔的论述,第三文化建构可以从个人、组织和媒介化传播三个层面被加以分析,其中个人层面的第三文化建构是指个人的哲学和心理观念超越了原生文化的限制,这些个人具有认知灵活性、文化敏感性、文化价值观和态度的相对主义、移情理解和创新性等特征,他们可以作为连接不同文化的桥梁。[②] 理查德·伊万诺夫(Richard Evanoff)用跨文化能力解释个人层面的第三文化建构,他将第三文化建构与米尔顿·J.贝内特(Milton J. Bennett)的跨文化敏感性发展模型中的"融合"阶段联系起来,[③]融合是跨文化敏感性发展的最后一个阶段,指个人以不同的文化世界观判断事物的能力。[④] 受到伊万诺夫的启发,米利亚姆·索布雷(Miriam Sobre)则将第三文化建构应用到文化适应研究上,她认为第三文化建构不止发生在跨文化关系建立的动态中,也与旅居者在东道国的文化适应有关,来自不同文化的旅居者因相似的生活经

---

① 指 Foundations for the Study of Intercultural Communication Based on a Third-Culture Building Model 与 Third-Culture Building: A Paradigm Shift for International and Intercultural Communication。
② CASMIR F L, ASUNCION-LANDE N C. Intercultural communication revisited: conceptualization, paradigm building, and methodological approaches[J]. Annals of the international communication association, 1989, 12(1): 278-309.
③ EVANOFF R. Integration in intercultural ethics[J]. International journal of intercultural relations, 2006, 30(4): 421-437.
④ BENNETT M J. A developmental approach to training for intercultural sensitivity[J]. International journal of intercultural relations, 1986, 10(2): 179-196.

验聚集,互相提供社会支持,共同建构了新的文化模式,最终影响旅居者在东道国的文化适应方式。① 当在个体层面上讨论第三文化建构时,它与跨文化能力的界限变得模糊,成为影响文化适应的因素之一。

但交流是第三文化建构的核心要素,卡斯米尔曾批评跨文化能力研究仅仅关注了交流中一方的意识或适应,而完全忽略了重要的互动过程和交流情境,建立关系被认为是一些可培养的个人特质所带来的必然结果。② 第三文化建构和跨文化敏感性的根本区别就在于前者涉及相互学习、合作对话和建构经验,是人类共同创造和参与的交流过程,而不是单方面地保持对文化差异的"政治正确"或者简单的同化。③ 对个体层面上的第三文化建构与跨文化能力之间关系的矛盾表述是第三文化建构定义的模糊地带,第三文化建构是否仅仅发生在特定层面的交流中,或者在不同层面的交流上其呈现形态有何变化都没有得到足够的辨析,定义的模糊阻碍了学者对第三文化概念的接受与运用,也使第三文化建构在一定程度上丧失了在跨文化传播研究领域中的独特"生态位"。

将文化视为创造性过程而非最终状态是第三文化建构的另一个核心要素,也是另一个问题的所在。在学者们的论述中,第三文化建构过程的尽头是原本来自不同文化的人们共同创造了新的价值体系和知识,即第三文化。第三文化的一部分融合了跨文化交流者的原始文化,另一部分诞生于交流的过程中。卡斯米尔区分了第三领域和第三文化,第三领域代表超越交流双方的"短暂的、转瞬即逝的瞬间",而第三文化是持久的,可以通过传递给没有参与第三文化建构过程的其他人来延续。④ 这些对第三文化的讨论是否又陷入将文化视为最终状态的窠臼?在伊万诺夫为说明第三文化建构方法所给出的示例中,人们可以更清晰地观察到这个问题,他指出亚洲集体主义文化和

---

① SOBRE-DENTON M. Multicultural third culture building: a case study of a multicultural social support group[J]. Journal of intercultural communication, 2017(45)[2023-05-03]. https://immi.se/oldwebsite/nr45/sobre.html.
② CASMIR F L. Third-culture building: a paradigm shift for international and intercultural communication[J]. Annals of the international communication association, 1993, 16(1): 407-428.
③ PACKMAN H M, CASMIR F L. Learning from the Euro Disney experience: a case study in international/intercultural communication[J]. Gazette, 1999, 61(6): 473-489.
④ CASMIR F L. Third-culture building: a paradigm shift for international and intercultural communication[J]. Annals of the international communication association, 1993, 16(1): 407-428.

美国个人主义文化是以二元对立的形式出现的,但只要不把它们视为内部同质的、固定不变的形态,它们就可以融合成一个新的模式。集体主义的内部可以分为"善于合作"的优势方面和"从众"的消极方面,个人主义的内部也有"独立自主"的积极方面和"自我放纵"的消极方面,第三文化融合"善于合作"和"独立自主"的优势,形成一个全新的框架或模式。① 类似的逻辑在管理学领域对第三文化建构的研究中很常见,吉娜·G. 巴克(Gina G. Barker)发现在美国和瑞典的合作组织中,管理者会创建一个混合决策程序:首先做出决定再寻求所有人的认同,以融合瑞典人投入大量会议时间以达成共识的偏好和美国人对高效时间管理的追求②;在美国和墨西哥的合作组织中,领导者的管理风格则融合了美式的任务创新、情感关怀和墨式的任务支持、社会关系③。在这些研究中,第三文化建构的创造性过程特征被忽略,关注的重点偏移到作为最终状态的第三文化之上,第三文化也被简化为由交流双方的文化拼接而成的"马赛克"。

  第三文化建构的概念始于对文化最终状态理解的反思,然而其结果又导向另一个貌似更加复杂的最终状态,说明摆脱这种思维模式去研究文化相当困难,这种困难以及其导致的研究中的自相矛盾限制了第三文化建构概念的普及与发展。不过,一些学者在文化的状态理解和过程理解之间提供了折衷的可能性,他们提出第三文化建构最终导向"元身份"和"元第三文化",新形成的身份与文化模式并不关注边界,而是以互动、共存、动态和双方协商为基本模式④,个人基于这种模式与其他文化互动又会令新的"元第三文化"产生⑤。但这种模糊的身份也可能带来存在意义的不确定性,增加身份管理的焦虑。

---

① EVANOFF R. Integration in intercultural ethics[J]. International journal of intercultural relations, 2006, 30(4): 421-437.
② BARKER G G. Acculturation and bicultural integration in organizations: conditions, contexts, and challenges[J]. International journal of cross cultural management, 2017, 17(3): 281-304.
③ RODRÍGUEZ C M. Emergence of a third culture: shared leadership in international strategic alliances[J]. International marketing review, 2005, 22(1): 67-95.
④ CHEN G M, STAROSTA W J. 跨文化交际学基础[M]. 上海: 上海外语教育出版社, 2007: 134-138.
⑤ SOBRE-DENTON M. Multicultural third culture building: a case study of a multicultural social support group[J]. Journal of intercultural communication, 2017(45)[2023-05-03]. https://immi.se/oldwebsite/nr45/sobre.html.

除了第三文化建构概念本身的矛盾外,概念与现实的疏离是限制学者接受和运用该概念的另一个因素。尽管卡斯米尔在提出概念时就曾申明"我们的理论模型需要在过去和现在的现实世界环境中得到检验"①,但从概念提出至今的三十年来,将第三文化建构运用到现实中、进行实证检验的研究数量非常有限,研究者们认为它是规范性的,可以指导未来发展方向而不能解释现实②。

讽刺的是,应当基于经验研究的第三文化建构恰恰缺少经验,第三文化建构在物理世界中很难实现。③罗伯特·舒特(Robert Shuter)批评第三文化建构的概念缺少对"动机"的关照,即人们为什么会参与第三文化建构?卡斯米尔等学者用第三文化建构的伦理意义回应或直接忽视了这个问题,第三文化建构被描述为"一种由内在道德要求驱动的线性进程——世界需要它!或者跨文化交流中不可避免的结论"④,这显然不足以说服舒特。尽管没有给出答案,但卡斯米尔也认识到,在现实的情境中,第三文化建构面临着强大的抵抗力量。当人们将文化视为最终状态时,任何既有文化模式的改变都将被视为破坏。⑤具体而言,民族中心主义者会将第三文化建构视为对自我文化身份的背叛,而文化相对主义者则认为第三文化建构是文化帝国主义的一种形态。霍莉·M. 帕克曼(Hollie M. Packman)和卡斯米尔曾对巴黎迪士尼乐园的第三文化建构进行分析,他们发现来自法国和美国的游客很难理解介于两种文化之间的文化,参观巴黎迪士尼乐园的美国人感到"失望",因为他们认为在这里的体验无法与美国乐园带给他们的体验相媲美。⑥第三文化建构在现实中的发生不仅需要内在驱动力,还与原始文化参与的程度密切相关。巴克考察了在美国工作的瑞典人、在瑞典工

---

① CASMIR F L. Third-culture building: a paradigm shift for international and intercultural communication[J]. Annals of the international communication association, 1993, 16(1): 407-428.
② BARDHAN N, WEAVER C K. Public relations in global cultural contexts: multi-paradigmatic perspectives[M]. New York: Routledge, 2011: 91.
③ 常江,李思雪. 数字时代的跨文化传播研究:重返经典与重构体系——罗伯特·舒特(Robert Shuter)访谈录[J]. 跨文化传播研究, 2021(1): 3-16.
④ SHUTER R. On third-culture building[J]. Annals of the international communication association, 1993, 16(1): 429-436.
⑤ CASMIR F L. Foundations for the study of intercultural communication based on a third-culture building model[J]. International journal of intercultural relations, 1999, 23(1): 91-116.
⑥ PACKMAN H M, CASMIR F L. Learning from the Euro Disney experience: a case study in international/intercultural communication[J]. Gazette, 1999, 61(6): 473-489.

作的美国人和具有双文化背景的人,她发现只有当寄生文化(host culture)的工作环境中存在来自原生文化的雇主、上级机构、合作方、同事或客户时,第三文化建构才有可能发生,否则个人更愿意接受同化。①

一些情境因素也会影响第三文化建构的发生。舒特在批判第三文化建构之后,提出了一个替代性方案——文化主义(Culturalism)。文化主义强调来自不同文化的人们保持各自的文化模式,但在实用性和工具性的层面建立互惠、相互依存的关系,即共享资源、共同决策、合作完成任务,舒特以苏联和欧盟的关系形态解释文化主义的主张。② 文化主义停留在第三文化建构的互惠交流层面,而不进入创造性过程,是不完整的、实用主义的第三文化建构。这里不展开讨论文化主义的跨文化交流方式是否可行,即我们能否将文化与非文化的领域区分开,进行政治与经济上的合作而不产生文化间的相互影响。更重要的是,文化主义提示我们,跨文化交流发生的领域等情境因素也与第三文化建构有关。在有限的经验研究中,学者们观察了跨文化人际关系中的第三文化建构,如跨文化友谊关系、跨文化婚姻关系;也阐释了跨文化组织中的第三文化建构,如企业、学校社团。③ 而对于更大范围的第三文化建构的研究停留在形成互

---

① BARKER G G. Acculturation and bicultural integration in organizations: conditions, contexts, and challenges[J]. International journal of cross cultural management, 2017, 17(3): 281-304.

② SHUTER R. On Third-culture building[J]. Annals of the international communication association, 1993, 16(1): 429-436.

③ LEE P W. Bridging cultures: understanding the construction of relational identity in intercultural friendship[J]. Journal of intercultural communication research, 2006, 35(1): 3-22; LEE S. Somewhere in the middle: the measurement of third culture[J]. Journal of intercultural communication research, 2006, 35(3): 253-264; BARKER G G. Acculturation and bicultural integration in organizations: conditions, contexts, and challenges[J]. International journal of cross cultural management, 2017, 17(3): 281-304; PACKMAN H M, CASMIR F L. Learning from the Euro Disney experience: a case study in international/intercultural communication[J]. Gazette, 1999, 61(6): 473-489; HUI C, GRAEN G. Guanxi and professional leadership in contemporary Sino-American joint ventures in mainland China[J]. The leadership quarterly, 1997, 8(4): 451-465; SOBRE-DENTON M. Multicultural third culture building: a case study of a multicultural social support group[J]. Journal of intercultural communication, 2017(45)[2023-05-03]. https://immi.se/oldwebsite/nr45/sobre.html.

惠关系的阶段,不涉及文化模式的变化。① 似乎第三文化建构的发生需要满足苛刻的情境条件,例如预先具备固定的结构,共同的目标和规则,甚至感情基础。

经验性研究的缺失也缘于其研究难度。第三文化建构的核心是动态的交流和发展的过程,它作为研究对象很难被识别并分析,因此对研究方法提出了要求。卡斯米尔笃定地说:"理解第三文化建构的过程通常更多地依靠历史、民族志和人文学科的见解,而不是随机的社会科学研究。"②他呼吁传播学者必须进入田野、参与跨文化对话来理解第三文化建构,因为第三文化建构是多元文化相互对话的过程,而只有田野调查才能够呈现多元的人类经验。③ 第三文化建构的概念与方法论是互相交织的,概念本身就决定了它无法被量化的方法研究。当然也有学者试图量化第三文化建构,但在研究的过程中偏离了概念的本义。④

概念与现实的疏离体现在经验的缺失与开展经验性研究的困难,而更为直接的体现是概念与提出时的时代背景不匹配。卡斯米尔在20世纪80年代末到90年代的这段时间中提出并逐渐丰富第三文化建构的概念,但与此同时,后殖民、多元文化主义的思想是世界的主流,各民族或种族有着追求自我文化身份的愿望,而第三文化建构不能满足那个时代的社会与关系需求。

概念本身的不足之处以及概念与现实的脱节导致第三文化建构在三十年间沉寂,但时隔多年,我们为何要重提第三文化建构?首先是因为第三文化建构本身有不可替代的价值,无论是对跨文化关系研究或跨文化传播研究,这一点前文进行了详细的叙述。其次,这个时代需要第三文化建构。20世纪90年代以来,多元文化主义与差异

---

① METZGER J G, SPRINGSTON J K, WEBER D W, et al. The Wisconsin treaty rights debate: Narratives of conflict and change in a mid-level moral community[J]. International journal of intercultural relations, 1991, 15(2): 191-207; BENECKE D R, OKSIUTYCZ A. Changing conversation and dialogue through LeadSA: an example of public relations activism in South Africa [J]. Public relations review, 2015, 41(5): 816-824.
② CASMIR F L. Third-culture building: a paradigm shift for international and intercultural communication[J]. Annals of the international communication association, 1993, 16(1): 407-428.
③ CASMIR F L. Foundations for the study of intercultural communication based on a third-culture building model[J]. International journal of intercultural relations, 1999, 23(1): 91-116.
④ LEE S. Somewhere in the middle: the measurement of third culture[J]. Journal of intercultural communication research, 2006, 35(3): 253-264.

的政治未能弥合文化间的隔阂与撕裂,民族中心主义也从未偃旗息鼓。但跨文化交往却变得越来越稠密和深入,因此,跨文化传播研究学者有必要探索跨文化关系的更多可能性。

第三文化建构随时代的发展变得更加重要,但开展第三文化建构研究所面临的重重困难却没有消失,一些研究方向或视角或许能够帮助研究者克服这些困难。卡斯米尔在1989年谈论媒介化传播层面的第三文化建构时曾提到:"媒体非常单向且不透明。它们创造了互动和多向沟通的幻觉,但实际上它们只是各种输入信息的供应者,观众只能选择接受或拒绝。实际上,每当使用现代媒体方法时,就很少有机会通过互动来建构第三文化。"[①]必须注意的是,卡斯米尔提到的媒介特指大众媒体,当时互联网尚未普及。而今天的许多跨文化交流都发生在网络空间中,舒特认为第三文化建构在虚拟社区里更容易实现,因为"对其他文化进行理解的经济和社会成本因技术的便利而大大降低了"[②]。此外,过去的世界是另一个开展研究的场所。传播学的社会科学属性使学者们很少对人文研究的领域产生兴趣,但第三文化建构也可以从历史中发现,例如,"希腊文化在被征服后如何在罗马社会中被接受,甚至在其发展中扮演主导角色"或者"帖木儿的蒙古和波斯帝国文化转型的过程"[③]。研究者可以从虚拟世界和过去的世界中挖掘第三文化建构的现实经验,同时也要继续以人类学的方法观察当下的、物理世界中的第三文化建构,拉近概念与现实的距离。

---

① CASMIR F L, ASUNCION-LANDE N C. Intercultural communication revisited: conceptualization, paradigm building, and methodological approaches[J]. Annals of the international communication association, 1989, 12(1): 278-309.

② 常江,李思雪. 数字时代的跨文化传播研究:重返经典与重构体系——罗伯特·舒特(Robert Shuter)访录录[J]. 跨文化传播研究, 2021(1): 3-16.

③ CASMIR F L. Third-culture building: a paradigm shift for international and intercultural communication[J]. Annals of the international communication association, 1993, 16(1): 407-428.

面对文化差异想象平等交流

——《发明人类：平等与文化差异的全球观念史》的启示

◇ 李龙腾[*]

摘　要　自我与他者之间的跨文化传播，既遭遇他者化，也建构平等化，形成了辩证性的历史过程。本文基于荷兰史学家西佩·斯图尔曼的著作《发明人类：平等与文化差异的全球观念史》来分析归纳其中的理性认识，发现在地域交往逐渐扩展至世界交往的过程中，人们面对文化差异和不平等的交往关系，不断强化共同人类和同等尊严的平等交流意识，可以提炼出共同人类意识的生发、文化差异的比较与反思、对不平等交往关系的批判的逻辑过程。初步结论是，"历史的终结"的想象限制了对文化差异的深入了解，而文化差异的简单化和固化将引向"文明的冲突"，面对文化差异的积极实践成为人类共同体建构的关键，这种积极的交往实践需要人们在承认同等尊严的同时转向文化间多样性的互通，对于不平等的体认以及谨慎对待平等的局限性是其合理的补充。

关键词　共同人类；平等；文化差异；观念史

---

[*] 李龙腾，武汉大学新闻与传播学院 2022 级博士生，电子邮箱：1345275867@qq.com。

Imagine Equal Communication in the Face of Cultural Difference
—Inspired by *The Invention of Humanity*: *Equality and Cultural Difference in World History*

Longteng Li

Abstract The intercultural communication between self and other not only encounters Othering, but also constructs equalization, which forms a dialectical historical process. This article is based on the Dutch historian Siep Stuurman's book (*The Invention of Humanity*: *Equality and Cultural Difference in World History*) to analyze and summarize the rational knowledge. It is found that in the process of regional communication gradually expanding to worldwide communication, people face cultural differences and unequal communication relations, and constantly strengthen the awareness of equal communication of common humanity and equal dignity. We can extract the logical process of the development of common humanity consciousness, the comparison and reflection of cultural differences, and the criticism of unequal communication relations. The preliminary conclusion is that the imagination of "the end of history" limits the in-depth understanding of cultural differences, and the simplification and solidification of cultural differences will lead to the "clash of civilizations". The positive practice of facing cultural differences has become the key to the construction of human community, which requires people to recognize the equal dignity and turn to the communication practice of cultural diversity and exchange. Recognition of inequality and caution about the limits of equality are reasonable additions.

Keywords common humanity, equality, cultural differences, history of ideas

一、引言：跨文化传播的平等化问题

与他人和谐共在的可能性诉诸以文化间性和平等权力为基础的跨文化传播实践①，将理论逻辑置于历史情境，人类如何面对文化差异和不平等权力建构交往关系成为重要问题，荷兰史学家西佩·斯图尔曼的著作《发明人类：平等与文化差异的全球观念史》②为此提供了参照。

如果说"他者化"构成了跨文化传播的障碍，那么强调共同人类/人性（Common Humanity）与同等尊严的"平等化"也在比较、反思与批判的过程中不断生成。在东方主义式的大写的"他者化"（Othering）之外，还存在着普遍的文化比较式的小写的"他者化"（othering），人们习惯于通过与已知者对比来理解未知者，将外国人描述为"他者"且将其习俗与本国的相比较；以小写的"他者化"反思与批判大写的"他者化"，人们获得走出自我中心、将外邦人视为同胞的可能。

从这一视角切入，作者聚焦有关共同人类、平等和文化差异的话语，追问"平等化"是如何且在何种历史环境下得以想象的？人们如何超越种族中心主义，将外来者当作平等的、同属"人类"共同体的人？其中，"共同人类"可被视为一种跨越不同时空情境的、具有亲缘性和类比关系的元话语，即人们在面对文化差异时所发明的"显著的相似性"，"平等"意指同等尊严。

能否与他者分享共通感与同等尊严，与"共同体"意识的建构相关联。人们生活在一起，在血缘与地缘之外，还通过语言和文化的纽带分享共同体感觉。跨越边界的旅行、迁徙、贸易与征服，既强化人们的共同体感觉，固化文化差异并塑造群体意识，又弱化这种感觉，在差异中体认相似，以致力于建构新的共同体意识。在双重意识之间，人成为跨文化传播的存在者，不断创造自身的存在。

---

① 单波.论跨文化传播的政治基础：兼评多元文化主义与软权力[J].中国媒体发展研究报告，2010(00):231-241.
② 斯图尔曼.发明人类：平等与文化差异的全球观念史[M].许双如，译.桂林：广西师范大学出版社，2022.英文版书名为"The Invention of Humanity: Equality and Cultural Difference in World History"，直译为"人性的发明：世界历史上的平等与文化差异"。本文基于对该书的评述展开，不再重复引用。

这种双重意识不断体现于人类交往普遍化的历史中。部落和村社交往扩展至城邦和帝国，政治、经济、宗教和文化等维度的共同体也随之重构；普遍交往的世界历史催生人类共同体、世界共同体的想象，但人们在追求普遍价值的过程中又不舍自身文化的根基。例如，在地方性的族群间交往中，遭遇他者的族群既建构共同人类观，又恒久地持有我族中心的文化图式；一神论普世宗教在兴起与发展的过程中，既包容他者，将他者囊括进自身，又以信仰之名排斥他者，以维护自身的边界；帝国体系的建构为大范围的政治、经济和文化交往提供了基本秩序，但同时建构起文明和野蛮的等级话语，引起对帝国治下不平等境遇的反抗；面对普遍交往时代的共同体，启蒙话语在平等撬动传统秩序的同时以新的不平等话语建构新秩序；在当下的不平等议题和人权承诺中，跨文化平等依然遭遇文化差异与冲突的现实。

对这种双重意识的反思朝向一种价值理性，即如何超越我们这个破碎时代的意识形态分歧，提醒人们相互合作，认识到共同人类/人性，从他人的集体智慧和知识中汲取灵感[①]，而这些都是数千年来的人类经验中所固有的。

二、地域交往中"共同人类"意识的生发

地域性是早期族群交往的显著特征，人们与特定地理区域、与民族紧密联结，我族中心主义的形成是自然而然的。族群间交往的扩展和文化的融合促使思想形成突破，人类走入文明的轴心时代，凭借着语言、文字和书写的技艺，人们得以对自身历史和社会秩序的根本问题展开反思，留下许多带有首创性的神话、史诗、宗教和哲学文本，在各民族的文化原典中，面向他者的共同人类话语出现，我族中心主义因此又是不断被解释、辩护和批判的。

对希腊人来说，共同人类的想象首先出现在荷马和赫西俄德身上，后来出现在斯多葛主义哲学和民主实践中。

古希腊的交往世界和共同人类的想象体现于荷马史诗中。在城邦内部，由于普通

---

① WOOD A T. Review: the invention of humanity: equality and cultural difference in world history[J]. The American historical review, 2017: 1554-1556.

男性公民在战争的重要关头发挥作用,激起共同体感觉和平等效果,平民可行使的权力增加;在城邦外部,坚信宙斯的正义,遵循同样的荣誉准则和文明举止,构成了城邦居民和外邦人同为人类的基础。共同人类观可图示为一圈圈扩大的圆,由内而外,分别是男性贵族(互相尊重,彼此平等),希腊公民(首领与手下之间的相互依存),男性自由民和女性自由民(支持最低限度的文明行为法则),普通女性,野蛮人处于边界之外。宙斯的正义象征一种管理人类互动的最低限度的法则,这一正义观地理上处于以希腊为中心的地中海东部及中部,辐射各种旅行者,如朝圣者、商人、流浪者、逃亡者和海难幸存者,以避免人们在这个政治上四分五裂、城邦与小公国战争频仍的地区,因为遭遇不熟悉的"他者"而产生剧烈冲突。

更加关注普通人的赫西俄德,其共同人类理念更具包容性和普遍性,反映了希腊社会的变迁。在《神谱》和《劳作与时日》中,宙斯的统治从赤裸裸的专制转向道德法则的实施——全体人类都由众神所创造,承受共同的命运,因为放任贪婪和暴力而衰弱和堕落,只能通过正义和诚实的劳动找到出路。

随着希腊贸易和殖民的扩展,人们对于外邦人的了解有所增加,对文化差异的哲学思考才得以展开。公元前6世纪,色诺芬尼反思人的我族中心主义时指出,所有人都倾向于按照自己的形象来塑造神,人类的众神是崇拜者对自身种族神圣的夸张再现。为了寻求多样性的统一,色诺芬尼从各种地方神中抽象出"一位神"的概念,形成普遍性的哲学表述。但在实践中,平等并非不言自明的。公元前5世纪,在雅典的地域交往中,其民主制度确认了自由公民的平等权利,但同时排除了奴隶、外籍居民和妇女;雅典人基于实力说话,并不承认他们与其他希腊人的平等与互惠关系,在少数自由公民的平等之外形成不平等的等级结构,对"蛮族"的偏见更是其群体心态的一部分。但当社会变迁加速,城邦法律和习俗的不断变化,催生出智者的怀疑精神,对于智者安提丰来说,"蛮族"是中性的:每个人出生时都有可能成为一个"蛮族"。

希伯来《圣经》将人类的统一建立在创世故事的基础上,每个人都按照上帝形象创造,由此分享同等的尊严时,共同人类也在其中被"发明"。但与此同时,犹太人的迁徙以及与其他民族互动的历史也嵌入文本语境之中,展示出族群与教派(犹太教)的结合。上帝创世的故事蕴含人类的统一:亚当和夏娃在伊甸园偷吃禁果之后,人类从天堂的纯真走向历史的残酷世界,诺亚方舟之后,上帝明确禁止人类杀害同胞,巴别塔之后，上帝引入了文化差异。但如何处理文化差异？犹太人的历史记忆在文本中展开，上帝既是宇宙的造物主，也是以色列人的神，通过自诩为上帝的"选民"，他们将自身与其他民族冲突和战争的记忆汇入文本。人们因此听到，宣告共同人类的声音和发动圣战的声音同时回响。

先秦时期的中国也面对着族群交往中的文化差异议题。以儒家思想为例。孔子身处春秋乱世，时代灰暗残酷的境况促使他反思道德和政治的根基，形成了更普遍化和平民化的新的思想。对"仁"的阐发，强调个人如何在与他人的关系和互动中"成人"，对"礼"的阐发，强调以亲疏远近和社会等级，但同时结合个人内在的道德性情建构秩序，"君子"由此逐渐取代"贵族"。仁爱思想具有普遍主义倾向，但对"礼"的尊崇，区分出中心与边缘、文明等级有差的华夏和夷狄，但这并非绝对界限，儒者在维护正统秩序的同时，也带有"礼失而求诸野"的批判性。

在轴心时代的历史场景中，我们看到了"共同人类"的诸多变体。初步突破地域交往的思想创新超越了村庄、氏族的有限视野，想象出所有人都可以参与的更大的人类共同体，但其具体表现却经常是二元的，在试图囊括他者的同时，区分出自我与他者的高低等级。

三、交往扩展中文化差异的比较与反思

走出根深蒂固的我族中心主义和其他文化群体建构平等交往关系，客观上伴随着物质与精神交往的不断扩展这一背景，但关键在于能够从他者出发，站在他者的立场上观察自我，由此在比较与反思中平衡跨文化关系，形成交往理性的历史建构。

带有二律背反色彩的是，依靠由财富、军事、技术和观念优势建构统治关系的帝国，在客观上提供了交往扩展的动力。由地域性小共同体建构起跨地域的大共同体，帝国与传播由此结合。帝国体系也围绕着文化差异与共同人类展开。站在中心看边缘，帝国通过析出"野蛮他者"的他者性，将他者吸收、囊括在自身的文明体系之内；站在边缘看中心，"野蛮他者"以反帝国和平等的姿态，对帝国霸权及其优越感展开批评。在中心和边缘的互相转换中，人们得以超越民族中心主义，摆脱其常识上的"现实主义"。

作者提及古希腊史学家希罗多德（公元前5世纪中叶）、中国汉代史学家司马迁（约公元前100年）以及古罗马史学家塔西佗（约公元100年）和罗马帝国时期的斯多葛学派（大致为公元1到2世纪）。他们较少从宗教或哲学立场出发，更多地依赖于与贸易、交换、征服和帝国扩张引起的混杂网络的直接接触和反思，这构成早期的"人类学转向"。对帝国及帝国边疆"文化他者性"的理性思考，使他们意识到应该研究邻近文化的价值，加深对异文化的了解，以便在更深层次上了解自己。

希罗多德的《历史》是为希腊公民写作的异邦见闻。波斯国王大流士一世的"人类学实验"印证了文化相对主义的观点：希腊人无法接受吃掉死去的父亲的尸体，而印度人则将火葬视为可怕的行径。在对边疆民族的叙述中，希罗多德以环境解释其文化的功能，他们的游牧生活适应草原环境，形成特定的军事游牧技术以及特定的食物、服饰和丧葬风俗。在此，外国文化中那些奇特属性的任意列举，变成了对文化功能模式的基于环境的解释；无知的民族中心主义被有见识的批评所取代；同时，希罗多德还通过想象外国人如何回看自己，从而颠覆习以为常的熟悉与陌生的等级体系。希罗多德由此指出，统治者的傲慢、帝国建立者的野心勃勃、波斯自觉比斯基泰和希腊优越、希腊自认比埃及和波斯上等，这些都是愚昧的。

司马迁的《史记》以大量地理学和民族志内容进入文化差异的语境。匈奴的生产方式、作战方法、性别制度、荣誉准则、饮食、服饰和住房与汉人的差别较大，但在边疆人民的往来中，汉族也吸收匈奴的生活方式，不同的文化在长城的边境两边相互渗透。他借故事人物执行史家的批判职责：投靠匈奴的汉人中行说以匈奴为主位解释匈奴文化，指出其生活方式适应于他们赖以为生的草原环境；在汉人看来"野蛮"的婚俗，确保匈奴社会在连年征战中存续；军事游牧技术使他们免于被人口更多的汉人统治。以匈奴为对照，形成对汉朝社会的批判，中国地大物博，但大多数汉人却仅为薄酬辛苦劳累，少数精英则沉湎于奢侈享乐。中行说的发言展示了司马迁对匈奴如何看待汉人的想象，反转凝视的目光，经由他者反观自身。

塔西佗的历史和民族志写作描绘了一幅关于罗马帝国和蛮族敌对者的矛盾景象。一面是罗马帝国的扩张与罗马化，另一面是罗马内部的政治腐败、危机和边疆民族的反抗，形成了比较观察。蛮族热爱自由且道德纯粹，但尚未开化，无法建立真正的国家，帝国虽然是罗马荣耀的象征，却被因残忍无情、荒淫不检和贪婪无度而臭名远扬的统治者所掌控。但反抗者常常使用压迫者的工具反抗，正是适应罗马文化，掌握罗马的技术和军事经验，蛮族领袖才得以明确表达对帝国统治的批判。不平等与平等的动态在历史过程中环环相扣。

伴随着帝国扩张，帝国中心的视野下也产生了一种文化融合式的思考。斯多葛学派在帝国城市生活背景下，超越城邦认同，产生了"世界城邦"和"世界公民"的思考，将理性的主宰置于国家之上，宗教、种族、性别、等级和地区差异被少数的智者和多数的愚者的差别取代。斯多葛学派将"世界城邦"现实化为同心圆的构型，从内向外推扩，包括家庭成员和亲戚，自己的祖国同胞以及已知世界的所有居民。以帝国观帝国，文明等级论建构不平等关系，为教化使命提供动力，但被教化者必须具有被教化的潜在可能，由此，现实的不平等也意涵潜在的平等，地理和文化的多样性被驯化于观念的统一性之中。

除了帝国之外，宗教传播也表现出交往普遍化的历史趋势，世界性的宗教如基督教和伊斯兰教，起源于特定地方，但当一神论信仰遭遇交往空间扩展时，普遍主义的承诺就牵引它们远离地方根源，信徒和异教徒之间真理与谬误的二元论为其扩张提供了动力，并嵌入传教、改宗、圣战和帝国征服之中。

交往的扩展使宗教中心与政治或民族中心不再一致，由耶稣领导的传教运动和宗教改革就必须以更加普遍性的语言重新解释"摩西五经"。在向罗马帝国的其他地区宣教的过程中，耶稣运动逐渐转变为早期教会并建立起基督社群。在宗教传播中，道德准则的一致性被强化，道德也不再局限于内群体，平等化许诺宣扬了跨文化的精神平等。但精神平等并不意味着社会平等，基督教同时承认政治、经济以及性别等级秩序的现实，甚至与帝国秩序和扩张相结合。另外，信仰的悖论在于，基督徒声称有权使世界各地的人民皈依乃至强制皈依，但几乎不允许其他宗教的宣扬者踏足自己的土地。

伊斯兰教也兴起于帝国边缘和文化冲突之中，随后成为北非和西亚地区的强大帝国的宗教载体，在阿拉伯帝国的迅速扩张中起着举足轻重的作用。到8世纪中期，伊斯兰教也成为一个涵括很多民族、文明和信条的庞大帝国的宗教构件，面对如何管理多民族和多语言的共同体的问题。

面对宗教和文化差异，穆斯林神学家将世界分为伊斯兰之家和战争之地，住在伊斯兰之家的其他"有经人"(如犹太教、基督教徒)享有自治权利,但必须支付人头税,同时,异教徒也面临着皈依伊斯兰教、死亡或者移居的抉择。强迫和宽容的组合显现于不同情境。当伊斯兰世界处于亚欧大陆贸易通道的交叉路口,经济活动和文化多样化发展,建构起游历、生产、贸易、朝圣的网络时,更有助于宗教宽容的一面。公元1000年,伊斯兰世界包括了西非的大片领土,在中亚已与印度半岛的西部边境接壤,成为"中世纪伟大的媒介文明"。人口、货物和金钱在遥远距离间自由流动,为文明比较、宗教宽容和在跨文化互动中建构新的人类共同体的想象提供了机缘。

伊斯兰世界的哲学家比鲁尼(973—1048)在多次陪同君主征战印度的过程中,对印度的科学和宗教文化产生兴趣,并学习梵文以获取一手知识,写成了《关于印度各种思想的探究:那些可以理性接受的与那些必须拒绝的》一书。他在文明比较和印度语境中解释印度文化。在古典编年史中,他阐述了各民族对大洪水的不同看法;阐释印度教体制,将其多神论信仰与希腊人关于宙斯和众神的观念做比较;区分印度教和种姓制度中普遍主义的人类观和具有社会排他性的人类观;讨论印度教与基督教的道德准则的相似性;比较印度的婚姻法与前伊斯兰阿拉伯人、古波斯人和犹太人的婚姻法。借由大量比较观察,他提示读者注意已知世界宗教和习俗的多样性,平等地看待文化差异的意味包含于其中。

理论家伊本·赫勒敦(1332—1406)在"媒介文明"建构的交往空间中,对世界历史进行了全新思考。在他的世界性视野中,席卷欧亚大陆的大瘟疫以及蒙古人的毁灭性入侵等事件,为世界历史提供了动力;各民族文化有差别,是因为他们的生存方式各异;从种植业、畜牧业到城镇经济,是财富积累的结果,乡野居民和城镇居民各有优缺点。由此,赫勒敦在伊斯兰教普遍主义之外创造了新话语,其一是历史的文明人与非历史的野蛮人,其二是将人类视为由宗族、部落、城镇、城邦和帝国构成的群体,在世界范围内相互交流和联系,越出伊斯兰共同体的想象,形成了人类共同体的想象。

四、世界交往中的不平等关系及其批判

由欧洲扩张所开启的世界历史进一步朝向人类的"普遍交往"。全球传播的建构

使从前"地方就是世界"的区域性交流状态进一步朝向"作为世界的地方"①的地方与地方之间的全球性连通转变。但这种连通被不平等关系所结构。

欧洲入侵美洲所形成的大西洋边疆,既是由枪炮、病菌与钢铁所拓展的实在的边疆,也是由文明和野蛮关系所支持的想象的边疆。尽管有许多传教士不断批判残酷血腥的殖民活动,但面对现实,"原住民能够运用理性"和"只有在不伤害他人的前提下才能游历和贸易"的辩护太过理想化,即使提倡"世界共同体"的政治语言,也仅仅表明欧洲大国拥有向世界各地派遣武装"游历者"和军舰的权利。原住民被置于基督教的神圣历史以及从野蛮到文明这两种时间性之中:神圣历史中的原住民是受魔鬼蛊惑的"他者",世俗历史中的印第安人地位平等却落后,也没有未来可言。文明与野蛮,理性与非理性,分属于欧洲与他者。

法国的蒙田(1533—1592)在欧洲殖民活动早期对蛮族概念的解构成为共同人类观念的重要资源。在1563年法国国王加冕庆典活动中,蒙田与仪式表演中的亚马孙森林的图皮南巴人进行了交流。"野蛮他者"的目光凝视于所谓的文明人身上:为什么如此多身体强壮和全副武装的人居然臣服于一个小男孩?为什么穷人没有消灭富人,或者让他们的高楼大厦被付之一炬?他者的诘问质疑了天经地义的现实。《随笔集·论食人部落》(1580年)也谈到图皮南巴人,蒙田指出,他们的食人行为与饥饿和食物匮乏无关,是对敌人的极端报复形式。但从理性的规则来看,欧洲的野蛮在各个方面都超过他们。宗教战争摧毁了神圣历史的基础,催生了蒙田对文明的质疑:我们对自己的缺陷视而不见,却厚颜无耻地谴责他人的不足。共同人类和自我批判体现于这些话语之中,在接下来的几个世纪里,这种思考的力量越来越大,并在启蒙时代实现起飞。

17世纪开启的启蒙运动提示着观念扩展的历史条件。全球殖民、贸易与传教带来大量关于文化差异的材料(如游记和民族志);欧洲内部的宗教战争和欧洲与其他大洲居民之间的宗教冲突造成困境;各大洲知识的汇集在欧洲演化出百科全书的想象,为智识增长,怀疑自身传统,寻找新的普遍性提供了便利;多元化的媒介逐渐取代单一的教会:学院、大学、沙龙、学术期刊、通俗杂志、阅读俱乐部、咖啡馆、百科全书、词典、

---

① 王铭铭.作为世界的地方[J].文艺理论与批评,2023,219(1):111-127.

天文台和实验室,在这一知识与媒介环境中还产生了舆论。现代平等在这一情境中被发明。

作者将现代平等的发明追溯至笛卡尔。笛卡尔以普遍怀疑的方法强调了心灵的自主性:人人有理性;理性面前,人人平等。这种认识论的平等主义为批判性思维开辟了路径。在不久后,德拉巴尔就沿着笛卡尔的路线发展出了一种对男权至上的社会批判,他以理性主义和生物学论证了男女平等,指出不平等的性别制度是社会和历史建构的结果。这种批判也延伸到等级和全球文化差异的辩论之中。

启蒙运动的理性批判摧毁了不平等的传统基础,自然平等成为共同人类的特性,不平等反而必须通过理性论证才能正当化。但这并不意味着跨文化交往的改善,因为不平等的现代话语也在理性论证中成型,包括论证经济不平等的政治经济学、性别不平等的生物心理学、科学种族主义的人种划分、将人类按时间尺度和"先进"程度排序的历史哲学。西方式现代平等展现出两面性:一方面,平等意味着所有人类都要摄取西方启蒙文化;另一方面,平等意味着在尊重他人自主权的条件下,以自己的方式追求幸福的平等权利。欧洲人与"他者"交往中常常遭遇这种两面性。后一种平等在19世纪"他者"的革命、反抗与批判中不断深化,但仍受限于前一种平等。

以法国大革命中的我者与他者的关系为例,当法国大革命承诺了普遍主义平等后,犹太人的公民身份问题立即浮现。"他者性"的塑造使犹太人长久地与欧洲的社会交往相隔绝,反对给予犹太人公民权的声音指出,犹太人是有自己的法律、习俗、服装、语言的"民族",不与基督徒邻居交往,不与社群外的人结婚,从事商业,不事农业,不会成为"真正的法国人"。然而,支持现代平等观的声音指出,犹太人的恶习是长期受压迫造成的,他们渴望成为法国公民,可以通过同化"提升"为有用和忠诚的国家成员。这种声音同时转化为同一性话语,损害犹太人的自主权,许多犹太社区对此游移不定。

法国大革命也激发了性别平等的抗争。女性在"启蒙"的鼓舞下向三级会议请愿,表达她们对社会和政治的不满。但革命后,激进的平等未成为现实。宪法认定只有男性才有资格成为正式公民,同时必须有法国国籍、固定住所、年满二十五岁,以及缴纳直接税。尽管许多人继续主张女性的权利,但性别的藩篱阻碍着平等概念的自我实现。罗伯斯庇尔利用革命妇女俱乐部的宣传来对付温和派对手,但当她们表现出独立的迹象时,政府就把剩下的妇女俱乐部都关了,甚至处决了那些最著名的女性主义者。

普遍平等还促使海地的奴隶革命爆发。当巴黎革命的消息传至殖民地,有色人种趁此主张个人权利。与白人殖民者协商的失败,使有色人种自由民的反抗与奴隶起义同时爆发,推翻殖民统治,建立共和国。尽管拿破仑的远征军在 1802 年收复了该岛,但平等话语更长久地凝结于人们的观念中。平等语言在此展现了它的多元性:在奴隶起义中,奴隶领袖们以启蒙的自然平等使法兰西共和国的代表羞愧,以基督教的人类同胞的平等尊严得到非正统天主教徒的认同,以非洲自由的鲜活记忆和"好国王"的统治唤起追随者的共鸣。平等化的动态处在抽象的人权平等与实际的殖民利益之间,对帝国种族主义和奴隶制不平等关系的批判构成跨文化传播平等化的历史动力。

五、结语:文化差异与共同人类之间的交往实践

经由"革命的年代"(1789—1848)和"资本的年代"(1848—1875),白人的全球霸权在"帝国的年代"(1875—1914)达到顶峰。与此同时,全球的反殖民主义、反种族主义以及民主思想也日益兴起。"极端的年代"(1914—1991)的一战、二战和冷战,使人类联结为一个危机重重、冲突不断的共同体。对于平等的追求贯穿于这一时期的战争、革命和解放的历史之中。残酷的第二次世界大战结束后,欧洲殖民主义走向终结,个人人权和民族自决成为最突出的普遍主义要求,个人的全球平等和种族及民族的全球平等表达在《联合国宪章》(1945)和《世界人权宣言》(1948)的文本中,成为世界各地的民众撬动各种不平等的社会秩序的支点。对于历史经验的理性反思指向平等交往实践如何深化:以平等为支点,文化差异与共同人类成为动态平衡的两种因素。

首先,不同文化间存在不同的历史经验和视域,文化差异和分歧确实存在,但不同文化也可以就人权问题以及全球性的社会和经济权利达成共识。"历史的终结"的想象限制了对文化差异的深入了解,而文化差异的简单化和固化将引向"文明的冲突"。事实上,即使在文明内部,也存在着统一性和多样性的辩证,而文明间的冲突多数是帝国冲突的借口。基于对不平等关系的批判,人们需要在承认同等尊严的同时进一步转向文化间多样性互通的交往实践。

其次,面对文化差异的积极实践成为建构人类共同体的关键。人们努力将跨文化交往中的文化混杂性纳入自身的社会文化秩序,但同时被所吸纳的文化因素改变,因

此,人们本身就已是"文化多元"的存在。人们在抽象层面上承认共同人类的"消极"平等之外,还需要更加"积极"的平等,以人类学家的姿态在他者与自我之间展开有效的跨文化传播实践。其中,内含共同人性、机会平等、伦理融合等方面的文化平等可作为这一实践的规范性基础,与此同时,需要寻求实现平等的切实措施,例如,对文化平等和差异的协商、以人为目的、倾听与自我批评、建构跨文化空间和跨文化美德、保持文化敏感并发展正反感情并存的复杂心理。①

最后,对于不平等的体认以及谨慎对待平等的局限性是合理的补充。考虑到人们的我族中心主义思维的根深蒂固以及以二分法等差异化方法划分世界的倾向,文化不平等总是现实地发生。共同人类和平等观念具有阈限性,处于社会文化结构转型中的文化杂合空间,平等交流的情境也潜在显示不平等交流的存在。比如在民族国家内部宣称的平等常常以各种不平等为基础,既没有解决"超越国界的公民身份"所带来的法律复杂性,也没有解决共同人类之间的横向平等与民族国家等级制度内的纵向不平等之间的交叉问题。经济力量的差距,政治权力的大小,始终存在于现实背景之中。②因此,人们必须认识到,作为人类跨文化交往的支点,平等并非现代神话,而是一种历史理性。

---

① 何包钢,秦丹.文化平等之辩[J].华中师范大学学报(人文社会科学版),2014,53(3):51-60.
② MCMAHON D M. To write the history of equality[J]. History and theory, 2019, 58(1):112-125.

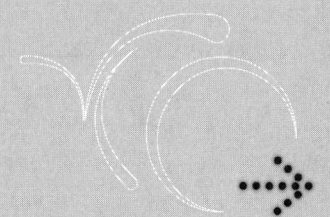

跨文化路径

"核符号学":跨越深时间的文化传播思想实验*

◇ 胡易容 康亚飞**

摘 要 作为全人类共同面临的世界性难题,核废料存储工程对媒介与符号传播的深时间跨度要求,越出了传统媒介讨论的尺度,引发了关于"媒介与符号深时间"问题的探讨。本文以"意义通达"为标的,展开了"基于时间跨越的文化传播思想实验"。文中回溯了"核辐射警示标志"传播设计演变史,梳理了以符号学家西比奥克"跨越万年的传播方法"理论思考的关键点,反思了所谓"核符号学"命题的本质,并在此基础上界定了"深时间"的传播符号学含义,指出"核符号学"命题不可实现的症结在于脱离"人类文明"的"文化跨越"悖论。这一思想实验也为"跨文化传播"提供了时间维度的一个例证。

关键词 核符号学;深时间;核祭司;媒介偏倚;跨文化传播

---

* 本文系国家社科基金重大招标项目"当代艺术提出的重要美学问题研究"(项目编号:20ZD049)及国家社科基金冷门绝学专项课题"巴蜀符号谱系整理与数字人文传播研究"(课题编号:20018VJX047)的阶段性成果。

** 胡易容,四川大学文学与新闻学院教授,博士生导师,四川大学符号学-传媒学研究所研究员,电子邮箱:hyr@scu.edu.cn。
康亚飞,西南政法大学新闻传播学院讲师,电子邮箱:294926750@qq.com。

"Nuclear Semiotics": A Thought Experiment in Cultural Communication Across Deep Time

Yirong Hu, Yafei Kang

Abstract As a world-wide problem faced by all human beings, the deep time span required by the nuclear waste storage project for media and symbolic communication is beyond the traditional scale of media discussion and has led to the exploration of the issue of "media and symbolic deep time". With the objective of "access to meaning", this paper develops a "cultural communication thought experiment based on time span". In this paper, we retrace the history of the evolution of the communication design of "nuclear warning symbols", sort out the key points of the theoretical reflection on the semiotician Sebeok's "communication measures to bridge ten millennia", and reflect on the nature of the so-called "nuclear semiotics" proposition. On this basis, he defines the meaning of "deep time" in communication semiotics, and points out that the crux of the unrealizable proposition of "nuclear semiotics" lies in the "cultural leap" away from "human civilization". The paradox of "cultural leap" from "human civilization" was pointed out. This thought experiment also provides an example of the temporal dimension of "intercultural communication".

Keywords nuclear semiotics, deep time, nuclear priests, media bias, intercultural communication

一、引言:核废料难题引发的跨文化传播思想实验

(一)跨语际传播的工作假定

大航海时代以来,不断发展的全球化造成的一种印象是,跨语际的"符号传播"已经不再是问题。现代通信技术和机器翻译,几乎已经让全人类"普天同文"了。然而,这一稳定、连续而彼此相通的跨语际传播是以人类社会的延续性和一体化不断增强为基本假设的。而这一假设所经历的历史时间仅有短短数千年。反之,若发生严重的文明断裂,符号传播的跨越如何实现?——这是本文主要讨论的"核符号学"命题的缘起。

仅截止到2000年,世界上最具代表性的核废料钚的总量大约为1645吨,其半衰期长达几万年、几十万年。众所周知,核废料具有极强的放射性,如何安全、永久地处理核废料是人类当前和未来长期面临的一个重大课题,也是一个世界性难题。美国已经通过立法,在西部内华达州的沙漠无人区存放核废料;俄罗斯在西伯利亚无人区建立了核废料存放地。目前的核心考虑,仍是工程学问题。但事实上,如何以有效的传播方式,尽可能保障在经历文明变迁的万年之后,人类仍能够准确地理解"核辐射危险标志"及其相关说明,而避免错误地开启、挖掘行为,这就不得不成为一个跨文化传播的问题。即便媒介存储技术无碍,我们又能否保障符号文本解码的有效性?

这个问题看似杞人忧天,但只要对人类有限的符号传播史稍加回顾就知道,在没有连续稳定文化传承的情况下,符号的可解读性会遽然降低。仅仅数千年前的许多古文字,今人就无法解读。而我们如今能够破译楔形文字,依靠的则是具有偶然性的"文本对照"。

(二)思想实验方法的引入

相比目前政权的短暂历史,核废料万年半衰期的时间长度远远超越人类历史上任何国家和政权的延续周期,对其思考需要涉及的时间跨度也必然超出人类可观察文明的长度,因此,这种研究不得不是思想实验意义上的。

思想实验在世界科学史上举足轻重,伽利略的重力实验、爱因斯坦的追光实验、薛定谔的猫和普特南的缸中之脑等,都是著名的案例。对思想实验的研究做出开创性工作的是恩斯特·马赫。他在其《认识与谬误》一书中提到,"除有形实验(physical experiments)外,还有在较高理智水平上使用的其他实验,即思想实验(thought experiments)"①。在他看来,通过想象条件,并把期望与条件结合起来去推测结果的方法就是思想实验。在物理领域,甚至是数学或其他领域,思想实验都十分重要。

诺顿是思想实验研究中"经验论主张的代表"②。他将自己的见解与布朗的观点加以比较后,认为布朗将思想实验看成"扮演着重要角色之物"与自己的观点恰恰相反,因为思想实验实则并没有多么特别(extraordinary)。"思想实验没有提供新的实验数据(new experimental data)"③,而是重组了现实中人们已经拥有的经验知识,使之更明晰地呈现。布朗提出了"柏拉图式"的思想实验。库恩从科学革命的视角出发,认为"思想实验的结果可能与科学革命的结果相同;这些思想实验可以使科学家用他以前不能达到的知识作为他的知识的不可分割的部分"④。这也就是说,思想实验并不提供关于世界的新的信息,而是有两个重要作用:"第一,揭示自然界不符合于以往坚持的一套预测。此外,它们可以提示一些具体的途径,今后都必须通过这些途径来修正预测,也修正理论。"⑤

各学者虽然对思想实验的定义存有分歧,但大抵都同意思想实验是依靠头脑的想象而进行的逻辑推演。本文关于核辐射标志传播限度的考察就属此列。人类为了达到传播的持久性,采取过许多办法,层出不穷的储存介质就是这一努力的见证。正因如此,如何最大限度地保持传播过程中意义的稳定成了传播的终极目标。因此,思想实验的方法在这里就凸显出了它的优势。由此,我们以核辐射半衰期时间长度为条

---

① 马赫.认识与谬误[M].李醒民,译.北京:华夏出版社,2000:187.
② 赵旭.思想实验究竟是什么?——以纠缠实验的两种状态为例[J].自然辩证法通讯,2017(9):137.
③ NORTON J D. Are thought experiments just what you thought? [J]. Canadian journal of philosophy, 1996:333-366.
④ 库恩.必要的张力:科学的传统和变革论文选[M].范岱年,纪树立,等译.北京:北京大学出版社,2004:260.
⑤ 库恩.必要的张力:科学的传统和变革论文选[M].范岱年,纪树立,等译.北京:北京大学出版社,2004:257.

件，以符号传播过程中的外部因素为变量，以有效达成意义传播为目标，来展开"符号传播思想实验"。换言之，是考察在文化连续性要素发生重大变迁之后，符号是否仍具有足够清晰的传播效力。

二、核废料难题与"传播时间"问题

（一）时间尺度与深度的转换

1. 时间计量的空间转化

核废料处置问题的关键点在于"时间"。通常，时间是一个客观自然量，但实际上任何"客观"都是在人的理解和认知当中发生的"意义指向"。一旦进入人的意义世界之中，自然时间就成为基于特定方式计量或表达的"媒介时间"，它背后所包含的是人类文化的技术逻辑、尺度和相应表述方式。不仅如此，技术逻辑尺度还通过计量方式联结了时间与空间两个维度。根据1983年国际度量衡大会（CGPM）的定义，空间长度"一米"被定义为"光在真空中行进1/299 792 458秒的距离"，也即长度这一空间单位是通过时间计量被表述的。相应地，"光年"这一单位的称谓体现了大尺度上以"时间"的方式定义空间距离。本文探讨的主要对象，即构成核废料的放射性物质，其本身即是人类界定时间的重要技术逻辑尺度之一。并且，不同元素的衰变周期横跨了人类已知可测定的几乎所有时间尺度：如砹213的半衰期为125纳秒（0.000000125秒），铀-238的半衰期几乎与宇宙同龄，约45亿年；已知半衰期最长的元素铋209的半衰期为1.9×10^{19}年，是预估宇宙年龄的10亿倍。人们熟知的"放射性碳14年代测定法"即是以碳14的半衰期5730年为参照标尺，通过测量古代生物遗体经过衰变后碳14的残余量或放射强度来估算其死亡年代。

2. 媒介时间的文明尺度

彼得斯（John Durham Peters）将这种经由人类技术介入自然尺度建构起的人类与世界的关系视为一种"媒介化的基础架构"，并将这种类型的媒介界定为"元素型媒介"(elemental medium)。在他看来,元素型媒介是理解人、社会与自然的关系的线索。① 尽管时间与空间从内在逻辑上最终能实现某种程度的贯通,但在现实社会生活中,它们却代表了不同基础架构的媒介建构方式。伊尼斯等媒介学者早就注意到了媒介的时空偏倚问题。伊尼斯将媒介划分为"时间偏倚"与"空间偏倚"两种性质。② 显然,核废料处置的关键点在于时间,而非空间。不同的是,这里的时间远远超出了日常时间尺度。当这个尺度大到一定程度,就不再是单纯物理意义上的延长,而成为一种内涵有所不同的"深时间"(deep time)。"深时间"一词来源于地质学领域,用以描述地质变迁的大尺度时间,其单位是世、纪、代、宙。③ 学者齐林斯基(Siegfried Zielinski)将深时间这一概念用于媒介考古学时提出,应当越出"媒介概念"和其发生发展的19世纪以到达时间更深的地方。在他看来,时间在纵向上延展深度,同时也意味着水平面的广度的扩展,由此,艺术、科学和技术之间的复杂相互作用被纳入考察视域。④

3.溢出文明的媒介深时间

齐林斯基的思考路径提供了关于媒介与文明之间关系的有益启示。以伊尼斯为代表的媒介理论家往往将一种媒介与特定文明形态相联系。例如,在谈论佛教的传播时,他认为,"宗教控制之下的知识垄断与时间相关,以羊皮纸这种媒介为依托。这种知识垄断因为纸的挑战而瓦解"⑤。换言之,媒介环境学派讨论的媒介深刻植根于文明发展内部的"基线"。而齐林斯基则主张"根本就没有所谓基线"⑥,这启示我们越出连续演化文明的思维局限,探索更为深广且非连续性的"媒介深时间"。相比于国家政权的短暂历史,核废料以万年乃至十万年计的无害化周期将超越国家、民族、文化以及语言变迁,甚至超越我们以现有知识认知对世界走向的可预见范畴,从而成为一个跨越深度时间进行媒介和文化传播的宏大问题。

---

① PETERS J D. The marvelous clouds: toward a philosophy of elemental media[M]. Chicago: University of Chicago Press, 2015:213.
② 伊尼斯.传播的偏向[M].何道宽,译.北京:中国人民大学出版社,2003:27.
③ 麦克法伦.深时之旅[M].王如菲,译.上海:文汇出版社,2021:13.
④ 齐林斯基.未来考古学:在媒介的深层时间中旅行[J].唐宏峰,吕凯源,译.当代电影,2020(4):42-48.
⑤ 伊尼斯.帝国与传播[M].何道宽,译.北京:中国人民大学出版社,2003:144.
⑥ 齐林斯基.未来考古学:在媒介的深层时间中旅行[J].唐宏峰,吕凯源,译.当代电影,2020(4):44.

(二)核废料处置中的媒介与符号

核废料处置被视为一个媒介问题,不仅在于媒介自身具有时空间的内在属性,还在于其跨介质连接的转换功能并最终连接"人"这一终极对象。在伊尼斯的媒介分类中,既包括石碑、印刷术这样的传播技术,也包括文字、语言这样的符号方式。麦克卢汉声称自己关注的是"一切形式的货物运输和信息传输,包括隐喻的运输和交换"①。这种广义的媒介观贯通了媒介与符号的边界,有助于理解两者的"一体两面性"②,但无论是从传播形式还是目标来看,两者都存在很大的差异,这种差异对于本文考察的核废料传播符号学的区分尤其重要。麦克卢汉所说的"货物运输"侧重实现"时空转换",而一旦这种转换完成,目标即达成;但信息或隐喻的传输在转换形式上和目标上都有所不同。

从传输形式来看,信息和隐喻的传播虽然也包含时空转换,但其实质是一种"复制"和"再现"行为——信息本身并不因为传输而减少(复制),且从传输发出地的初始信息才是确切无误的"源信息",传输目标点的信息必然是包含了噪音和损耗在内的"副本"(再现)。更重要的是,信息或隐喻的传输目标并不是"跨越物理时空",而指向理解或认知。简言之,"货物运输"和"信息(含隐喻)传播"的本质区别在于,前者指向物理时空的跨越,而后者旨在实现意义共享和交流。对后者来说,时间与空间的跨越则只是过程、手段,而非目标。现实生活中,人们往往过于关注物理上可见的"介质"或"技术",而忽略同样代表文明发展成果的"符号编码"(实际上符号也可视为一种技术)。在讨论核废料处置的传播问题时,有必要将两者更清晰地分开以凸显它们各自的独特性。核废料的处置包含了上述两种广义的传播需求。

从媒介的物理介质维度来看,作为货物的核废料存储属于工程学技术问题——负责将核废料这种特殊的"货物"安全运输到数万年之后。只不过,与人们通常所说的运

---

① 麦克卢汉.理解媒介:论人的延伸[M].何道宽,译.南京:译林出版社 2011:111.
② 如刘建明将由技术性要素构成物理介质称为"质媒"或"硬媒介",而将"符号"和"隐喻"视为"软媒介"。刘建明.媒介多维概念及内涵的甄辨[J].西部学刊,2018(7):88-91.

输不同的是,在核废料运输中,物理空间未必需要发生转移,而可能只单纯跨越时间维度。① 但仅仅有媒介进行可靠的"货物传输"还不足以保证安全。除了存储的工程学问题之外,最大的不确定因素主要来自包括错误开掘在内的人为破坏。2004 年,美国华盛顿州汉福德区挖出曼哈顿工程遗留的武器级别的钚 239。在不到一个世纪的短暂时间后,危险警示标记已不能有效阻止人们挖掘。若将这一情形放大至全人类,要对分布在全世界不同国家的核废料(总量已超过 25 万吨且还在急剧增长)实施跨越万年达成有效传播,其困难程度可想而知。② 这需要通过相应的符号策略来跨越时间以达成"意图定点"传播。由此,如何有效传播就成了核废料存储工程技术之外最重要的目标之一。如何保障在经历文明变迁的万年之后,未来的人们仍能够准确理解"核辐射危险标志符号"及相关说明,从而避免错误的开启、挖掘行为的出现?

三、从核符号传播实践到"核符号学"的理论探索

(一)辐射警示符号生成与演变的文本分析

1946 年,由加州大学伯克利分校辐射实验室设计的第一个核辐射标志问世。该标志以蓝色为背景色,辐射标记符号是一个洋红色的"三叶草"(Trefoil)图案(见图 1)。当时参与设计的辐射实验室生化健康组负责人伽登(Nels Garden)解释说:"选用蓝色背景是因为在使用放射性物质的房间里,墙壁或工作台很少是蓝色的,在这种场

---

① 核废料处置的媒介工程学问题已得到世界范围的关注。核废料填埋的工程技术——负责处理"货物运输"的方案正在逐渐走向成熟。其中,比较典型的是芬兰昂卡洛(Olkiluoto)核设施处置方案。2015 年 11 月,芬兰政府首次批准了建立深层仓库,来掩埋核废料。预计在 2023 年前后,芬兰会将多达 6500 吨的铀打包进铜罐并埋进隧道网络中隔离。昂卡洛核设施预计于 2100 年满载,届时,芬兰政府将推毁入口通道,填平整个设施,并通过就地掩埋的方式将核废料对环境的影响降到最低。相对于地质年代来说,万年计的自然环境相对稳定,可预见性相对较好。芬兰昂卡洛核设施作为全球领先的深地层填埋场,其设计施工就考虑到了未来 5 万到 15 万年全球进入新一轮冰河时期温度下降对基岩的各种可能影响。芬兰政府就地掩埋的策略既能降低运输的风险,又在媒介偏向上体现了去空间化的极致时间指向。

② IAEA. Status and trends in spent fuel and radioactive waste management[R]. IAEA nuclear energy series No. NW-T-1.14,2018:1.

合下,蓝色比较容易识别;采用洋红色则是基于它的成本壁垒考虑——当时这种颜色的颜料价格昂贵,其他标志很少会采用这种颜色,不易混淆。"①

图1　加州大学伯克利分校辐射实验室设计的
电离辐射标志

可见,该符号设计之初有明确的差异化识别意识。只不过,这种差异化意识涵盖的受众面还较窄,且缺乏对于时间长久性的考虑。从设计的使用场景设定来看,设计者仅仅考虑到区别于其使用的特定工作场合;而试图通过颜料的经济成本高来构筑壁垒极不可靠,它在彩色印刷技术的发展中自然失效了。此外,这个设计配色也缺乏专业设计工作者的视觉认知心理的考虑。比如,从视觉生理角度看,在大自然中出现概率大的蓝色通常给人宁静平和的心理暗示,它并不是很好的警示色。再则,由于缺乏对色彩户外耐久性等方面的综合考虑,蓝色不仅在使用中显得比较暗淡,且在户外经受阳光照射非常容易褪色,设计改进势在必行。

在20世纪40年代和50年代早期,曾出现过伯克利设计的各种变体,较常见的是在螺旋桨叶片之间或内部包含直或波状箭头的标志(见图2)。②

1948年美国能源部(US Department of Energy)下属的橡树岭国家实验室(ORNL)的雷(Bill Ray)和沃里克(George Warlick)与加州大学伯克利分校辐射实验室探讨后,在保留伯克利方案设计形态的基础上对颜色做出了修订,用黄色替代了蓝色作为底色(见图3)。到了20世纪50年代后期,美国ANSI标准和联邦法规确定了

---

① Museum of Radiation and Radioactivity. Radiation warning symbol (trefoil) [EB/OL].[2022-10-02]. https://www.orau.org/health-physics-museum/articles/radiation-warning-symbol.html.
② STEPHENS L D, BARRETT R. A brief history of a "20th century danger sign" [R]. San Francisco:Lawrence Berkeley National Laboratory, 1978:1.

图 2　20 世纪 50 年代早期伯克利设计方案的两种典型变体

今天使用的警告标志版本,并规定允许使用黑色作为洋红的替代色(图 4)。事实上,黑色配黄色是美国以外最常见的颜色搭配,新的黑黄配色的标准电离辐射标志沿用至今(在美国本土,洋红的配色仍很常见)。我国 2002 年颁布的《电离辐射防护与辐射源安全基本标准》中的电离辐射防护与安全警示标志的形制沿用了该标志的设计。

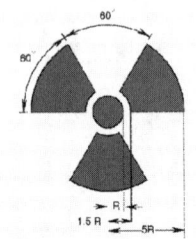 

图 3　美国橡树岭国家实验室修订颜色后的电离辐射标志　　图 4　ANSI 标准确定并沿用至今的黑黄配色标志

不过,核辐射符号的设计改进远未结束。最初的警示符号设计语境是在少数受控环境中,潜在接触者均接受了严格的安全培训。由于"三叶草"形态的使用原因与其最终的示意效果之间已经缺乏一眼可知的直接理据联系,这就意味着"三叶符号"属于专业性强的高门槛限制性符码,在实现传播时无须考虑小众目标对象之外的其他观看者的理解门槛。关于加州大学伯克利分校辐射实验室设计方案的创意来源的解释众说纷纭。一种说法是,该方案的形态"表示原子辐射的活动的形态"[①];也有说法称,中心的圆代表辐射源,而三个叶片分别代表 Alpha、Beta 和 Gamma 射线。而当时的美国橡树岭国家实验室医学部主席马绍尔·布鲁斯(Marshall Brucer)认为,这个符号的设计可能源自旋转的螺旋桨,并指出它受到当时用于伯克利附近海军干船坞螺旋桨警示标志的启示;另有说法表示,这与当时的日本军旗有一定关联。[②] 这种无法确认自然物源头的情形恰恰说明,该标志的抽象程度已经使得它远远越出了符号的像似理据性,进入了一个高度规约化的范畴,需要社会语境为其提供解码的元语言。

新的问题在于,随着原子能科技的迅速发展和核能的广泛应用,电离辐射已经越出小范围的专家群体进入普通民众的日常生活。这意味着辐射警示符号的潜在对象从小范围专家群体急剧扩大到包括未受过教育的群体在内的普通民众。这对该符号的抽象化限制性设计提出了巨大挑战。2000 年,泰国一位叫阿隆(Aroon)的拾荒者因接触废弃的放射性元素钴-60 而不治身亡。当时,废弃场的所有明确辐射标志并未被拾荒者正确解读。阿隆的死引起了一定关注。次年,在布宜诺斯艾利斯召开的国际原子能安全会议上,与会者提出设计新的辐射警示标志的建议。随后,人们围绕"没有识别门槛"这一设计要求开展了新标志的设计探索。经过层层设计筛选,国际原子能机构对入围的五十个标志进行了大规模的认知度调研,并于 2007 年正式发布新的核辐射警示标志(见图 5)。[③]

从符号构成的角度来说,新标志似乎契合了符号学家皮尔斯提出的"完美符号法则",即像似符(icon)、指示符(index)与规约符(symbol)尽可能均匀地混合,以便于它们各自能发挥不同的功能特长。[④] 因此,我们可以将这个新的核辐射警示标志分解为三个部分来加以分析。

首先,是可以归类为像似符的骷髅骨架和奔跑的人形轮廓图。皮尔斯认为,像似

---

①② Museum of Radiation and Radioactivity. Radiation warning symbol (Trefoil) [EB/OL]. [2022-10-02]. https://www.orau.org/health-physics-museum/articles/radiation-warning-symbol.html.

③ LODDING L. Drop it and run! New symbol warns of radiation dangers and aims to save lives [J]. IAEA Bulletin 48/2, 2007:70-72.

④ PEIRCE C S. Collected papers(vol.4)[M]. Cambridge Mass: Harvard University Press, 1931-1958:448.

图 5　2007 年国际原子能机构(IAEA)确定的新版本核辐射警示标志

符是仅仅借助自己的品格去指称它的对象的符号。① 它具有最低的识别门槛,也是新设计对原有标志方案最重要的补充。

其次,是由波浪线箭头和指示方向的箭头构成的指示符。从符号特性来说,指示符号并不是对对象的直接模仿,而是通过某种动力形式的方式指向对象,它比像似符号抽象程度要高,但仍然保留着某种与自然事物的"理据性"(或称为"透明性")。② 比如,箭头符号的起源不可考,但从各种史前文明对弓箭的使用的图绘结合人类狩猎和指示方向的身体指示方式(手指的形态)可以推测这类符号源于包括身体姿势语在内的指示关系的心理机制。它们符合人类一般的思维方式,较容易获得基本意义理解且教育壁垒低。这使得人们即便并不熟悉箭头符号,也能从视觉感受到这个符号的某种"动势"趋向。

最后,是延续原标记的"三叶草"部分。如前所述,该符号是一个需要特定语境才能被理解的高度社会化的规约符。新的符号沿用它的理由非常清楚:这是已使用半个多世纪的原辐射标志的核心要素,已经形成了较大规模的认知惯性。它在医院或特定场合中,完全能够胜任提示人员避免进入的警示功能。换言之,对于已经理解并接受这一符号的群体来说,既有的群体认知已经累积了巨大的"符号势能"③。在没有绝对完美的替代方案的前提下,抛弃累积半个多世纪形成的"符号势能"并不明智。

国际原子能机构对新标志方案的态度是,它不能完全取代原有三叶草标志,并建

---

① 皮尔斯.论符号[M].赵星值,译.成都:四川大学出版社,2014:51.
② 胡易容.论完美符号:"普天同文"的理论构想与传播机制[J].国际新闻界,2013(6):40-46.
③ 胡易容.传媒符号学:后麦克卢汉的理论转向[M].苏州:苏州大学出版社,2012:183.

议将该符号用于 IAEA 1、2 和 3 类密封辐射源(危险-可能导致死亡或重伤的源)[1],即该标志的设计目标主要用于长久封存的辐射埋藏地。事实上,这个新的符号设计方案也并非没有争议。严格说来,它并非"一个符号",而是由三组符号构成的叙事符号链,它描述的内容包括:原因(电离辐射)——可能结果(死亡)——行动建议(跑开)。这种设计思路暗示出单个符号设计存在难以克服的局限性。目前,新版标志仍尚未在全球普及,它的效果也还有待更大范围的检验。而本质的问题在于,检验并不能完全由同一时间维度中的简化调研替代。这种情况下,一种可能是通过思想实验的方法,结合历史经验和逻辑演绎来试推各种可能的情形,也即,需要将问题上升到系统理论来加以思考——"核符号学"的诞生即源自这一需求。

(二)《跨越万年的传播方法》研究报告与"核符号学"兴起

1980 年,美国能源部成立了"人为干预特别工作组"(HITF)以调查核废料储存库关闭后的长期有效的警示符号问题。该工作组的任务是设计相应措施,警告后代不要在该地点采矿或钻探。在时间尺度上,工作要求是将这种意外事故的可能性在万年内降到最低。这一工作组的代表性成果,是由印第安纳大学教授、知名符号学家托马斯·西比奥克(Thomas A. Sebeok)牵头完成的研究报告《跨越万年的传播方法》(*Communication Measures to Bridge Ten Millennia*)。[2] 这份报告的鲜明特色,是以符号学为理论基础融合信息科学观念,以及将人文色彩融入了此前的工程技术问题。

实际上,HITF 课题的启动,从提出问题、寻找策略、评估并提出解决方案,包含了较强的工程学逻辑预设,但由符号学家西比奥克来完成这份报告使整个方案得到了人文学的补充。如果我们回到美国 20 世纪 80 年代的学术背景就会发现,这个关于"communication"的"国家重大交叉学科研究工程",并没有当时北美新兴的主流传播学界介入,而是由语言符号学家主导。细加考察后,我们会发现,美国当时的传播学主

---

[1] LODDING L. Drop it and run! New symbol warns of radiation dangers and aims to save lives [J]. IAEA Bulletin 48/2,2007:70-72.

[2] SEBEOK T A. Communication measures to bridge ten millennia(No. BMI/ONWI-532)[R]. Bloomington: Research Center for Language and Semiotic Studies Indiana University,1984: 1-28.

要流派及应用方向较为集中于当时的当下问题,如大众传播的民意研究、新媒体机构与传播政治经济学研究、信息控制与反馈机制研究、商品与流行文化研究等。相对来说,符号学更具包容性,且20世纪80年代时,基础理论已经完备。西比奥克本人即是一位"符号学跨学科应用的集大成者",他吸纳了生物符号学等领域的成果①,比如,他在报告中引述了于克斯库尔(Jakob von Uexküll)的关键概念"环境界"(Umwelt),并将其解释为一种"认知地图"(cognitive map)。基于这种理念,他在报告中评述道:"先驱者号和旅行者号探测器上携带的'贺卡'对外星智慧来说很可能毫无意义,因为它们缺乏共同的背景以及感知器官的独特连接。"②

西比奥克报告的重要贡献是以"人文"的角度融合"媒介技术"与"符号文化"。他提出的"核祭司"(atomic priesthood)和"文化中继系统"(culturerelay system)两个概念弥补了纯工程方案所缺失的文化维度,为后来的研究打下了重要基础。报告提供的策略由三个关键要素构成,分别是中继系统(relay system)、混合符号(a mixture of iconic,indexical,and symbolic)和讯息冗余(redundancy of messages)。③

中继系统理论由19世纪末的数学家埃尔朗(A. K. Erlang)最早提出,通常应用于现代通信领域,用于信道资源分配和信号续传等。与技术中继系统的设备属性非常不同,西比奥克提倡人及其文化作为中继系统。他在报告中将一万年分成小段并以人类代际为时间计算单位,由"人"为"媒"通过代际传承实现中继传播。反过来,他又借用中继系统的逻辑,将人的传播时间轴进行代际划分,比如每五代为一个传播周期,即中继节点,用这种方式传播关于核辐射的危险信息。这样一来,废料埋藏点上的符号信息就只须以数代人(例如五代)的认知来设定,而这一设计目标的达成并不困难。下一个五代的设计改进则由相应节点代的人负责组织,以此类推持续一万年甚至更久。

从信息论的角度来看,单纯的代际传承传播仍是一种线性传输逻辑,必然遵守熵增定律并最终导致信息不可解。西比奥克已经考虑到这一点,他从"传播路径"和"传

---

① 余红兵.20世纪重要的跨学科符号学家:托马斯·西比奥克[J].中国社会科学报,2013-08-23(B01).
②③ SEBEOK T A. Communication measures to bridge ten millennia(No. BMI/ONWI-532)[R]. Bloomington:Research Center for Language and Semiotic Studies Indiana University,1984:1-28.

播者身份"的双重维度提出方案来对抗熵增。在传播路径上,西比奥克采取了"元传播"策略①:他提出通过一套不同警示系统自身内容的"元讯息"(meta-message),传输一套同时包含恳求和警告双重内容的符号和话语编码,在相应代际(如250年后)对代际传播的信息进行矫正。如此一来,就同时在多层次多通道上形成了讯息冗余以对抗熵增。在传播者身份的角色设定上,西比奥克的行动方案最具人文色彩。他的行动方案是:通过创造新的民俗仪式和神话来制造信仰(比如相信超自然的报应)②,以让人避开核废料危险区域,而"神职人员"是由物理学家、辐射问题专家、人类学家、语言学家、心理学家、符号学家以及未来的额外专门领域专家组成的"核祭司"——这些核祭司掌握"真相",维持仪式,创造传说,推动信仰形成,并负责对中继系统的代际传播进行监督和纠偏。

"核祭司"是西比奥克报告提出的创新概念,同时也令他的方案饱受争议。例如,加菲尔德(Susan Garfield)就强烈反对此建议,并认为它具有极大的不可预测性和荒谬性。③ 事实上,西比奥克自己也承认,法老诅咒的传说并没有阻止贪婪的盗墓者寻找古埃及隐藏的宝藏。但是,回到历史语境中看,西比奥克方案展现的人文主义媒介观体现了文化思考对技术逻辑的补充。在技术本身无法解决万年之久的交流问题时,报告将媒体"介质"由通常的物质技术手段回归到了"人"。西比奥克开启了"核符号学"(Nuclear Semiotics)这一跨文化传播的专题分支领域,将媒介与符号传播的时间维度扩展到超越人类社会之外的深时间尺度。这在媒介和传播符号学理论,以及核辐

---

① "元传播"概念由吕施和贝特森于1951年提出。受麦卡洛神经控制观念的启发,吕施和贝特森认为,每一个神经细胞的信号发送都既具有一个"报告"的性质,又具有一个"命令"的方面(Ruesch & Bateson,1951:179-180)。"命令"是大脑通过神经细胞指挥身体器官活动的"信号",而"报告"则是大脑对所传达的各个命令的知晓和管理。这个原理适用于所有人类交流行为。由此,二人在《传播:精神病理学社会模型》(Communication: The Social Matrix of Psychiatry)一书中提出了"元传播"的概念,并将其描述为"关于交流的交流"(communication about communication)(Ruesch & Bateson,1951:152)。

② SEBEOK T A. Communication measures to bridge ten millennia(No. BMI/ONWI-532)[R]. Bloomington: Research Center for Language and Semiotic Studies Indiana University, 1984: 1-28.

③ GARFIELD S. "Atomic priesthood" is not nuclear guardianship: a critique of Thomas Sebeok's vision of the future[C].Berkeley:Nuclear Guardianship Forum: On The Responsible Care of Radioactive Materials Issue, 1994(3):15.

射警示的设计实践上,都为后来的研究提供了极有价值的启示。

(三)理论与实践并进跨学科设计

遗憾的是,在西比奥克《跨越万年的传播方法》完成仅几年后的 1986 年,发生了人类有史以来最严重的人为灾难——切尔诺贝利核泄漏事故。不过,在 20 世纪冷战逻辑下的大国博弈与核电的经济效益和潜在军事价值等的催动下,核电进入新的高速发展期。切尔诺贝利灾难并没有吓阻人类进一步发展核电的决心。全球核电装机容量从切尔诺贝利事故发生的 1986 年的不足 1500TWh,增长到 1991 年的接近 2000TWh。同时,灾难也令全世界对核安全问题的重视程度空前高涨。核能高速发展意味着更多核废料的产生,安全处置和警示问题也更加迫切。

20 世纪 90 年代以后,无论是核废料处置的实践方案,还是系统化的理论,都取得了一定进步。这种进步不仅体现在单一的 logo 设计上,更展现在核警示符号向系统化、多元化设计方向发展,背后的设计理念、传播策略也呈现出更多差异化路径。比如,芬兰昂卡洛核设施满载后的警示方案是"通过不标记而最终实现遗忘",也亦即,从所有纸质的、网络的记录中删去昂卡洛核设施的存在,让它永久地消失在人类的记忆中。这一主张的提倡者之一雅洛宁(Jalonen)认为,它是一个被动系统,而被动性的最佳状态是彻底的遗忘。①

与此不同,以美国为代表的一些国家则试图通过更多的主动性设计来达成警示效果。1991 年,美国桑迪亚国家实验室(Sandia National Laboratories)再次发起了一项以万年为时间跨度的核辐射警示方案研究项目,名为"核废料隔离试点项目"(Waste Isolation Pilot Project,WIPP)。实验室召集并最终确定了 16 位不同领域的专家(包括人类学家、材料学家、决策专家、气候学家和考古学家等),组成 4 个相对独立的研究小组同时开展方案设计。与十年前西比奥克的任务一样,他们被要求设计一套持续万年有效的方案,以向子孙后代发出有关核废料埋藏点的警告。该项目的预设标的,是新墨西哥州的沙漠中一个中低水平的核废料处理设施。

---

① GORDON H. Journey deep into the finnish caverns where nuclear waste will be buried for millenia[EB/OL].(2017-04-24)[2020-10-08]. https://www.wired.co.uk/article/olkiluoto-island-finland-nuclear-waste-onkalo.

该项目最终的结题成果是一份由4个研究小组各自独立完成并合并而成的《桑迪亚报告:核废料隔离试点装置中意外人为入侵的专家判断》(Sandia Report: Expert Judgment on Inadvertent Human Intrusion into the Waste Isolation Pilot Plant)。报告一开始就指出,在核废料衰变的时间尺度上,政府的连续性和稳定性并不能保证人类能一直对储存库进行积极控制,或意识到埋藏的核废料的存在。[1] 在长达三百多页的报告中,仍未形成一种确定的方案。其中,两个小组的行动建议较为接近芬兰昂卡洛填埋场的"不标记"方案。采取积极行动建议的西南小组(Southwest Team)提供了一系列复杂的标记方案,包括可被探测的花岗岩声波标记、永磁体标记、小剂量放射性元素样品标记等。但随后,该小组又承认:"做标记的风险在于,未来无论是专业的还是业余的考古学家,都可能会在不知道自己在做什么的情况下闯入——'木乃伊诅咒'的想法——标记本身就是诱饵。"[2] 4个小组中的波士顿小组(Boston Team)提出的多种设想包括"永久性WIPP核博物馆",但其总体上对未来持有一种客观、冷静的不确定态度,该小组声称:"缺乏知识、无法理解警告或无法评估行动风险,以及无意的疏忽或鲁莽行为,是确定入侵是无意的之关键标准。由此看来,警告后代的标记和记录不足以保证不受无意入侵,因为它们不能防止疏忽或忽视安全等行为的发生。"[3]

与十年前西比奥克项目的由一种主要核心方法论主导相比,WIPP项目体现了对多元化路径的探索。在专家组织的顶层设计上,该项目就通过将不同背景的专家分为不同的独立工作组以寻求多元化策略。《桑迪亚报告》结果也的确体现了这种努力方向。此后,多元化理论与符号设计实践成为20世纪90年代以来核符号传播专题的重要发展趋势。在工程性和规范性上更严谨的如2004年WIPP项目的报告《永久标记实验工厂》(Permanent Markers Implementation Plan)提出了一系列包括施工规范

---

[1] HORA S C, WINTERFELDT D V, TRAUTH K M. Trauth. Expert judgement on inadvertent human intrusion into the Waste Isolation Pilot Plant(No. SAND-90-3063)[R]. Albuquerque, NM:Sandia National Labs, 1991:V-1.

[2] HORA S C, WINTERFELDT D V, TRAUTH K M. Trauth. Expert judgement on inadvertent human intrusion into the Waste Isolation Pilot Plant(No. SAND-90-3063)[R]. Albuquerque, NM:Sandia National Labs, 1991:D-26.

[3] HORA S C, WINTERFELDT D V, TRAUTH K M. Trauth. Expert judgement on inadvertent human intrusion into the Waste Isolation Pilot Plant(No. SAND-90-3063)[R]. Albuquerque, NM:Sandia National Labs, 1991:C-22.

在内的设计方案。方案既包括基本图文信息(见图6)和多语种译文,还考虑到信息逐步完善的未来工作时间节点。①

图6 2004年WIPP的《永久标记实验工厂》设计方案之一

除了上述这些具有较强官方色彩的方案,还有许多参与的群体类型更加多样的形形色色的方案,从单一的警示标志、多国语言标志、水泥刺丛林环境设计,到充满科幻色彩的基因改造辐射感应荧光猫……核废料处置不再是物理学家和工程师的专属场域,符号学家、语言学家、艺术家、人类学家、考古学家正更多地参与这项工作。伴随着不断衍生出来的"核符号艺术",最初的"核符号学"正在向广义的"核文化"演变——一种文化符号传播的专题领域。

核符号文化传播这一领域的参与主题日渐复杂,既有政府部门发起的重大工程项目,也有民间组织和NGO的身影,且它们跨越国界,成为国际性的活动。例如,2011年,经合组织下设的核能机构(OECD-NEA)发起了"跨代保存记录、知识和记忆"(Records, Knowledge and Memory, RK&M)倡议,以促进国际社会反思并推动在实现深时间尺度上核废料埋藏警示这一目标方面取得进展。第一阶段的工作段落节点是2014年9月15日至17日在法国凡尔登围绕"核文化"组织召开的关于"构建记忆国际会议"(Constructing Memory Conference)。会议不仅包括理论上的探讨,也涉及艺术设计实践与各种综合性方案。会议中的交叉学科的多元性思考更加丰富。例如,其中的"数字倒计时纪念碑"设计方案体现了赛博时代的理念和特色。该方案建议,为每个核废料埋藏点建造一座壮观的数字倒计时纪念碑(见图7),实时显示该处

---

① United States Department of Energy. Permanent markers implementation plan (No. DOE/WIPP-04-3302) [R]. Carlsbad, NM: Waste Isolation Pilot Plant (WIPP), 2004:23.

埋藏核废料的无害化衰变周期。全世界的埋藏地点的实时倒计时数据又通过联网集成一个总的数据网,并通过分布式存储形成有充分冗余度的数据记忆集群。①

图 7　核辐射无害化时间倒计时数字纪念碑

总体上,该会议的讨论支持了 RK&M 倡议的第一阶段调查结果及主要工作方向。核心结论是,没有哪种单一的技术可以实现 RK&M 跨越多个世纪和上万年保存的目的,需要通过复合型方法,在记录、保存和传输的过程中相互补充,以在相应时间尺度上最大程度地提升信息的可访问性、可理解性和可延续性。②

四、"核符号学"的启示:方法、路径及关于未来的反思

严格来说,"核符号学"并不是某个基于方法而形成的独立学科,而是一个建立在特定对象上的专题性学科领域。可以将"核符号学"视为跨文化传播研究在深时间维度上的一种拓展,它展现了传播符号学丰富的可延展性。可以尝试做一个这样的界

---

① Nuclear Energy Agency (NEA). Radioactive waste management and constructing memory for future generations[C]. Verdun:Proceedings of the International Conference and Debate,2015:134.
② Nuclear Energy Agency (NEA). Radioactive waste management and constructing memory for future generations[C]. Verdun:Proceedings of the International Conference and Debate,2015:10.

定,所谓"核符号学",是研究如何通过符号与媒介的运用来跨越"深时间"而实现传播的专门领域。在核符号学的框架下,"深时间"不是一种绝对的、单一维度的时间,而是一种"时间差"——人类掌握的"物理媒介"的信息跨越时间与通过符号实现"意义共享"跨越时间之间的"时间差"。前者指人类信息存储的工程技术能力,而后者则指向意义通达的文化连续性。最理想的"符号传播"是"零时差"的,也即应当是在同一文化社群中的传播。"意义时间"不是匀速的自然物理时间,而是与人类文明发展密切相连的历史时间——一种价值时间或文化时间。①

关于深时间的思考有助于反思当下媒介文化碎片化、瞬时化导致的"善忘"。同时,这一思想实验对"核符号学"本身的逻辑合法性也提出反思。"核符号学"的理论和实践之间的矛盾,显示出其研究问题的预设包含了一些内在的逻辑悖论。

首先,是深时间尺度下"不确定未来"与"确定性答案"要求的悖论。文明跨越巨大物理时间尺度并实现意义通达的可能,必须同时满足两个条件:存储信息的物理媒介的耐久性和意义传播的通达性。在现代材料学的加持下,媒介材料的耐久性已经取得很大突破。比如,1977 年美国宇航局发射的"旅行者号"携带的著名的黄金唱片,配合钻石探针和陶瓷唱头,其理论保存年限可能超过亿万年。但在人类仅有的大约 5500 年的书写历史中,不少古老的语言已经永远消失了,不少古文字今天依然无法被解读。可见,跨越语境下的符号传播中,"传播通达作为常态"是我们身处一个极其有限的时空切片中得到的错误印象。真实的情况是,断裂、遗忘才是常态。正如彼得斯所说:"尽管记录性和传输性媒介使我们的身体得到延伸,然而交流的尺度和形态仍然面临着重要的边界限定。我们的交流能力有局限,这是一个社会学上的真理;与此同时,又是一个悲剧。"②

其次,是对"完美符号"的预期与符号传播现实条件抽离的悖论。对于辐射警示问题,人们以创造出一套能跨越深时间的"完美符号"方案为目标。而前文提及皮尔斯界定的"完美符号"是兼具理据性(包含像似符与指示符)和规约性的符号。仅有理据性并不能实现完整的意义共享。理据性是连接符号与原物(对象)之间的桥梁,但每一次

---

① 蒋荣昌.历史哲学[M].成都:巴蜀书社,1992:5-7.
② 彼得斯.对空言说:传播的观念史[M].邓建国,译.上海:上海译文出版社,2017:387.

的连接都是无数"任意关系"的一种可能,其达成最终有赖于"规约",而规约性的发生主体条件即是"人"。文明的断裂,即意味着"此人"非"彼人",文化的隔膜乃至断裂从来不是一个"生物学问题",而是一个"符号意义问题"。反观今天的跨文化传播的困难,也从来不是一个"传播技术"或"语言差异"的问题,而是意义阐释与认同的差异。而阐释的指向需要"元语言"来框定。在诸种警示符号设计方案中,最典型的理据性案例是通过"小剂量辐射样品"来说明"前方大规模辐射核废料储存",但问题在于,缺失规约性元语言的"有毒样品"无非是另一个"埃及法老的诅咒",其同样可能被理解为"内有宝藏的恐吓声明"。信息发出者的意图诚信依然需要社会规约来完成。对于核辐射警示问题来说,从20世纪"人类干预小组"开始,这一主题始终在考虑抽离现有"文明要素"这一符号传播的规约基础。这在本质上就与"完美符号"的基本理论相悖。[1]

以上理论和实践方面的分析显示,没有一劳永逸的完美符号方案能达成跨越深时间的全部传播目标。但这并不表明这种探索的结论是悲观的。实际上,当人们以极限逻辑去假设文明彻底断裂后一种传播策略是否失效时,这种逼问从更深层次凸显了这一方案背后的理念价值。所有媒介方案都无法抛开"人"来孤立地讨论传播,"人"之为媒构成的符号表意才可能通向最耐久的传播意义交流。当这些符号以艺术的方式写入人类文明的记忆和基因中,它们便成为人类的文化要素的内在构成。

综上,当对不确定的未来提供一种确定性方案来"保障"传播通达时,这种要求本身在逻辑上即是自我矛盾的。反过来,一种包含"人文性"的方案才是与不确定性相匹配的。从这个意义上说,西比奥克饱受争议的方案与该原则是一致的——他强调文化的延续,而并不将全然的断裂作为工作假设。从符号意义论来看,人们之所以重视核废料问题,是由于在我们的预设中,未来的"人们"是"我们"的延续,"我们"负有相应的责任。前述人文色彩方案所凸显的"人"显然并不是单纯的"技术人",而是"意义人"或"文化人",包含人类这一文化物种的精神属性和价值信念。这种精神属性或价值信念对今天更重要的启示是,以负责任的立场珍视、保护和延续人类文明的火种。

---

[1] 胡易容. 论完美符号:"普天同文"的理论构想与传播机制[J]. 国际新闻界,2013(6):40-46.

荆楚文化相关翻译中的跨文化问题

◇ 但海剑　何　可[*]

摘　要　翻译是通过语言形式上的转换进行的跨文化传播活动,在当下中国文化"走出去"的活动中有着实践意义。本文以荆楚文化的翻译为例,从跨文化传播的视角论述翻译中的困境和通行策略,提出翻译的文化间性原则,并例证其在翻译实践中的指导作用,以期为文化翻译研究提供新的视角,为荆楚文化传播提供新思路。

关键词　荆楚文化翻译;文化间性原则;跨文化传播

---

[*] 但海剑,武汉理工大学外国语学院教授,电子邮箱:danhj@whut.edu.cn;何可,武汉理工大学外国语学院硕士研究生。

The Intercultural Communication Perspectives on Jing-Chu Culture Translation Practice

Haijian Dan, Ke He

Abstract Translation is a type of intercultural communication via linguistic transformation, so it is granted with practical significance in the context of "going abroad" campaign in China. This article proposed the interculturality principle in cultural translation by exemplifying Jing-Chu culture translation with its guidance in practice, so as to provide some new approaches and perspectives in research and communication.

Keywords Jing-Chu culture translation, the interculturality principle, intercultural communication

翻译是通过语言转换而进行的文化交流行为。语言作为文化的重要载体,同时反映和建构文化。传播与文化存在着同构的关系。语言作为传播的手段,在跨文化传播活动中处于中心地位,是解析跨文化传播过程的钥匙。

荆楚文化的翻译在当前文化"走出去"的背景之下被置于重要地位。在文明互鉴的视角下,有效的翻译活动可以彰显文化自身的特性,促进文化交融。对荆楚文化自身而言,它作为与中原儒家文化相对应、相互补充的文化代表,在中华文化谱系中独放异彩且与其他文化和谐共存。荆楚文化吸收和映射主流中原文化汉文化,与周边巴蜀文化、吴越文化互动,在文化交流历程中的地位和角色不断发展变化。这对于当前全球化背景下中国文化"走出去"参与人类命运共同体的建设,有着类似的境遇。荆楚文化的翻译实践是荆楚文化的跨文化传播,是意义理解层面上的跨语言建构。基于此,荆楚文化翻译的指导原则首先是要体现楚文化自身的主体性,即楚文化不同于其他文化的特质;其次是为普遍性问题提供答案,即荆楚文化翻译的目的和意义为当今世界发展过程中的问题提供基于荆楚文化内涵的参考答案。

本文从理论发展的视角总结翻译中的跨文化困境,讨论不同翻译策略中的文化要素,介绍不同文化语境下翻译方法的具体运用;提出文化间性原则并结合案例讨论其指导意义。

一、翻译中的跨文化困境与翻译策略

翻译行为通常被认为是以译者为中心的原文到译文的转换。这种最简模式忽略了与原文密切相关的作者、作者的文化语境,也忽略了阅读译文的读者及读者所处的语境。这种最简模式还缺少的重要内容是作者、译者和读者分别通过原文和译文去理解和表达的存在(being),它包括思想、物体和事件。从传播系统来看,翻译作为跨文化传播过程,包含的要素不仅是文本,还有传者、受众、环境、渠道在内的多种要素。从传播效果来看,对翻译质量的要求也从文本对应上升为效果评估。

存在和语言之间的哲学考量影响了翻译实践,形成不同的翻译理论。人们总是想象有一个文本能充分表达原文的意义,又能被读者完全理解,即与原文保持同一性的"第一文本"。但第一文本的存在只是理论上的可能,只是宗教知识体系中的神谕,是理想语境中的文字转换,如同理想环境中的传播,只有"上帝"之言才能实现充分的理解。[①] 传播体系中存在的"噪音"在翻译过程中会造成理解上的偏差。虽然道不可言,在宗教典籍翻译中,人们仍然要面对表达的问题。唐玄奘曾提出"五不翻原则",斥责了鸠摩罗什等人以"达意"为标准而直译的翻译方法。对咒语、多义词、特定词等文本以音译处理,而不使用中原词替代。比如《心经》中的"般若",不直接翻译为"智慧",更能让人产生尊敬之意;《六字真言》中保留"唵嘛呢叭咪吽",是因相信其包含神秘之力。这种翻译方式得到当时僧俗两界一致的赞誉而得以传播。[②] 宗教对不可知的神有绝对的崇拜,因此少了对文本的怀疑,由此产生的理解上的多样性会被压缩为人认知的局限性。因此,宗教文本作为"第一文本"的特性会有所保留,这也能解释"五不翻原

---

① PETERS J D. Speaking into the air: a history of the idea of communication[M]. Chicago: University of Chicago Press, 2001.
② 康宇,姜春兰.隋唐佛经阐释中的"八备"与"五不翻"[EB/OL].(2023-02-28)[2023-06-19]. http://www.cssn.cn/skgz/bwyc/202302/t20230228_5599619.shtml.

则"的适用性。但在更为广阔的世俗生活中,翻译活动受到源语文化和目的语文化文化势差的影响,再加上译者的个体能动性,译文就具有了多样性,这既包括译文形式上的多样,也包含译文理解的多样。

翻译理论在发展中将目标转向"对等",即将语言视为行为,具备某种功能。译文如能实现原文中所包含的功能,即实现"完美翻译"。但由于意义的流动性和意义形成的环境影响,功能对等难以衡量,从而削弱了比对标准的统一性和权威性。中西方对于同一话题的感受不同,受众也会因为知识水平的参差遇到理解上的障碍,对于双语受众来讲,更容易实现功能对等中提出的"最高"或"理想"效果。但是同样的文本,对于普通大众来讲,却很难实现情感的共鸣,甚至出现晦涩难懂的情况。所以,对于不同的受众,我们是否应该提供不同的译本,如何使不同译本能联系上同一意象内涵,还是说统一采用能达成"最低理解"的译本先完成"走出去",都是我们在传播中国文化的过程中需要考虑的问题。在文化翻译中,除了理解上的局限性会造成翻译的困难,文化差异的存在也使得交流双方处在不同的文化势差之中。因此,基于交流双方地位考量的翻译策略具备重要性。

在翻译实践中,以原文和作者为中心的翻译策略为异化(foreignization)策略,即尽可能保留原文的意思和文化内涵,这可能会增加读者的理解难度,令作者难以完全理解;而以读者和受众为中心的策略为归化(domestication)策略,即以读者的理解和文化认知为衡量标准,这可能会损害原文意义的完整度。不同的翻译策略指导下的翻译活动都有优秀代表作品。以《红楼梦》的翻译为例,学界普遍认为《红楼梦》的杨宪益、戴乃迭译本选取了异化策略,霍克斯译本选取了归化策略。但霍克斯认为自己未采用普遍的原则进行翻译,彭萍在分析霍译本时发现,霍克斯在翻译人名时并没有依照一个标准,而是采用了归化和异化策略的杂糅这种方式,让读者更能够接受、理解文本的内容和表达的思想情感[①]。这体现了译者面临着无法在准确传意和迎合读者中找到一个统一标准的文化困境,需要译者从中进行创作与妥协。从效果而言,与遵循异化策略相比,这种方式取得的效果还可以从数据分析的角度更加直观地看到。有学

---

① 彭萍.汉学家翻译的文化窘境及其对中国文化传播的启示:以霍克斯翻译《红楼梦》为例[J].翻译与传播,2022(1):3-18.

者对 15 年间(2007—2021 年)《红楼梦》不同译本的 600 多条书评做了量化分析,发现霍译本与杨译本的读者接受主要在加权评分这一维度呈现显著差异,在消极情感、情感总值和积极情感等维度的差异显著性则呈现递减趋势,表明霍译本整体读者接受度更佳。同时,对霍译与杨译书评中"翻译"的搭配词进行的量性分析,也进一步证明了归化译本译者获取的关注更高。[1]

事实上,归化或者异化都会影响译本的传播,过度归化会导致译文丧失中国文化意象,异化又会影响英语读者的接受程度,这也解释了霍译本和杨译本为什么在传播过程中产生了不同的接受效果。翻译理论家劳伦斯·韦努蒂也认为:"翻译是一个不可避免的归化过程。其间,异域文本被打上使本土特定群体易于理解的语言和文化价值的印记。这一打上印记的过程,贯彻了翻译的生产、流通及接受的每一个环节。"[2] 尽管翻译策略的差异已为译界熟知,但在翻译实践中,不同方法的选择会产生不同效果。翻译策略之下,翻译方法的选择亦须考虑文化语境的影响。

根据爱德华·霍尔的语境概念,高语境文化是指较多的交际信息反映在社会文化环境和情景中,而不在实际的言语中,"意会"是人们在交际过程中更加注重的部分;相反,在低语境文化中,实际的言语信息变得更加重要,人们更注重"言传"。[3] 从译者对语境因素的处理出发,可以将高、低语境文本进行翻译策略的二分,对高语境文本采用等效翻译,对低语境文本采用等值翻译。这种翻译策略也依赖译者在源语和目的语之间的跨文化调停(Intercultural Mediation),调停的手段包括文化信息的补增、减少、横向的推演。也就是说,在翻译中国文化文本时,要注重信息量的转移,采用信息量增加、减少、对应三种方法。比如,根据语义增加适量的背景信息,灵活删减重复杂糅信息,挑选对方熟悉的信息建立意象互通等。合理利用这些策略,能有效助力中国文化的落地传播。不同文化语境中的表达方式本身就各具特点,再加上翻译策略的影响,翻译实践加深了多样性和复杂性。[4]

---

[1] 沈琳.中国文学异化与归化译本的读者接受历时对比研究:基于语料库的《红楼梦》书评分析[J].文化创新比较研究,2022,6(8):157-160.

[2] VENTUI L. The translator's invisibility: ahistory of translation[M]. London and New York: Routledge,1995.

[3] HALL E T. Beyond culture[M]. Garden City, New York: Doubleday,1976.

[4] 康兆春.翻译文本之高低语境化探索[J].江西师范大学学报,2011,44(1):139-144.

另外,在技术手段层面上,语言形式的不同会带来不同的表达方式。举例来说,英语表音,汉语表意;英语重形合,汉语重意合。这表现为汉语多短句,多用主动语态;而英语则多主从句,会使用被动语态。属于高语境文化的中国文化文本,在语篇上不注重形式上的连贯,句法中无主语句较多,词汇上偏向使用四字词语叠叠铺排,并且拥有大量文化专有名词,这些都是译者在翻译过程当中需要注意适应和转换的地方。语言形式会根据翻译策略的选择而被具体运用。换言之,不同的翻译策略下,语言形式上的转换是必要的。从语言的特性而言,汉语偏重装饰性、音乐性和游戏性,而英语更重分析和逻辑[1],汉语在语言特性上与欧美语系语言的显著差别增加了中国文化翻译的难度。为跨越文化翻译中的困境,不同策略和方法的选择在操作层面上可以改善传播效果,但在思想层面上,不同原则的实施在文化势差调节中具有导向性。

综上,我们需要结合读者阅读习惯的时代特征以及传播目的来选取翻译策略。策略选择是形式上的操作,行为的指导原则是翻译实践的立场和出发点。把握文化翻译过程中的立场问题就需要文化间性原则。

二、文化翻译中的文化间性原则

翻译的目标是形成文化间的共识,推动人类共同目标的实现,如《圣经》中"巴别塔"的建成。从跨文化传播的角度而言,翻译是要达成文化间的互相理解,从而为实现共同的目标采取行动。"文化间性"是存在于不同的文化主体间的一种对话关系,以承认和尊重不同文化间的差异为前提,通过平等对话和交流沟通来促成文化间的相互影响、借鉴和共同发展。也有观点认为,"文化间性"一词并不能准确阐释现实中不同文化交互的现象。[2] 甚至有观点认为,文化间性和多元文化性在许多方面都是一种西方现象。从历史角度看,它们的形成与民族主义和殖民主义有关。[3] 这是因为在旧有的国际传播机制下,强势文化的霸权思想赋予了文化支配性、强制性和排他性的特质,一如当前的美国文化。一元主义的思维框架内,事物的联系被认为是逻辑的、必然的、终

---

[1] 钱理群.和钱理群一起阅读鲁迅[M].北京:中华书局,2015.
[2] 张潆洁,任文.翻译与文化:从文化间性到转文化性[J].社会科学研究,2022,263(6):181-189.
[3] 韩炳哲.超文化:文化与全球化[M].关玉红,译.北京:中信出版社,2023.

极的、绝对的,这种前提下不存在平等交流的可能性。

本文认为,文化间性(interculturality)就是文化间的互惠理解,对于个体而言就是要提高个体超越自身和与其他文化互动的能力,建构完整的自我意识,以期在跨文化互动中实现有效传播。文化交流不是使文化一成不变,而是促进文化间的互动。这个互动过程可以通过翻译来完成。文化间性根据主体间性或人际间性的模式运作。在这一模式下,人们会用"融合"或"宽容"来克服继而产生的文化差异,这在翻译中则可以体现为异化、归化翻译策略的使用。翻译的文化间性原则的核心是译文与存在的直接关联,让译文自己说话,保持文本的开放。它具备动态性,是建立在文化间性和文本间性上的意义流动,强调传播的效果;原文、作者与读者是需要考虑的要素,但不再占中心地位;译文是译者与存在的关系互动,译文也就获得了独立的主体地位。

翻译学领域内文化相关的概念和理论多是基于起始阶段文化接触的实践发展起来的。后殖民研究领域中的"文化翻译"概念包含两种理解,一种是基于"原文—译文"的常规文本翻译,关注文本中对"文化的翻译"。例如本文提到的佛经翻译,对中国佛教发展起到重要推动作用。另一种是由霍米·巴巴(Homi Bhabha)提出的,超越原文到译文这种常规翻译,由移民在离开原来的文化环境后,在第三空间(third space)内进行的文化翻译活动。① 翻译是跨越语言文化边界进行的相互理解和交流的跨文化传播活动,通过翻译连接的不同文化形成了全球性的文化库。②

文化间性翻译的思想在翻译研究史中已有表达。尤金·奈达论及的文化间性,探讨的是人类在进行交流融合过程中和谐关系的建立和发展。③ 文化翻译过程中,译者、译文、原文和原作者四者皆为主体,其中,原文更体现作者的意图,而译者则主要对译文负责,文化间性翻译理念便基于此。刘全国在《林语堂翻译书写研究》一书中,细致分析了中国翻译家林语堂的翻译观、文化观和文化传播理念以及对应的书写和文本策略,总结了林语堂中文作品的二元特点和英文作品的语言特色,即文白互补和文质

---

① 孙艺风.文化翻译与全球本土化[J].中国翻译,2008(1):5-11.
② 张漾洁,任文.翻译与文化:从文化间性到转文化性[J].社会科学研究,2022,263(6):181-189.
③ NIDA E. Linguistics and ethnology in translation-troblems[J]. Summer institute of linguistics, 1945:194-208.

相合①,要求消除主体与客体间的对立哲学,重新阐述了文化迁移的内容。本文认为,语言差异会造成意义失衡和文化交际阻碍,因此,人们需要在一定程度上放宽对译文在语言表达方式上的规定,容忍差异存在,通过转化的途径使文本之间存在间性关系,而不是直接引导。但有观点认为,东亚还没有发展出实体存在论的文化概念,"作为西方范畴的主体间性对东亚思维来说是陌生的……东亚地区甚至没有一个统一的概念或翻译来描述文化间性"②。可见,在文化研究实践中,对文化间性的讨论还存在如何理解的问题。

理解翻译的文化间性原则,关键是对存在的理解。作为独立于作者、读者和译者之外的存在,语言只是建构存在的手段之一,处于不断的建构之中。对于翻译实践而言,更为重要的是作者、读者和译者之于存在的不同理解、意象或认知。其背后是多元主义的思维原则,即事物独立存在,多样方式相互联系,任何事物都与其他事物存在联系。进而言之,多元主义就是要实现"人类命运共同体"思想中所包含的平等、互助、包容和共同进步等目标。在人口流动、科技发展和全球化的新时代,文化间性指向不同杂合文化之间的交互状态③,形成现当代人多源多向的文化身份。基于现当代社会内部功能分化而造成的文化多样化以及现当代社会之间文化相交、互融的现实,文化间性原则指向文化间的交流和互动,而非孤立和冲突。文化翻译是文化强势和弱势中的平衡和引导,是文化势差的调节器。强势文化在翻译过程中可能会鼓吹自身文化,恶意贬低其他弱势文化,进行文化侵略,以达到重塑弱势文化的目的。这种情况体现在翻译作品上就是文化内涵被强势文化随意篡改,造成文化交流的不平等。因此,我们必须重视翻译中的权力关系,维护文化多样多元,促进文化的共存互鉴。

以荆楚文化为例,它在地域、民族、物质、精神、制度等各个层面上是统一而多样的体系,是中国传统文化的优秀代表,具备先进的世界观。荆楚文化精神内核中所包含的诸如奋斗、创新、开放、包容和自由等价值观是解决当今世界问题的有效要素。对其加以翻译不仅是内容的表达,更是精神的体现。文化间性原则指导的翻译实践要求充

---

① 刘全国.林语堂翻译书写研究[M].北京:高等教育出版社,2019.
② 韩炳哲.超文化:文化与全球化[M].关玉红,译.北京:中信出版社,2023.
③ 张漾洁,任文.翻译与文化:从文化间性到转文化性[J].社会科学研究,2022,263(6):181-189.

分体现荆楚文化的特质,以汉语语言所包含的文化内核为中心,以英语为表达形式来彰显荆楚文化的现代价值;反之,如果以西方文化精神为标准来衡量荆楚文化的翻译,则会削弱荆楚文化的传播效果。

例:楚凤

英语译文:Phoenix in Chu culture

中国的凤是百鸟之王,后引申为有圣德的人、乐器、音律等意思。作为与"龙"图腾相对应的荆楚文化重要表征,凤对于荆楚文化具有独特性和代表性。在翻译过程中须保持其原意,才能充分反映出荆楚文化特质。不同于"龙"的翻译存在文化理解上较大的差异,英文 phoenix 的意象与中文"凤"的意象较为一致。在英文中,phoenix 源于希腊语,在神话中被描写为鹭的形象,体大如鹰,歌喉悦耳。古埃及人也把 phoenix 描绘成鹰身金羽、鸣声悦耳的动物。此译文采用直译的方式,并互通意象,准确表达楚凤自由奔放、英武神异的形象,充分展现楚文化的独特魅力。

但是,在遇到中文元素特征明显的文本时,比如四字成语、谚语、典故、歇后语等,如果无法匹配同意象词,则应考虑采取其他的翻译方式,比如意译、语境转换等,会更利于读者接受。

例:黄鹤一去不复返,白云千载空悠悠。

英语译文:The leaving yellow crane never returned here again, only white clouds floating for thousands of years aimlessly remain.

古诗词的翻译不仅要求意境互通,还对译文的行文风格有所要求,即要做到对仗工整或者押韵得体,保留文本题材风格的同时,体现载体文化的世界观,达到文化传播交流的目的。此译文的处理方式力图将意境描述准确,符合读者用语习惯,既彰显作品特性,又兼顾人的通感。另外,德国翻译家诺德提出文献型翻译和工具型翻译两种翻译类型。翻译诗词歌赋等要求"神似"的篇章属于文献型翻译,因为这类文本要求译文以文献记录的方式"忠实地临摹"原文的内容和文章形式,所以这类高语境文本应采取等效翻译的方式。①

例:惟楚有才

---

① NORD C.Translating as a powerful activity[M]. London:Routledge,2018.

英语译文：Hubei is home to a long line of extraordinary people.

此语源于《左传》："晋卿不如楚，……虽楚有材，晋实用之。"本意是说楚国物产丰富，人才兴盛，但都被送往了晋国，后世以此语指荆楚之地多人才。"人才"本可以使用 talent 来译，但楚文化的包容性决定了楚人对人才理解的多样性，译文因此选择了外延更为宽广的 extraordinary people。long line 的选词增加了时间上的延展，以体现楚文化的悠久历史。

例：筚路蓝缕，以启山林

英语译文：Driving wretched cart in ragged clothes to clear thorny undergrowth of wild mountains.

"筚路蓝缕，以启山林"是复句式成语，出自《左传》与《史记·楚世家》，原文为"昔我先王熊绎辟在荆山，筚路蓝缕以处草莽，跋涉山林以事天子，唯是桃弧棘矢以共王事"，此语后被用来形容开疆拓土创业艰苦。习近平总书记在 2015 年的春节团拜会上引用了这句话，以鼓励我们保持清醒头脑，在中国特色社会主义事业这项开创性事业建设中，敢于战胜前进道路上的一切困难和挑战。翻译此句本可以选择英语中有类似意象的 frontier 来补充主语，但由于 frontier 主要意为美国历史上西进运动中的"拓荒者"，考虑到中国文化"走出去"的受众是全世界所有关注中国文化的读者，选择具有美国文化特征的意象显然将限制文本的开放性。

这句成语，不仅包含传统文化的内核，还体现了新时代的特征，需要译者进行文化建构，将成语的要义传达清楚。从文化间性的视角来看，我们的译文以故事传递的形式，使读者能自行想象补充情节画面，增强代入感和共鸣感，有效传播了荆楚文化。

例：过早

英语译文：Have breakfast

"过"有食、咽的意思。《齐民要术》中有"白如珂雪，味又绝伦，过饭下酒，极是珍美也"，意思是说鲤鱼脯是下酒的美味佳肴。《汉口竹枝词》中的"且慢梳头先过早，糍粑油饺一齐吞"，解释了过早就是吃早餐。"过早"作为武汉方言，已在现代汉语体系中失去普遍性，如果在翻译中刻意强调其特殊性则会影响理解。

本文认为，译文具有动态性，以上例句的译文并非唯一选择。翻译的核心是对荆楚文化的本质理解，或者说是对荆楚文化哲学意义上的解读。诚然，译者可以运用不同的翻译策略,将文本意思等效或等值传达到位,在不同文化相互融合的当代,我们更需要注重文化间性的存在,译者应该根据不同的语境和情境,采取不同的翻译策略,以文化传播为导向,以读者理解接受、产生共鸣为目标,促进文化交流中的互惠理解,让中国文化走得更远。

三、荆楚文化翻译实践的反思

荆楚文化的自身发展就体现了文化间性的力量。伏尔泰认为,风俗是社会最强大的文化效应场和精神规范场,人们的思想和行为会在潜移默化中受它支配。荆楚文化因历史久远,沉淀了中华文化的经典思想,这增加了翻译实践的复杂性和难度。荆楚文化有明显的包容性特点,不仅因为其位于中腹的优越地理位置,各省来楚经商,人员物资交流频繁,多元并存的不同风俗习惯使荆楚大地在风俗演变过程中起着桥梁作用,还因为其具有平民化的特点,没有封建王朝都城,少达官显贵与外洋干涉,这使荆楚人民养成了说话做事讲实际,人际关系讲诚信,休闲娱乐讲舒适的观念①,这些会体现在语言文字中。荆楚文化翻译要通过不同的翻译方式,实现文化互惠理解,不论是引经据典的文献型翻译还是生活用词的功能性翻译,都蕴含了深厚的文化底蕴;文字是经过时间沉淀发展而来的,包含了社会发展的包容性、适应性,以及人文思想的价值观和精神,只有选用适当的策略翻译,才能顺利完成并实现从文化实践到文化传播实践再到文化翻译实践的过程。

翻译与文化传播几乎同时存在,翻译理论发展史与文化传播的发展史却没有同步。这是因为文化传播的发展历史更加复杂,跨文化传播是包含语言在内的文化间多维度的交流、交融与稳定,在理论和实践层面都需要被充分挖掘。而翻译理论的发展虽然也受到各地社会发展水平、政治统治力、经济影响力等多要素的影响,但更多关注文字形式的变化与偏重。当前,国际社会处于新的全球化综合发展阶段,翻译活动已融入社会发展之中,因此,理论视野需要提升到更高的思想层面。习近平总书记提出,

---

① 严昌洪.中国风俗图志 武汉卷[M].济南:泰山出版社,2020.

在当前的文化发展中,要把中国文明历史研究引向深入,增强历史自觉,坚定文化自信。[①] 这为中国文化"走出去",促进多元文化交流共进提供了方法论,为理论研究指出了实践意义,那就是促进人类命运共同体的建设。本文提及的文化间性原则是一个中观的概念。本文希望能对具体的翻译实践提供方向性的指导,同时补充已有的翻译理论,在翻译策略和翻译方法讨论的基础上增加跨文化传播学的视角。

最后,从跨文化传播的视角来指导荆楚文化的翻译实践要注重体系建设。从传播实践的角度而言,荆楚文化翻译体系包括传者与受众、渠道、内容技术等要素。在译员建设方面要注意译员背景的多元化,即鼓励来自不同地区、不同领域、不同文化的译员参与荆楚文化翻译事业,还要注重译员思辨能力的培养,强化他们的语言分析与语言解读能力,特别注重译员对荆楚文化的理解,将荆楚文化置于中华文化、全球文化发展的大背景之中来理解其文化内涵和发展意义。在译文质量上,译文应具有可读性与准确性,避免错译和误译,将原文的文化内核充分表达,与平行文本比较,加快文化传播速度,降低西方国家对我国文化的误读程度;在翻译形式上,单一的文本应转换为多模态的"文化再现",翻译过程坚持以文化为导向,充分运用如增译、补译、释译等多种手段来丰富文化内涵,根据语类特征,用好地域文化翻译四大方式,即词语补偿、加注翻译、文化移植、句子重构,对不同中国元素的文本进行灵活构建。

在内容选取上,要建立多面向、多层次的内容体系。翻译内容应涵盖但不局限于经典文本、民俗故事、社会发展成果、影视作品等各种文化产品。在文化建设初期,相较于经典文本,更易于理解的民俗故事等材料可以搭建文化理解的基础。当前,外译作品多为抽象程度高的理论书籍,需要"高语境"的读解,这可能会影响传播效果。从传播渠道而言,要建立出版、网络、社交媒体等各种翻译平台,特别是在以元宇宙为主的虚拟现实、数字人文、大数据等新技术的冲击下,跨文化翻译要利用好这些技术,积极构建以"技术+内容+场景"为核心的行业生态系统,给传统文化故事赋能[②],提炼出特色鲜明的楚文化符号,与融媒体中心合作,打造文创产品,借文化产业发展带动经济发展,深化国际传播。

---

① 习近平.把中国文明历史研究引向深入 增强历史自觉坚定文化自信[J].求是,2022(14):4-8.
② 刘军平.元宇宙翻译范式:跨文化传播的可能世界[J].新闻与传播评论,2023,76(1):16-29.

要树立每个人都是荆楚文化传播渠道的理念,意味着增强民众对荆楚文化的了解,这需要从基础教育入手,增加楚文化特色课程,辅之以公共宣传,提升民族自豪感,提升民众的楚文化跨文化传播能力。传播荆楚文化并不仅仅是荆楚大地民众的主体责任,任何了解荆楚文化、积极推动荆楚文化外传的人都可以是传播者。

中国文化是包含荆楚文化在内的多元文化组成,每个组成部分还可以细分为更为具体的地区文化,这是中国文化"和而不同"的体现。荆楚文化的外译是中国文化"走出去"的个例,但对其开展研究具有普遍的借鉴意义。在体系建设上,完备的传播多要素建设是传播效果的保证。在实践层面上,文化间性原则是立场,不同的翻译策略是指导原则;要以荆楚文化的内涵思想理解为根本,选择具体的翻译方法来完成语言形式上的表达。

案例分析

2022年跨文化传播事件评析*

❖ 跨文化传播研究小组

摘 要 2022年,世界持续处于高度不确定性中,国际社会进入历史性的变革动荡期。面对不断新增的世界性难题,作为"我们"的人类命运共同体在努力寻找可行的路径,提升全人类共同的希望和福祉。跨文化传播年度事件指向新闻事件报道中的跨文化传播、重大体育赛事中的跨文化传播、影像叙事中的跨文化传播、粉丝文化中的跨文化传播、从"游戏对话"转向"文化对话"、中国传统文化消费品的海外接受等六类主题。基于新闻事件的跨文化讨论在显现情感共通性的同时,也显示人们对历史的反思和对不平等文化权力的质疑。需要警醒的是,由于空间和地方的跨文化感知差异,人们在面对灾难事件时也难以避免因无法共鸣而导致的冷漠和伤害。有组织的、全球性的重

---

* 本文系武汉大学跨文化传播研究中心每年整理分析的年度事件评析,2013年,单波教授首次发起年度跨文化传播事件评析,研究范围涉及全球跨文化传播事件。本文的案例选择是武汉大学新闻与传播学院硕士生课程"跨文化传播研究"中师生共同讨论的结果,本文由跨文化传播研究小组共同撰写,全文由授课教师肖珺统稿。文中案例分析的第一作者(按照出现的先后顺序排列)分别为:毛婉怡、肖沣芮、邢靖函、何煦、吉雨涵、谢来我、李梓君、丁凤蕾、马欣欣、刘诗雨,肖珺在第一作者撰写的基础上进行了修改和补充。另,白畅、戴玉芳亦参与讨论,特此致谢。肖珺的电子邮箱:xiaojunemails@qq.com。

大体育事件会极大地促进不同文化间的感知和理解。吉祥物等体育文化符号更容易在相异文化间流动,通过主体间体验和交往生成一种"我们"的文化。"义乌现象"则提示,面对面的、尊重多元文化的、自下而上的跨文化城市建设有可能探索出更紧密的多样化共创社区。影像叙事则是一种积极的文化间撒播,尊重差异和个人发展、融入世界叙事的、充满想象力和包容度的内容会更好地推动跨文化理解。此外,冲出东亚文化圈的 K-POP 文化发展、转向"文化对话"的游戏叙事、中国祭祀文化消费品的海外接受等都表明,跨文化传播需要人们不断地实践文化间沟通,追寻互惠性理解。年度事件分析提示我们,跨文化传播是在人类多元开放的交往实践中不断深化、不断发展、不断创新的问题域。在传播技术迅猛发展的当下,如何从不同文化群体间源于语言、符号、场景的具体交往情境出发,拓展跨文化传播研究的想象空间,有待研究者思考。

关键词 跨文化传播;跨文化隐喻;跨文化空间感知;转文化传播;跨文化城市

The Review of Intercultural Communication Events in 2022

Intercultural Communication Study Group

Abstract In 2022, the world continues to be in a state of high uncertainty and the international community is entering a historic phase of fluidity and transformation. Facing increasingly global challenges, we, a community with a shared future for mankind, is striving to find viable paths to enhance the common hope and well-being of all mankind. The annual events in intercultural communication refers to six themes: intercultural communication in news, intercultural communication in major sports events, intercultural communication in image narration, intercultural communication in fan culture, the shift from "game dialogue" to "cultural dialogue", and the overseas acceptance of traditional Chinese cultural consumer goods. Intercultural discussions based on news events reveal emotional commonality, they also show people's reflections on history and questioning of unequal cultural power. It is important to note that due to the intercultural perceptual differences in space and place, people can also undergo indifference and hurt in the face of disaster events that are difficult to empathize with. Major organized, global sporting events can greatly contribute to intercultural perception and understanding. Mascots and other symbols of sports culture are more likely to flow between different cultures, generating a "we" culture through intersubjective experiences and interactions. The "Yiwu phenomenon" suggests that face-to-face, multicultural, bottom-up intercultural city construction may have the potential to explore closer diversity and co-creation communities. Video narration is a positive form of intercultural dissemination, where imaginative and inclusive content that respects differences and individual development, and is integrated into the world's narratives, better promotes intercultural understanding. In addition, the development of K-POP culture out of the East Asian cultural sphere, the shift to "cultural dialogue" in game narration, and the overseas acceptance of Chinese ritualistic consumer products all show that intercultural communication requires people to constantly practice intercultural communication and pursue reciprocal understanding. The analysis of annual events reminds us that intercultural communication is a deepen, developing and innovating problem domain in the practice of pluralistic and open human interaction. At present, with the rapid development of communication technology, how to expand the imagination space of intercultural communication research from the specific communication situation of different cultural groups due to language, symbols and scenes needs to be considered by researchers.

Keywords intercultural communication, intercultural metaphor, intercultural space perception, transcultural communication, intercultural city

2022年,世界持续处于高度不确定性中,国际社会进入历史性的变革动荡期。从疫情等全球健康情况看,2022年9月,世界卫生组织公布的数据显示①,全球累计新冠肺炎确诊病例超6亿例,累计死亡病例超过640万例。除了新冠病毒传播外,2022年,世卫组织还应对了200多起传染病暴发,其中包括猴痘、埃博拉病毒病、霍乱等。直到12月14日,世卫组织才表示,预计到明年②某个时候可以宣布新冠疫情不再构成全球卫生紧急事件。从俄乌冲突等地区安全情况看,国际力量格局在震荡中发生重塑,由此引发的全球多边组织机制面临机能失灵的困境。全球恐怖主义袭击仍然活跃,对世界构成重大威胁。冲突的此起彼伏,伴随着军事战、外交战、舆论战、经济战、金融战等各种对抗式的社会心态和认知行为。世界似乎布满传统安全、非传统安全等各种问题,人道主义、粮食、金融、能源、气候等各领域的综合性危机对人类社会发展构成极大的负面影响。以难民现象为例,2022年的新增难民人数创下历史新高。其中,来自乌克兰的难民人数从2021年底的2.73万人剧增至2022年底的570万人。截至2022年底,因战争、冲突、暴力等导致的流离失所者人数达到前所未有的1.084亿人,创有史以来最大增幅。③

面对不断新增的世界性难题,跨文化传播一直在实践和反思中拓展人类命运共同体的可行路径。2022年,我们讨论和解析一些世界级、地区间的重大事件的同时,还密切关注人们跨文化的日常生活。对重大事件的关注主要包括北京冬奥会、卡塔尔世界杯等国际顶级体育赛事,它们为全世界人民提供了交流的主题。还有一些媒介事件则会引发全球热议,这些事件主要包括名人逝世、灾难事件和文化事件。此外,全球消费者(购物者、粉丝等)的行动轨迹、商务贸易活动、网络评论等也是具有价值的研究对

---

① 央广网.世卫组织:全球累计新冠肺炎确诊病例超6亿例[EB/OL].(2022-09-02)[2023-04-18]. https://baijiahao.baidu.com/s?id=1742821225969330547&wfr=spider&for=pc.
② 世界卫生组织2023年5月5日宣布,新冠疫情不再构成"国际关注的突发公共卫生事件"。
③ 光明网.联合国难民署:全球流离失所者近1.1亿人 2022年新增人数创新高[EB/OL].(2023-06-15)[2023-07-01]. https://baijiahao.baidu.com/s?id=1768733940116295072&wfr=spider&for=pc.

象。本文希冀在媒介事件、社会发展和生活细节中挖掘那些引发实实在在跨文化对话和理解的年度事件。武汉大学跨文化传播研究小组分析了其中的十大事件。

一、新闻事件报道中的跨文化传播

案例1:"王冠"的跨文化隐喻建构——基于113篇伊丽莎白二世逝世英文报道的分析

2022年9月8日,英国女王伊丽莎白二世(后文简称英女王)去世。英女王去世当天,"crown"(后文表述为"王冠")的搜索量飙升,并于9月19日英女王国葬当日升至最高峰。区域搜索结果显示,搜索量居前五名的国家是澳大利亚、英国、新西兰、加拿大和美国,印度、南非、肯尼亚等国家的搜索量也居于前列,这其中的很多国家曾为英国殖民地。那么,在不同的文化语境下,人们讨论"王冠"时的隐喻是什么?这些隐喻蕴含的跨文化意义又是什么?

总的来看,隐喻(metaphor)研究经历了"修辞学、语义学和以认知科学为核心的三个发展阶段"[1],自亚里士多德以来产生了多种解释路径。20世纪80年代,莱考夫与约翰逊合著的《我们赖以生存的隐喻》一书,将隐喻界定为从一个容易理解的源域到不熟悉或难以直接理解的目的域的基于经验的映射。简单来说,就是"允许我们依据一个经验领域去理解另一个经验领域"。[2] 此后,隐喻研究被引入认知科学领域,它被认为产生于人类共同经验,其不仅仅是一种修辞,更是人类思维方式。隐喻研究被广泛运用于对媒体话语的分析中,对于媒体而言,隐喻在建构事实、生产意义等方面的意义不言而喻,是一种"构成意识形态集束(ideological package)的框架工具"[3]。一些研究论证了新闻隐喻如何通过报道体现意识形态,如海外英文媒体对中国"一带一路"

---

[1] 谭文慧,朱耀云,王俊菊.概念隐喻视角下中国国家形象自塑研究:以疫情题材纪录片为例[J].外语研究,2021,38(5):38-43.

[2] 莱考夫,约翰逊.我们赖以生存的隐喻[M].何文忠,译.杭州:浙江大学出版社,2015:117.

[3] GAMSON W A,LASCH K E. Evaluating the welfare state:social and political perspectives[M]. San Diego,CA:Academic Press,1983:397-415.

倡议的隐喻建构及背后的意识形态分析①、SARS 纪念报道中的隐喻应用于媒体记忆研究②等。

使用隐喻进行文化和跨文化现象研究有一定的适配性。不同的文化中存在一些具有隐喻意义的关键词,如"熔炉""一带一路""命运共同体"等,通过隐喻研究可以发现隐藏在话语之下的文化概念系统(conceptual system),包括价值观念、思维习惯等。③ 据此,我们首先通过谷歌关键词检索,检索出所有包含"伊丽莎白二世(Elizabeth II)"及"王冠(crown)"两个关键词的新闻报道,共获得 177 条相关信息,涵盖英国、美国、澳大利亚、南非、印度、尼日利亚、新西兰、法国、中国等多国主流媒体(如《华尔街日报》、BBC、《开普敦时报》等)。然后,使用八爪鱼采集器将这些报道的标题、链接、发布时间及包含"王冠"的段落收集起来,对其进行去重、清洗等操作后,共获得有效语料 113 条,共 73582 个字符。接着,采用语言学分析工具 Wmatrix 辅助分析,使用工具内嵌"USAS"语义标注系统完成对自建语料库的语义符码分析等工作。研究发现,英女王去世报道中涉及"王冠"的隐喻主要包括三类:合理化型隐喻建构、差异化型隐喻建构、他者抗争型隐喻建构。

其一,合理化型隐喻建构,主要是指合理化英国君主制、王室及与之相关的殖民扩张等行为的隐喻,它借助"王冠"这一实体概念同"权力""宗""共同体""金钱/买卖""空间"等其他语义域概念的映射,实现并延伸了"大英帝国"之神话、叙事与其配套话语的建构。如美联社(AP News)的一则报道:"The current crown was made for Charles II in 1661, as a replacement for the original, which was melted down in 1649 after the House of Commons abolished the monarchy and declared a commonwealth during the English Civil War.(现在的王冠是 1661 年为查理二世制作的,是原始王冠的替代品。1649 年,英国内战期间,下议院废除了君主制,宣布建立联邦,原版王冠被

---

① 辛静,单波.海外英文媒体对"一带一路"倡议的隐喻建构:基于语料库的跨文化比较研究[J].现代传播(中国传媒大学学报),2018,40(6):36-42.
② 李红涛.已结束的"战争" 走不出的"迷宫":"SARS 十年"纪念报道中的隐喻运用与媒体记忆[J].新闻记者,2014,374(4):84-93.
③ 束定芳,汤本庆.隐喻研究中的若干问题与研究课题[J].外语研究,2002(2):1-6.

融化。）"①文中以"王冠"的融化与重塑讲述尘封往事，包括曾经的英国内战、取消君主制、王政复辟等，"王冠"被重塑的过程被用以映射君王加冕和君主制权力空间的形成。

其二，差异化型隐喻建构。主要表现为侧重于使用道具、方向等隐喻，表述多元观点，阐述"王冠"的象征意义、讨论君主制的未来发展等，展现了国际新闻场域内基于不同经验与各异语境下的意义生产与协商。以"道具"隐喻为例，在《卫报》（The Guardian）为英女王书写的讣告中，伊丽莎白二世作为"傀儡"（figurehead）出现，而她的加冕礼与查尔斯就任亲王的仪式则是君主定期的"公共表演"（public show）②，所谓"王冠"不过是加冕礼或王室展示亲民行为的表演道具。

其三，他者抗争型隐喻建构。该隐喻的使用者主要为英帝国殖民受害者，他们通常采取犯罪、战争、身体、旅程等隐喻，重提痛苦记忆，批判殖民主义。其中，通过商品隐喻、身体隐喻等手段，突出殖民地国家被侮辱、被损害的形象，使用感性叙事与具身性维度联结殖民历史与痛苦记忆。比如，《华盛顿邮报》西非分社社长罗切尔·查森（Rachel Chason）和作家米纳·温卡特摩南（Meena Venkataramanan）发文讨论"王冠"钻石归属权争议时称："It may have been done over tea and a handshake, but no right thinking person would think that was a fair transaction.（这可能是通过喝茶握手完成的，但没有一个思维正常的人会认为这是一笔公平的交易。）"③此处，作者使用商品隐喻把"不对等交易"的特性投射到殖民往事中，呼吁前殖民地人民清算大英帝国给亚非地区带来的白人至上和肤色歧视等"文化遗产"。

隐喻是从源域到目标域的跨认知域映射，我们以"王冠"作为文化关键词，通过多国的英文报道揭示英女王去世引发的全球讨论中跨文化对话的内容和意指。

---

① AP News. St. Edward's crown moved out of tower ahead of coronation[EB/OL].(2022-10-04)[2023-02-16]. https://apnews.com/article/queen-elizabeth-ii-king-charles-iii-europe-london-f29b0d48f224dbc2b947938e7ef901c7.

② The Guardian. Queen Elizabeth II obituary[EB/OL].(2022-09-08)[2023-02-16]. https://www.theguardian.com/uk-news/2022/sep/08/queen-elizabeth-ii-obituary.

③ CHASON R, VENKATARAMANAN M. In former British colonies, ghosts of past haunt mourning for queen[EB/OL].(2022-09-12)[2023-02-16]. https://www.washingtonpost.com/world/2022/09/12/queen-elizabeth-death-africa-colonialism/ Informer British colonies, ghosts of past haunt mourning for queen.

案例2:"外来者"与"本地人"的跨文化空间感知——对梨泰院踩踏事故传播现象的反思

2022年10月29日晚,韩国首尔市著名商圈梨泰院一带发生大规模踩踏事故,截至2022年11月23日,事故共造成158人死亡,196人受伤。该事件被认为是韩国近年来发生的最严重的公共安全事故。据现场目击者描述和警方调查,当晚约有10万人在参加万圣节派对,事故发生地是一个长5.7米、宽3.2米的斜坡路段,当时约有300人聚集在这约18平方米的空间里,远远超出了4—5人每平方米的"渐进性人群聚集灾难"(progressive crowd collapse)的临界值。①

这一踩踏事故的发生使"梨泰院"这一空间有了全新的意义和内涵:这里不再是单纯的娱乐消遣的空间,更成为人们心中的痛,拥有了专属的情感色彩,成为切实的地方。"空间"与"地方"是人们用来表示共同经验的词语。段义孚在《空间与地方:经验的视角》一书中,从人的经验视角出发探讨人是如何体验和理解世界的,明确区分了"空间"和"地方"的不同。对于空间(Space),我们想象它是宽广的、自由的,但同时也更加抽象,缺乏实际的内容;而地方(Place),我们则为其赋予特殊的意义,它成了某种情感的载体,成了"价值的凝结物"。② 段义孚也强调感官在经验获得中的重要作用,"通过官能感知,人们领会理解事实真相"。③ 由此,空间感知成为一种跨文化敏感和能力的体现,个体"经验"成为区分"空间"与"地方",也是重新连接"空间"与"地方"的关键变量。接着,我们将从跨文化空间感知的视角重新审思不同传播主体对梨泰院踩踏事故的讨论。借助段义孚以"经验"划分"外来者"和"本地人"的定义,④本文将该事件的传播主体大致分为:"外来者",即没有处于该空间中的实际经验因而与目标空间联系较浅的个人,如在线的、借由互联网得知此事的传播者;"本地人",即深度卷入目标空间之中,并以自己的所感赋予空间以意义的人,如在场的传播者,包括幸存者、遇

---

① 曹然. 韩国梨泰院踩踏事故154名遇难者身份确认,专家称悲剧本可避免[EB/OL].(2022-10-31)[2023-02-10]. https://baijiahao.baidu.com/s?id=1748203058619886663&wfr=spider&for=pc.
② 段义孚.空间与地方:经验的视角[M].王志标,译.北京:中国人民大学出版社,2017:9.
③ 段义孚,志丞,左一鸥.人文主义地理学之我见[J].地理科学进展,2006(2):1-7.
④ 段义孚.恋地情结[M].志丞,刘苏,译.北京:商务印书馆,2018:92-96.

难者亲属以及目击者等。那么,跨文化空间感知者会对灾难性事件产生体察之别吗?

其一,"外来者":在线的灾难认知。无论是从地理位置还是心理位置来说,"外来者"对梨泰院的感知都只是基于互联网流通的各种信息形成的。"外来者"又可以分为"外来者"媒体、"外来者"公众。作为"外来者"的非韩国媒体,报道内容大致聚焦关于踩踏事故的现场报道,如伤亡人数、事件原因、哀悼活动等;聚焦相关人物,如韩国领导人尹锡悦、警察厅厅长尹熙根、事件亲历者的叙述。从新闻来源看,"外来者"媒体主要采用韩国韩联社、各大国际性通讯社的报道,比如俄罗斯俄新社转引美联社、法新社的图片。即便是韩国媒体,也会借用现场目击者拍摄的视频作为新闻内容。"外来者"媒体基于在线信息获取进行的灾难新闻报道暗含失真的巨大风险。比如,英国《独立报》在新闻标题中将灾难发生地点描述为"中国香港",且发布 9 个小时后都未更正或删除错误信息。"外来者"公众绝大部分表达了惊讶、哀悼和惋惜,但也出现了一些背离人性的偏见认知,甚至是极端表达。据《韩国日报》报道,事故发生不久后,韩国青少年群体流行着一种模仿惨剧过程的游戏——参与者将身体压在别人身上玩耍——也被称为"梨泰院游戏"或"踩踏游戏"。① 可见,"外来者"公众即便身处灾难发生的国家空间,能通过互联网等同步了解事故进展,但也只是灾难的外部注视者。因此,他们对真真切切的事故发生地和卷入者缺乏真实情感和意义共鸣,进而成为漠然、冷酷的灾难娱乐者。

其二,"本地人":在场的灾难感受。"本地人"以其对"地方"的经验,对事故有着更加真实的认知和充沛的情感反馈。比如,亲历事故的幸存者,始终处在这一空间的中心,并以自身实时的身、心感受向外部传递讯息;遇难者亲属,由于与其亲人的紧密相连,迅速产生与灾难空间的密切联结。幸存者、遇难者亲属表达的巨大痛苦、惋惜、后悔等复杂情感,使得远离事故的新闻接触者触摸到更加真实和深刻的灾难反思。以"本地人"幸存者的表达和遭遇为例。《新京报》、澎湃新闻、《环球时报》等多家媒体对亲历事故的中国留学生进行了采访,他们在表述中多次提到现场"挤着往前走""完全不受控制"等具体细节,并表示"在人潮中有窒息感""无法呼吸""感到慌张",事后回忆

---

① 张照栋. 梨泰院踩踏事故后,韩国学生流行起了"踩踏游戏"[EB/OL].(2022-11-10)[2023-02-10].https://www.guancha.cn/internation/2022_11_10_666099.shtml.

起来只觉得"太恐怖了"。在首尔留学的日本大学生奈纱作为幸存者曾表示"当晚的画面会不受控地跳出来,(我的)社交平台上所有和当晚有关的动态都删除了,但是记忆无法删除",同时,她还感到"害怕、内疚、悲伤、感动,事故过后被多种情绪反复冲刷",而这些复杂的情绪环绕着梨泰院的大多数幸存者。① 据韩联社当地时间 2023 年 1 月 3 日报道,韩国政府决定将 2022 年 12 月 13 日发现的一名轻生的青少年加入事故遇难者名单,这名少年在梨泰院踩踏事故中得以幸存,但因两名朋友不幸遇难而受到心理创伤,接受心理治疗但未能痊愈,最终选择轻生。② "本地人"目击者也会有非常强烈的空间感知。CNN 采访了一位参与梨泰院现场救援的美国医生 Sophia Akhiyat。Sophia 在视频中回顾了梨泰院事故现场的混乱景象:"我完全不知所措,但我看到第一具尸体就立即开始做心肺复苏,现场是如此混乱,因为地上躺着很多遇难者,还有很多人走来走去,一些人还在庆祝派对,周围餐馆和俱乐部也放出震耳欲聋的音乐声,因为他们还不知道发生了什么。(I was completely overwhelmed but I started CPR on the first body I saw," she said. "It was so chaotic because there were so many victims on the floor, along with foot traffic and partygoers and music blasting from surrounding restaurants and clubs that had no idea what was going on.)"③

段义孚的研究强调嗅觉、触觉等感觉在经验获得中的中介作用,人借由感官,不仅会获得生理性的认知,更有情感上的触动,甚至,正是"五种感觉相互加强,从而提供了我们生活于其中的复杂有序、充满感情的世界"④。我们对梨泰院踩踏事故传播现象的分析印证了段义孚在研究中对于空间、地方、经验的推断。在跨文化空间感知中,尽管地理距离、国籍、文化背景等均存在不同,但人类也能形成对目标,特别是灾难性事件大致相同的认知。因此,人际间、文化间存在达成互惠性理解的可能。当然,我们的

---

① 陈沁涵. 回访|梨泰院悲剧后的漫长一月[EB/OL].(2022-11-29)[2023-02-10]. https://www.thepaper.cn/newsDetail_forward_20949487.
② 韩联社.韩梨泰院踩踏惨剧遇难者增至 159 人[N/OL].2023-01-03[2023-02-10].https://cn.yna.co.kr/view/ACK20230103005600881? section=search
③ YEUNG J,REBANE T. "Somebody is going to die": How Seoul's deadly Halloween crush unfolded[EB/OL].(2022-11-04)[2023-02-10].https://edition.cnn.com/2022/11/04/asia/itaewon-seoul-korea-halloween-crush-timeline-intl-hnk-dst/index.html.
④ 段义孚.空间与地方:经验的视角[M].王志标,译.北京:中国人民大学出版社,2017:9.

研究也表明,个体差异、感知途径、价值立场等会使跨文化空间感知出现摩擦,这也是人们达成互惠性理解的难点。

二、重大体育赛事中的跨文化传播

案例3:跨文化的体育运动符号——北京冬奥会吉祥物冰墩墩的相关议题讨论

人类活动涉及三个基本方面,即符号(Signs)、使用者(Users)和世界(World)[1]。奥运会吉祥物作为奥运基础视觉语言之一,多采用图形化的视觉语言诠释符号意义。那么,冰墩墩(Bing Dwen Dwen),2022年北京冬奥会吉祥物,作为一种体育运动符号是如何在相异文化间流动的?人们又是如何通过跨越文化元语言集合的符号活动进行彼此间的信息交换和理解的?

其一,基于通用文化符号"熊猫"的创新传播。国际大型体育赛事吉祥物的设计,通常会考虑全球公众的最大认知兼容范围,使得设计创新能够契合目标用户和潜在观众的过往经验、价值观和需求。同时,体育赛事本身以及竞技成绩与国家形象有着密切的关系,成为展示国家形象的重要符号,[2]也在仪式性、竞争性、戏剧性的奥运文化场域中展现主办国的文化魅力。2008年,北京夏季奥运会以熊猫为灵感的吉祥物设计曾广受好评,2022年,冰墩墩在设计初期是一只可爱的被"冰壳"包裹的熊猫,这是一个通约文化符号,后期经不断完善,加入奥运元素,成为更具科技化、交互化和未来感的冬奥会符号。后续设计中,冰墩墩逐步融入"冰丝带"(国家速滑馆)的符号:"当象征着冰雪运动赛道的彩色光环出现在熊猫脸庞时,这个身穿'冰壳'的吉祥物看上去酷似航天员,一下有了未来感,又是'冰丝带',而且是中国国宝,全球人都爱的动物,这样

---

[1] 赵毅衡,罗贝贝.艺术意义中的三维配置:符形、符义、符用[J].福建师范大学学报(哲学社会科学版),2022,235(4):85-97,172.
[2] 焦英奇,周小青,张秋.体育赛事的网络媒介传播与国家形象[J].体育与科学,2015(6):29-34.

定位马上很清晰了。"①从其设计理念看,冰墩墩蕴含极具活力、包容多元、灵动弹性的符号意涵。加拿大 The Toronto Observer 网站就曾刊登报道,从吉祥物与熊猫的联系这一角度分析"为什么冰墩墩比雪容融更受欢迎"。该篇报道认为:"大熊猫是中国特有物种,已经成为中国的特征,它们在多伦多尤其出名,2013年,多伦多动物园曾接待过来自中国的大熊猫。"②而在与中国跨文化接近性更强的日本,人们则用"萌"来解释冰墩墩吸引日本人的原因。特别是当冰墩墩与知名日本花滑运动员羽生结弦出现在同一画面时,更激发了日本观众的喜爱。冰墩墩时而在花滑场上练习,时而与羽生结弦互动,时而在动画等作品中挑战羽生结弦的经典动作4A,吉祥物"萌"的各种姿态广受欢迎。日本网友@killUA1111在推特发布"冰墩墩挑战花滑动作4A摔倒"的推文,有网友评论:"请让羽生结弦教冰墩墩!太可爱了!"③基于通用文化符号"熊猫"的创新传播令冰墩墩又熟悉亲切、又新颖俏皮,类似"中国特有""萌"等差异化表达使得吉祥物的接受呈现特定的文化偏好和转化。

其二,凸显"更团结"的积极友善。2022年北京冬奥会的主题是"一起向未来"(Together for a Shared Future),呼吁世界各国在团结的力量下,从"更快、更高、更强"发展到"更快、更高、更强——更团结"。本届冬奥会面临许多困难,包括疫情的不确定性和俄乌冲突等地区争议性问题。国际奥委会主席巴赫的闭幕式致辞显得意味深长。他说,本届冬奥会充分体现了运动员"团结与和平"的精神,每位运动员都力争取得最佳成绩,但也希望竞争对手取得最佳成绩,并为对手加油,"你们不仅彼此尊重,

---

① 姬烨,王君宝. 冬奥顶流"冰墩墩"红遍全球的幕后故事[EB/OL].(2022-12-29)[2023-01-18].https://m.gmw.cn/baijia/2022-12/29/36265413.html.

② The Toronto Observer. Here's why Olympic mascot Bing Dwen Dwen is more popular than counterpart Shuey Rhon Rhon[EB/OL].(2022-02-21)[2023-07-12]. https://torontoobserver.ca/2022/02/21/heres-why-olympic-mascot-bing-dwen-dwen-is-more-popular-than-counterpart-shuey-rhon-rhon/.

③ 相关评论摘自@killUA1111在推特上发布的推文"Although ppl said #BingDwenDwen was challenging 4A, I can only give it a 2A, but maybe a 10 PCS",参见 https://twitter.com/killua11111/status/1492686426903056386.

还相互支持,即使有的地方因为冲突而对立,但你们彼此拥抱"。①

奥林匹克官网称,新的奥运吉祥物为参加和观看冬奥会的人们带来了快乐。YouTube平台上,美国网友@xelkim9666在一条美国媒体报道冰墩墩的视频下评论:"喜欢这个片段,美国人需要看到更多积极的新闻!"②冬奥会进行中,冰墩墩也出现在很多凸显"团结与和平"精神的画面中。比如,在自由式滑雪男子空中技巧决赛中,乌克兰选手亚历山大·阿布拉门科和俄罗斯奥委会运动员伊利亚·布罗夫分获银牌和铜牌。名次出炉后,他们两人击掌并紧紧拥抱,这一分享喜悦的瞬间成为很多媒体的聚焦点。这一点之所以被关注,除了俄乌冲突外,还因为乌克兰体育部长曾在冬奥会开幕前告诫该国运动员,在冬奥会上应避免与俄罗斯选手站在一起,以免被拍下来引发潜在的争议。③ 在这些直播画面、新闻图片和后续视频中,始终有冰墩墩可爱形象相随。冰墩墩有时在运动员的手上,有时被他们开心地亲吻,有时则乖乖地"站在"颁奖台上。正如网友@leia JULES DAY在推特发布的评论:"冰墩墩有助于世界和平。"从人际传播的角度看,关于冰墩墩的新闻报道中也出现了不少与"爱与陪伴"有关的故事。美国广播公司(ABC)播出的晨间节目 *Good Morning America* 中曾讲述过一段趣闻。制作人非常喜欢冰墩墩,但由于它太过火爆而买不到,她非常遗憾。为了让制作人开心,节目组排长队买到了冰墩墩,并在节目现场送给她,同事说:"我们没有人想看到她伤心。"④

冰墩墩传播现象提示我们,非语言符号的多重叙事可在跨文化对话中被转化为灵

---

① 中国日报网.「世界看冬奥」北京冬奥会见证拼搏奋斗 更展现风度与团结[EB/OL].(2022-02-23)[2023-01-18]. https://baijiahao.baidu.com/s?id=1725457962987852058&wfr=spider&for=pc.

② 相关评论摘自@Good Morning America 在 YouTube 上发布的视频"Olympic mascot Bing Dwen Dwen steals spotlight at Beijing Winter Games l GMA",参见:https://m.youtube.com/watch?v=hERWd_go42U.

③ 澎湃新闻.胜千言·俄乌之战|他们紧紧相拥:"天下一家"最好的诠释[EB/OL].(2022-02-25)[2023-01-18]. https://baijiahao.baidu.com/s?id=1725737608494903433&wfr=spider&for=pc.

④ Goodmorningamerica. Olympic mascot Bing Dwen Dwen steals spotlight at Beijing Winter Games[EB/OL].(2022-02-16)[2023-07-12].https://www.goodmorningamerica.com/culture/video/olympic-mascot-bing-dwen-dwen-steals-spotlight-beijing-82922752.

活动态的符号文本,进而通过互构生成可沟通的意义空间①。作为跨文化体育符号,在面对相异文化与认知时,冰墩墩被解读的意义也表现出多样性。被解读为熟悉的、可爱的、友善的、团结的吉祥物使得人类在共同面对疫情与争议性问题时,拥有一个值得珍惜的共意空间。

案例 4:来访者购买模式的跨文化城市建设——世界杯义乌现象启示

2022 年 11 月 21 日,第 22 届国际足联世界杯在卡塔尔开赛,尽管本次中国队无缘世界杯,但有关世界杯的全球传播中时常会出现关于中国的元素,比如,中国县级市义乌再次被广泛讨论。"义乌制造"几乎占世界杯周边商品全部市场份额的 70%。② 据统计,从义乌下单采购各个国家的旗帜、哨子、喇叭、手拍器等产品的订单激增,其中,中国企业生产的旗帜在阿联酋的销量增长了 300%,在西班牙的销量增长了 160%。③ 我们好奇的是,义乌是如何实现全球连通的?

研究发现,自下而上的来访者购买模式建构义乌的跨文化城市特色,进而促成了全球特有的义乌现象。义务有其特殊的贸易模式,即以来访者购买模式为主的贸易模式。义乌是全国首个拥有邀请外国人来华审批权限的县级市,全国首个开展个人跨境人民币业务的试点城市。每年到义乌采购的境外客商超过 55 万人次,有 100 多个国家和地区的 1.3 万多名境外客商常驻义乌,商品出口到世界 210 多个国家和地区。义乌江东街道鸡鸣山社区被称为义乌的"联合国社区",吸引了 2.5 万流动人口,其中包括来自 73 个国家的 1388 位外籍人士。社区为居住在这里的外商提供免费的汉语培训班、生活服务和跨文化交流活动。④ 这种积极面向外籍人士服务的城市建设理念,使得义乌走出了一条区别于大中型城市的国际贸易发展新路径,自下而上的来访者模式增强了全球商贸人员对义务的好感和信任感。尽管疫情使得义乌国际商贸城不见

---

① 肖珺,张驰.短视频跨文化传播的符号叙事研究[J].新闻与写作,2020(3):24-31.
② 浙江日报.周边产品占全球市场 70% 义乌制造"踢"进世界杯[EB/OL].(2022-09-21)[2023-02-18].https://baijiahao.baidu.com/s? id=1744570380360028539&wfr=spider&for=pc.
③ 中国商务新闻网.世界杯球迷热捧"中国制造"[EB/OL].(2022-12-09)[2023-02-18].https://baijiahao.baidu.com/s? id=1751701891221560028&wfr=spider&for=pc.
④ 浙江日报.数十万全球客商扎堆 义乌如何创新外籍人士服务?[EB/OL].(2019-12-18)[2023-02-18].https://baijiahao.baidu.com/s? id=1653228538454711715&wfr=spider&for=pc.

了以往人山人海的气象,但有不少商户都是义乌多年积累来的老客户,通过线上渠道完成了2022年世界杯相关订单的洽谈。①

一些国家的新闻报道等文献曾描述过外国人在义乌的跨文化生活。Bodomo和Ma(2010)②对一名加纳人在义乌的生活进行了第一人称描述,发现他的生活不仅涉及贸易,还包括宗教礼拜和与社区的紧密联系。Levin(2011)③报道了伊拉克商人Mahmoud认为在义乌,他们不仅能买到低价的商品,义乌人对待阿拉伯人的态度也很好。Krishnan(2014)④记录了印度商人如何通过义乌当地政府解决遇到的困难,文中描述了政府如何努力工作。Rippa(2014)⑤遇到了一群"Af-Pak"(阿富汗-巴基斯坦)商人,这些商人说他们在世界各地拥有多处住宅,但将义乌视为自己的家。由于拥有大量的定居商人和临时访问该城市的商人,义乌成为来自亚洲、非洲、欧洲和美洲的商人创业、移民的热门选择。⑥ 来自不同国家和文化背景的商人为义乌的文化、经贸活动以及城市建设赋予了巨大的活力。

可见,社会流动中的跨文化接触促进了有效和紧密的文化间亲密关系。在全球化背景下,人们所接受的文化信息已经远远超越了他们的物理空间,传播技术和运输技术的发展带来人口流动、信息流动,跨地区的文化交流从而突破空间对文化的限制,成为跨文化传播的主要特征。基于此,我们可以得出初步结论,义乌的跨文化城市建设

---

① 齐鲁晚报.70万颗足球、200万套球衣……义乌频繁拿下世界杯订单的背后[EB/OL].(2022-10-28)[2023-02-18]. https://baijiahao.baidu.com/s?id=1747921490398244588&wfr=spider&for=pc.

② BODOMO A, MA G. Africans in Yiwu, China's largest commodity city. Bambazuka News[EB/OL].(2010-06-03)[2023-09-10]. http://www.pambazuka.net/en/category.php/africa_china/64915.

③ LEVIN D. China's return to the Silk Road[EB/OL]. (2011-06-22)[2023-09-10]. http://www.fastcompany.com/1760843/chinas-return-silk-road.

④ KRISHNAN A. India is the 'bedrock' of Yiwu's economy[EB/OL].(2014-04-30)[2023-09-10]. http://www.thehindubusinessline.com/news/world/india-is-the-bedrock-of-yiwus-economy/article5963393.ece.

⑤ RIPPA A. Alternative modernities and international trade in China[EB/OL].(2014-03-03)[2023-09-10]. https://theasiadialogue.com/2014/03/03/alternative-modernities-and-international-trade-in-china/.

⑥ YANG X, WANG Q. Transnational, translocal, and transient: economic communities of Arab entrepreneurs in Yiwu, China[J]. Population, space and place, 2021,28(5):25-38.

是推动其全球贸易发展的底层文化逻辑,通过多年的城市建设,义乌正在被来自世界各地的来访者构筑为多元文化交流的空间。

三、影像叙事中的跨文化传播

案例5:多重宇宙中的互惠性理解——电影《瞬息全宇宙》的跨文化价值

《瞬息全宇宙》(Everything Everywhere All at Once)(后文简称《瞬息》)是2022年现象级的电影作品。它于2022年3月11日在北美首映,后续在全球广泛上映,虽至今未获准在中国大陆等国家和地区公开发行,但该片已通过互联网被人们广泛知晓。影片至今已揽获众多国际电影奖项,在国内外具有良好口碑。边缘人所建构的那个"混杂的自我"面对越来越多的交流难题。

《瞬息》以非线性叙事的多视角风格呈现了美国亚裔移民群体的自我认知、家庭关系、社会关系等多重关系中的交流难题。影片将对亚裔边缘人群体的"混杂自我"的故事叙述设定于多重宇宙的穿梭中,涉及的文化现象非常复杂,使得这部影片全程处于不断跳转的影像叙事中。美国华人学者陈国明在其对影片的评论文章中提供了一种跨文化传播的解释思路。他从"经典沿袭""一本万殊""无执放下"和"身份认同"四个角度出发,认为人际间的界限是电影最值得探讨的议题,上升到学理层面的阐述,则是互动双方应该培养彼此的"边际智慧"(boundary wisdom),以实现更理想的双向理解。① 何谓"边际智慧"? 陈国明将其定义为,把他方不熟悉的殊方异物之"反常区"转换成"平常区"的能力。② 在跨文化传播中,只有具备多元文化心态的边际智慧才能培养出"大通"(great empathy),即高超的移情和共情能力,才能经由符号的交换,在交流过程中以心知心,达到跨文化融合的目的。边际智慧指向的是一种文化间知识转化的能力,这与单波倡导的互惠性理解③有异曲同工之妙。互惠性理解强调在具有文

---

① GUO-MING C. A review on the movie "everything everywhere all at once"[J]. China media report overseas,2023,19(2):84-89.
② 陈国明. 全球网络社区的建构:一个跨文化交际视角[J]. 跨文化传播研究,2020(2):68-98.
③ 单波. 跨文化传播的问题与可能性[M]. 武汉:武汉大学出版社,2010:103.

差异的前提条件下,接受差异的对话式理解和互补性的知识形成是人们在跨文化关系中丰富自我、平衡自然和社会环境的重要起点。①

基于上述问题意识,我们尝试回到电影叙事本身,对电影文本,即电影台词和镜头语言及所涉及的意涵等进行分析,描述电影叙事构筑的跨文化对话和互补过程,发掘通往互惠性理解的叙事路径。该电影的叙事极其丰富,涉及符号、意象、场景等庞杂语料,本文主要简析多重宇宙叙事中的跨文化困境与对话之道。

《瞬息》在剧本创作之初就有明确的跨文化意识。导演之一的关家永(丹尼尔·关)称自己来自一个语言混杂的家庭,父亲是中国香港人,母亲是中国台湾人,但他自己只懂英语。作为华裔移民的生活经验,让导演逐渐意识到这是创造多重宇宙角色的一个精彩切入点,于是,他将这种混杂的语言风格带入伊芙琳(女主角,杨紫琼饰演)的"洗衣房"代际承续的原生家庭。这让剧情在跳入多重宇宙之前,就已展现移民家庭自身内部的文化多样性及其冲突。

那么,电影中的多重宇宙有多少层呢?答案是至少十层。多重宇宙分别为自己的宇宙、4655号西塔宇宙、阿尔法宇宙、功夫宇宙、热狗宇宙、厨师宇宙、监狱宇宙、手绘宇宙、娃娃宇宙、石头宇宙等。每一层宇宙都有特定的符号意象表述差异,比如,"自己的宇宙"中的谷歌眼、"阿尔法宇宙"中的贝果,等。多重宇宙的跨文化内涵在于解放真实的自我,通过影像叙事展现人作为个体蕴含的多元自我和在不同语境下的自我实现。

从整体叙事看,伊芙琳和同为亚裔的丈夫韦蒙经营一家洗衣店,上有行动不便的老爹,下有叛逆的女儿乔伊,夫妻俩还要应付难缠的、掌握着洗衣店命运的白人女性查税人。伊芙琳被告知,她是无穷个伊芙琳中的一个版本,虽然她一无所成,但也因此拥有无限潜能。于是,伊芙琳开始穿梭于多重宇宙,面对强敌,她逐渐发现其他宇宙里更成功的自己。可是,她没想到,她遭遇的最大强敌是自己的女儿乔伊。她在"阿尔法宇宙"中的"虎妈式"教育,使得乔伊制造"黑暗甜甜圈"(贝果),并在各个宇宙中追杀伊芙琳。反派女儿并不打算杀掉伊芙琳,而是要带母亲看到自己的痛苦。伊芙琳最终感受到女儿的孤独和虚无感,于是开始破坏每个宇宙中既存的情感关系,把一切推向崩坏。

---

① 肖珺.互惠性理解的通路[J].跨文化传播研究,2022(1):1-6.

关键时刻,当下"自己的宇宙"中的"废物"丈夫韦蒙对她说:"我不是心软,而是习惯在残酷的世界里发现美好的一面。"伊芙琳瞬间领悟,开始用"爱与和平"的方式去面对问题。电影结尾,母女俩的拥抱等画面宣示了冲突后的和解。

"爱与和平"是电影提供的跨文化价值观,渗透在多重宇宙的多重文化间,包括多重宇宙的自我间、代际间(特别是母女间)、夫妻间、种族间、性别间、职业间等。对这部电影的跨文化传播分析,促使我们再次回到对传播学本质问题的思考,即交流(communication)是什么?参照约翰·杜翰姆·彼得斯援引海德格尔和杜威的思想所指出的观点,交流不仅仅是"传播所表达的与个人意图有关的信息",更是一种"姿态","一种开放而愿意聆听他人身上的'他者特性'的姿态"。[①] 跨文化倾听为世人提供了与"他者"相处的方法,即我们首先应保持"愿意倾听"的姿态。倾听后的对话,特别是在目光交汇中的对话,不仅可以产生内容的共享与理解,更能带来情感联结。内含跨文化价值观的电影可以通过"在闪现的影像之中所凝聚的受难主体之间的共情激荡的永恒"[②]唤醒自我与他者共同存在的意义追寻,使得人类共通的情感实现超越物质性的普遍存在。情感联结后的人们,再通过与他者共处和对话,在体验他者的处境(宇宙)中生成知识化的生活智慧,进而通往互惠性理解。

案例6:跨文化对话中的相互观照——韩国电影《分手的决心》电影文本与评论分析

由韩国著名导演朴赞郁(Park Chan-wook)执导的电影《分手的决心》(*Decision to Leave*)(后文简称《分手》)于2022年上映。好莱坞黑色电影传统与韩国本土文化的结合、中国演员汤唯的出演、大量中国元素(如《山海经》)的出现等多种因素使得这部类型电影展现出浓烈的跨文化气质。该电影获得了多个韩国本土和国际电影节奖项,也被《纽约时报》评选为2022年度十佳电影之一,女主角汤唯五度获评最佳女主角,更是成为历史上首位获得韩国青龙电影奖的外籍影后。除专业奖项的肯定外,电影也引发了全球互联网空间的热烈讨论。我们在谷歌搜索上依次以影片的中文标题、英文标

[①] 彼得斯.对空言说:传播的观念史[M].邓建国,译.上海:上海译文出版社,2017:26.
[②] 姜宇辉.从末世电影到末日影像:探寻电影-哲学的一种未来可能[J].华东师范大学学报(哲学社会科学版),2022,54(3):94-106,186.

题、韩文标题(헤어질결심)为关键词进行检索,截至2023年2月14日,共获得约869万条中文结果、约44.1亿条英文结果、约362万条韩文结果,足见人们对该片的讨论热度。

那么,电影创作者是如何利用各种视听语言、叙事结构、文化符号来表达不同文化的?这些因素能够帮助观众理解哪些文化间的差异和联系?评论呈现了怎样的跨文化认知和态度?我们在反复"阅读"影像文本的基础上,结合创作访谈资料和网络评论文本,联系和比较创作者、影像、媒体与观众的各方叙事,以相对完整和清晰地呈现基于电影作品的跨文化对话。研究发现,各方叙事主要聚焦两大议题:语言隔阂与爱欲呈现、文化元素与认知差异。

这里以"文化元素与认知差异"作为例子进行说明。中国文化元素《山海经》是影片中重要的意象。"山"与"海"贯穿整部作品,使得影片在叙事结构和人物关系上都具备对仗工整的特征。韩文媒体、中文媒体,包括很多网友都在分析"山"与"海"究竟表达了什么?男主角(警察张海俊)与女主角(嫌疑人宋瑞莱)分别对应"山"与"海","山"与"海"的错配注定男女主角无法相守,但又彼此侵蚀和吞没。《山海经》所代表的东方文化意蕴渗透在悬疑、爱情、伦理等电影的黑色叙事框架中,所有的镜头构图、画面转场、剪辑节奏、色彩流转、音乐选择等都与这些文化元素相互呼应。英文评论文本中几乎没有出现有关《山海经》的讨论。同时,许多西方观众无法识别出中国文化与韩国文化之间的差异性,他们持有一种整体性思维,即倾向于把"东亚文化"视为一个内部均质、单一而不可分的文化实体。类似的认知差异还表现在西方观众对电影里出现的乌鸦等动物的理解中。

那么,韩国电影《分手》使用中国传统文化元素《山海经》,并将"山"与"海"的文化指涉贯穿始终,可以导向一种积极的跨文化对话吗?还是说,这仅仅是一种跨文化挪用?爱德华·霍尔在《超越文化》中曾批评一种文化投射的现象,即把自己头脑中的认识映射到客体上,并将其变成自己模式的文化投射的做法是理解其他文化的绊脚石。[①] 积极的跨文化对话不仅停留在理论层面,而是创造我们彼此进行交流的基础,

---

① 霍尔.超越文化[M].何道宽,译.北京:北京大学出版社,2010:146.

即形成"可讨论、争辩的对象性问题"①,进而,围绕问题展开的讨论才有可能通往特定跨文化传播问题的解决之道。电影,特别是作为全球文化消费产品的电影,通常通过展现诸如人性矛盾、社会现实、情感纠葛等全球性议题,推动世界范围内更丰富的文化间交流。《分手》通过"山"与"海"的意象,强化人与人面对人性纠缠、善恶博弈、爱欲和正义等问题时的对话过程。这种被戏剧冲突反复拉扯的跨文化对话能够推动主体间、文化间的相互观照,促使人们在观摩电影的过程中,通过思考与他者的双向互动来反观自身,促进文化自身动态的发展和创新。

案例 7:突破华裔的刻板印象——动画电影《青春变形记》中的身份符号

美国迪士尼·皮克斯动画电影《青春变形记》(*Turning Red*)(后文简称《青春》)于 2022 年发行,引发人们对片中塑造的华裔青少年形象的讨论。《青春》是一部以华裔少女为主角的动画电影,讲述了加拿大华裔初中生李美玲(后文简称美美)的故事。美美成长在一个典型的亚裔家庭中。她的人物设定是一个自信、呆萌、调皮、好动且成绩优异的 13 岁女孩,她是父母眼中的乖乖女,放学回家后就会帮助母亲整理家族事务。随着青春期的到来,美美有了自己的秘密(她有了暗恋的人)和爱好(例如追星)。母亲李明十分保护自己的女儿,但也严格管控女儿的言行,母亲对她生活的指手画脚使得美美常常陷入尴尬的境地。美美在经历一次巨大的压力后,突然察觉到家族女性都拥有一种特殊能力,即她们在情绪激动的时候会变成毛茸茸的红熊猫。变身红熊猫的能力是家族女性从祖先身上继承而来的神奇魔力,既能带来祝福,也有可能变成诅咒,红熊猫成为青春期荷尔蒙的绝妙隐喻。片中用很多细节去描述陷入青春期混乱或特殊身心状态下的美美与母亲、家人和朋友形成的冲突。最后,美美通过与作为"红熊猫"的自我和解,与母亲也形成了更加健康和亲密的关系。

这部动画片的叙事框架十分特别,与传统展示亚裔家庭、母女关系、种族摩擦的电影作品有明显差异,这也是《青春》引起争论的议题之一。动画片的导演石之予是加拿

---

① 单波.跨文化传播的基本理论命题[J].华中师范大学学报(人文社会科学版),2011(1):103-113.

大华裔,她曾说,制作动画片的灵感来自她自己的生活,她就是李美玲,①但《青春》的故事并不是只与华裔有关的自传。动画电影是美术与叙事的结合,这意味着动画电影比其他的电影形式有着更为丰富和有想象力的符号形式,从而使得逻辑符号和艺术符号的二重性在动画作品中有更多和更经典的体现。② 基于此,我们想从电影呈现的身份符号中一窥究竟,《青春》是否塑造了突破刻板印象的华裔形象?我们从色彩符号的叙事中予以说明。

首先是从色彩符号中展现出来的和解之道。《青春》的核心色彩是红色和绿色。美美喜欢红色,穿红衣服,戴红帽子,涂红色指甲油,人们通常将红色视为华裔文化的代表色彩。"红色因具备突出的视觉表现力和象征意味而常常成为典型的视觉符号,其隐喻的范畴也不断被拓宽。"③片中的红色作为色彩符号承载多重隐喻,代表青少年时期的性冲动与性成熟,被赋予脾气火爆和情绪失控的性格表征。绿色则是美美母亲李明所钟爱的色彩,她一直都穿着绿色系的旗袍、绿色西装,电影中的女性长辈们也喜欢佩戴绿色翡翠饰品,因此,绿色在片中寓意长辈和规制。《青春》中的红色、绿色是一对冲突的,但又始终被并置的色彩。红色代表天性、青春,绿色则映射约束、传统。有趣的是,《青春》选择和解的颜色则是绿色中的红色。影片借由红月之夜的时空转变为母女二人提供和解的契机。在祖先的竹林里,美美遇见当年处在青春期的母亲正在为自身的不完美哭泣,母亲和美美有着同样的内心沮丧和挣扎。年轻一代的美美走向母亲,劝慰母亲接纳自己,展现出更加勇敢和开阔的心胸,而母亲也通过转变理解了美美。画面中,两位同样长着红发的少女手牵着手走出一片翠绿的竹林,并在现实生活中实现和解。色彩符号在《青春》中被赋予更多的意义,表面上对抗的力量也可以通过对话达成和解。而这种摩擦、对抗、对话、互助后的和解,显然不仅仅发生在亚裔家庭。

除色彩符号外,《青春》中较为明显的身份符号还有动物(红熊猫)、建筑(家庭祠

---

① 美国城市卫视 iCiTi TV.专访皮克斯迪斯尼新片《青春变形记》导演石之[EB/OL].(2022-03-05)[2023-01-25].https://icitynews.com.cn/?p=321739.
② 王凌轩,石民勇.动漫符号的二重性及其在新媒体环境下的传播研究[J].现代传播(中国传媒大学学报),2013,35(12):107-111.
③ 陈晓.《青春变形记》:"红色"隐喻、少女成长史与唐人街叙事[J].戏剧与影视评论,2022,48(3):51-59.

堂)、朋友(白人、韩国女孩和印度女孩)等,影片用非常地道的东方文化符号和多伦多多元文化混合的日常生活场景讲述家庭内部、社会组织中的跨文化交流的普遍议题。总体而言,《青春》改变了西方电影作品中对亚裔负面化、定型化的刻板叙事,通过亚裔青少年认识自我、与自我和解的故事呈现人类存在的基本状态和情感共鸣。

四、粉丝文化中的跨文化传播

案例 8:K-POP 跨文化接受动因——从世界杯开幕式演唱视频的流行谈起

K-POP 为韩国流行音乐(Korea Pop Music)的简称,K-POP 通常结合韩语、电子音乐和嘻哈音乐。K-POP 诞生于 20 世纪 90 年代后期,在电视时代,主要流行于具有文化接近性的日本、中国等东亚国家,后来伴随网络传播,形成了全球影响力,其中最具代表性的团体是防弹少年团(后文简称 BTS),BTS 也是首个获得美国格莱美奖提名的韩国组合。2022 年 11 月 20 日,第 22 届世界杯开幕式上,BTS 的团员田柾国与卡塔尔歌手共同演唱本届世界杯官方歌曲 *Dreamers*。截至 2023 年 2 月 15 日,由 BTS 官方 YouTube 账号发布的歌曲视频播放量已达 1 亿次。我们尝试了解 K-POP 在中国粉丝中的情感连接与互动过程,揭示这种音乐类型进入中国的跨文化接受过程。本文对 11 位 K-POP 爱好者(后文编号为 S1 至 S11)进行访谈,初步发现认知层、人际层和情感层的跨文化接受动因。

其一,舞台和旋律:双重感官下的认知刺激。被访者多是因为舞台而认识了 K-POP,并在观看舞台演出的过程中产生了兴趣。在音乐文化中,感官刺激主要通过 MV、现场舞台演出来表现,舞台、偶像造型与唱跳的一体化呈现所带来的视听刺激具有组合性感染力。部分被访者是通过单一感官(如视觉的外貌、听觉上的洗脑旋律)而对 K-POP 艺人产生兴趣,也有部分被访者认为舞台总体的效果配合不可缺少。偶像组合中,成员一般根据擅长的技艺担当不同的角色,如主舞、主唱、视觉中心、主 rap 等。根据擅长技艺的歌曲划分角色并进行歌曲的共同呈现,更能发挥舞台效果的总体作用。如 S3 说自己最开始喜欢上 K-POP 是因为他们的舞台效果,S8 一般喜欢看他们的打歌舞台,感觉舞台上的他们才是我应该去追的偶像,有一种灿烂而热烈的感觉。

S1与S6两位访谈者也都提到了"音乐无国界""旋律比歌词抢占先机",大多数粉丝都认为舞台总能调动起他们的兴趣,而旋律是会让他们"中毒"的。这也是K-POP歌手参与的2022年世界杯开幕式演唱的视频受到热烈追捧的直接原因。

其二,让渡生活:偶像自我展览的人际吸引。在偶像产业链中,舞台演出之外总会伴有采访、团体综艺等相关内容。特别是在综艺节目中,艺人们衣食起居的展现、言行举止、游戏时的表情和面貌都更能丰富舞台外的人物形象,让粉丝看到舞台之外真实存在的"人"。艺人让渡个人空间,将自己的生活"曝光",这令偶像和粉丝之间的联结更紧密。有被访者提到,相较于影视演员,K-POP偶像提供了更多的衍生媒介内容。S1说自己最开始喜欢上K-POP团体,就是因为看到他们的综艺剪辑视频,感觉他们又搞笑又真诚,有喜剧人风格,不久之后就去看了他们的舞台演出,然后就"入坑"了。粉丝在对媒介人物(如偶像)产生情感依恋的基础上进而产生一种想象的人际关系,这类准社会交往现象在粉丝群体中普遍存在。"妈妈粉"S9说自己付出了情感、时间和金钱成本。她认为自己很清楚偶像和粉丝交往关系的单向性,但还是不由自主地奉献自己伟大的"母爱"。作为2022年世界杯演唱嘉宾的BTS团体成员也是采用让渡生活的自我展览方式获得粉丝的喜爱,让粉丝沉浸在他展演的生活中,产生一种情感投射和准社交行动。

其三,幻觉的接受:情感抉择中的粉丝文化。情感会深刻影响粉丝对K-POP的接受、迷恋、拒绝甚至排斥。通过跟踪《纽约时报》对K-POP的报道情感基调,有研究[1]把粉丝的情绪演变理解为一种幻觉的接受。粉丝对BTS等K-POP文化产业的情感消费印证了全球消费者对韩国流行文化的部分接受。性别在这些情感抉择中也发挥影响作用。中国台湾地区的女性粉丝[2]通过对K-POP的跨国消费产生了差异化的文化想象,亚裔美国LGBTQ群体也被认为通过参与K-POP粉丝活动获取性别叙

---

[1] LYAN I. Theorizing the Korean wave|shock and surprise:theorizing the Korean wave through mediatized emotions[J]. International journal of communication,2022,17:23.
[2] 许如婷.台湾K-POP女性[迷/粉丝]的跨国消费与文化想象[J].传播与社会学刊,2014(30):97-131.

事和亚洲身份认同感①。但情绪波动和情感消费也是双刃剑,一旦脱离了粉丝的情感期待和价值观立场,幻觉的接受也可能瞬间破灭。S8提到,近几年,很多K-POP偶像的不当发言更让我对整个韩国娱乐失望,他们终究是外国人。

K-POP引发的跨文化传播现象是近年来被关注的热点。粉丝和粉丝文化研究者都希望从个案事件、群体总体、性别特征等角度丰富理解的维度。K-POP偶像在2022年世界杯上的一次演唱能形成如此显著的传播效果,其动因还是这些年来韩国流行文化产业积极融合世界流行元素的混杂策略,使得K-POP等源于韩国的流行文化从东亚文化圈突破至全球消费品市场。

五、从"游戏对话"转向"文化对话"

案例9:中式传统戏曲的游戏传播——再议《神女劈观》的跨文化传播现象

我们曾在《2021年跨文化传播事件评析》②一文中提及游戏《原神》团队制作的剧情视频《神女劈观·唤情》(*Devastation and Redemption*)的多模态传播特征。当时对视频中的语言模态、视觉模态、听觉模态和游戏体验模态进行的综合分析认为,多模态话语有效促进游戏的"全球本土化"理解,使得玩家和用户可以接近原本陌生的文化。2022年1月6日,《原神》官方在哔哩哔哩、抖音、YouTube、Twitter等多个社交媒体平台发布戏曲唱段动画《神女劈观》(*The Divine Damsel of Davestation*),这是《原神》2.4版本"飞彩镌流年"的过场动画。不同国家的网友针对该作品,进行了充分的观点分享与互动,呈现了一种多元理解的现象。该动画借鉴花木兰、穆桂英等中国古代巾帼英雄的故事,创新融合了京剧元素与西方现代流行音乐,凭借优美细腻的唱腔、精美的戏曲服饰、文武兼备的飒爽英姿迅速被广泛传播。动画的走红引致专业戏曲演员的"接力翻唱",海内外网友还主动进行二创改编,使得《神女劈观》一时形成风

---

① KUO L, PEREZ-GARCIA S, BURKE L, et al. Performance, fantasy, or narrative: LGBTQ+ Asian American identity through K-POP media and fandom[J]. Journal of homosexuality, 2022, 69(1): 145-168.

② 跨文化传播研究小组. 2021年跨文化传播事件评析[J]. 跨文化传播研究, 2022(2):157-185.

潮。我们想继续探索,2022年,作为国产游戏《原神》过场动画的《神女劈观》为何仍能引发全球关注？特别是,究竟是什么吸引玩家和用户对其进行二次传播和创作呢？

本文选取中西方社交媒体平台上的《神女劈观》官方视频及二次传播的"二创"视频进行研究。本文选取哔哩哔哩和YouTube上《原神》官方账号发布的《神女劈观》视频(数据截至2022年12月31日),再用Python软件爬取前1500条热门评论进行编码分析,进一步梳理出《神女劈观》的跨文化传播路径。我们发现,《神女劈观》分别从内容、形式和载体三部分将中式传统戏曲进行二次元创作与改编,再借游戏这一载体进行传播和推广,获得海内外玩家的广泛认同。本文选择《神女劈观》传播中的非语言符号传播进行重点解析。

在戏剧观与演的关系中,观众的"解码"无疑是重要的意义传递过程。但是,中西方戏剧风格、类型与表达方式截然不同,海外受众,甚至是中国的非京剧爱好者,在接受中国传统戏曲时常常难以产生跨文化理解。《神女劈观》中"云堇"①的唱词含蓄隽永,用词、用典意蕴悠长。为了展现中国京剧元素的"原汁原味",《神女劈观》在英、美、日、韩等多国上线的版本中都特意保留了中文配唱,表意丰富的唱词无疑提升了玩家和用户理解和欣赏的难度。面对语言带来的跨文化隔阂与障碍,《神女劈观》传播中的非语言符号发挥了重要作用。比如,京剧演员表演时运用的"四功五法"("四功"指唱、念、做、打的技艺基础,"五法"指手、眼、身、法、步的技艺运用手段)就包含丰富的非语言要素。② 在哔哩哔哩和YouTube平台上,观众即使不能准确理解唱词所表达的意蕴,但依旧能够通过游戏前置剧情的体验,以及视频中传达出来的非语言符号,感受到中华戏曲文化的独特魅力和深厚底蕴。《神女劈观》所含的非语言符号主要分为动态要素与静态要素两类。

其一,动态要素方面,尤其关注戏曲表演的声腔、动作、手势和眼神。《神女劈观》开篇便是"云堇"的亮相与回眸,优美的姿态向观众展示出该人物雅致的艺术家身份,清澈舒缓的声腔旋律奠定了歌曲柔美细腻的基调。@kathrynnjanealto 评论道:

---

① 云堇(英文名 Yun Jin,日文名うんきん,韩文名운근)是游戏《原神》及其衍生作品中的角色。她是游戏中代表中国文化区域的璃月港的一位"京剧艺术工作者"。作为名角,云堇会写戏、表演佳,是个善于接纳、欣赏新鲜事物的艺术家。

② 乔玉,林一.京剧跨文化传播中的非语言要素研究[J].戏曲艺术,2012,33(4):95-98.

"Singer holds so much of that momentum and mood in their voice that you don't even really listen to the accompaniment, all you need is the voice.(演唱者的声音饱含强烈的情感,以至于你不需要真正地听伴奏,只听声音便够了。)"①总的来看,中国网友更注重戏曲唱腔的细节,海外网友更多地被视听符号所吸引。

其二,静态要素方面,则包括服饰、妆容等。《原神》团队在设计"云堇"这一角色时,参考了传统戏曲里的花木兰、穆桂英、梁红玉等角色的舞台装扮,将传统的京剧服饰元素与现代裙装相结合,保留了云肩、下摆飘带与戏帽上的绒球,用云纹和方胜纹进行点缀,使角色更加日常化和亲切化,更能被玩家和网友接受。中国传统服饰的色彩、搭配和纹理等令有些外国网友感觉亲切,@ic1250好奇地问:"Why this girl dress like 18th century victorian era in Europe?（为什么这个女孩穿得像18世纪欧洲维多利亚时代的人?）"②京剧表演一般采用夸张、变形的脸谱图案,以及"大红大蓝"的传统色彩,色彩和图案突出显示人物性格且带有某种程度的象征和寓意。"云堇"角色则将色彩调和成更流行化的紫色和粉色③,妆容依旧保留了浓烈的色彩。角色设计对服饰、妆容等细节的考虑,使得"云堇"更符合年轻的中西方网友的审美期待,获得了大家的一致认可。

媒介环境的不同,是造成代际间审美趣味和价值观差异的重要因素。④ 在跨文化过程中,关键要找到能够承载人类共通体验的文化产品,以情感、审美的交汇和共鸣为基础,才有可能展示中国和中国文化的魅力。⑤ 通过对《神女劈观》"云堇"的角色设定、"四功五法"中非语言符号传播等细节的分析,我们认为,中式传统戏曲的游戏传播为"游戏对话"向"文化对话"的转变提供了范例。

---

①② 相关评论摘自@ Genshin Impact 在 YouTube 上发布的视频《原神》剧情 PV-「神女劈观」,参见:https://www.youtube.com/watch?v=EiAhMr6IJTQ&lc=UgxQsmzthwrkQgJ59OB4AaABAg。
③ 原神.戏中人间:《原神》云堇创作的幕后[EB/OL].(2022-01-04)[2022-12-31].https://www.bilibili.com/video/BV1xL411c7wn/? spm_id_from=333.337.search-card.all.click&vd_source=3d8727ae1889482e9cec40dd0f5672fd.
④ 陶东风.论当代中国的审美代沟及其形成原因[J].文学评论,2020(2):135-143.
⑤ 郑天仪,曲茹."游戏出海"与中国文化对外传播:以国产游戏角色"云堇"为案例[J].对外传播,2022(4):33-36.

六、中国传统文化消费品的海外接受

案例10:"祈求好运"的冥币——中国传统祭祀文化的转文化传播

近年来,烧纸钱的习俗开始走出东亚文化的圈子,进入国际视野。不同于以往西方国家对我国性别问题、缠足、祭礼等传统文化现象带有批判性的讨论,冥币出海则因被海外消费者转化为"祈求好运"而引发消费热潮。

冥币在英文中被称为"joss paper""ancestor money"等。谷歌趋势(Google trends)数据显示,2022年万圣节和圣诞节前后,全球范围内对于冥币的搜索达到了新高峰。在Twitter、Instagram等社交平台上,许多博主分享自己在了解中国的纸扎文化后,通过焚烧纸钱而收获意外好运的经历。一些海外博主还专门录制视频,讲解中国冥币的起源与历史,现场演示如何折叠、焚烧纸钱和许愿。2022年,加拿大多地的万圣节活动出现了利用无人机、热气球等向空中抛撒冥币的环节,国内外多家媒体均有所报道。法国的博物馆中也陈列有中国的纸扎和冥币。甚至在全球购物网站Amazon上,以冥币为代表的丧葬产品成为继小家电、玩具等后又一款热销海外的中国小商品。焚烧冥币以"祈求好运"成为2022年的一种走红全球的"网红习俗"。这样的转变确实令人好奇,冥币是如何完成文化转化的?我们将从跨国消费品传播的角度进行简析。

浏览购物网站Amazon的商品页面就会发现,冥币在国际范围内的销售并非原封不动地打包出口,而是根据全球消费者的本土化、个性化需要提供差异化的,甚至定制类的产品。以冥币仿制的币种为例,不仅有常见的美元,还有英镑、欧元、加拿大元,甚至一些非洲国家货币制成的冥币,种类多达数十种。而且,由于没有相关法律限制,这类产品与真钞的相似度很高。部分商家还出售仿照西方古铜币制作的冥币。除币种外,配套冥币的丧葬产品也具有明显的本土化特色。例如,美国特色的带有花园和烧烤架的纸扎别墅。而且,这些西式建筑中还会糅合传统中式纸扎房屋的对联、牌匾等特色化物件,只是上面的内容都被替换为英语,"别墅"里面还绘制了白人或黑人形象的仆人或管家。部分商家还同时出售用金属箔纸折制的糖果、蝴蝶结、桃心等,而这些物件通常不会出现在中国传统丧葬市场中。相关报道表明,由于冥币在海外走红,一些海外的华人超市甚至在店内开辟出"冥间超市"专区,其中贩卖的纸扎产品具有更加鲜明的本土化特征,例如造型可爱逼真的各品种宠物猫狗、各类奢侈品牌的箱包鞋服等,甚至一度引起相关品牌发布公告要求涉事华人超市下架印有本品牌标识的纸扎。

更有趣的是,尽管 Amazon 商家介绍:"冥币是中国传统民间祭祀中的用品,是提供给死者使用的金钱,祈祷死者在地下过上幸福的生活。燃烧冥币的作用可以分为两种,一种用于向神祈祷,另一种用于向祖先、已逝的亲人和鬼祈祷。"但在消费者的评论中,我们看到了完全不同的用法。有消费者每周会为自己焚烧纸钱三到五次,以祈求好运;有消费者会在姐姐的生日为姐姐焚烧纸钱,以此向她表示祝福;还有的消费者将纸扎别墅当作手工玩具送给孩子,将冥币作为礼物送给朋友。这些消费者将冥币视为一种"许愿纸"和礼物,认为燃烧它们可以获得好运。

美国人类学家柏桦(C. Fred Blake,1942—2017)曾出版《烧钱:中国人生活世界中的物质精神》[①]一书。书中将中国各地焚烧纸钱的主要步骤归纳为五个:点蜡、上香、供饭、烧纸和放鞭炮。其中,上香是与亡灵建立联系,献上饭食意味着沟通,烧纸是献上财帛礼物,放鞭炮意味着仪式的结束。这一基于描述现象学的分析,认为烧钱(Burning Money)的仪式、内容、功能实际上构成了一个微观宇宙,在中国文化中,人们意在建立一种超自然的联系和对话。但当冥币成为全球消费品时,我们发现,中国传统祭祀文化出现了明显的转文化传播。消费使得冥币在设计、生产、购买、燃烧、祈福、展示和互动中重新制定了一种持续创新的、中外杂糅的符号系统。"祈求好运"既是一种作为意义的愿望,也是一种人类交往的行动,这其中包含和重构的亲属关系、朋友交往、故事叙事、流行时尚等产生了区别于中国历史的文化秩序,但又始终会吸引全球消费者重新追问文化的起源。

结　论

对 2022 年跨文化传播年度事件的分析显示,跨文化传播生命力的源泉还是人与

---

① BLAKE C F. Burning money: the material spirit of the Chinese lifeworld [M]. Honolulu: University of Hawaii Press,2011:59,86.

人之间维系交流和实现理解的愿望、需求和行动。新闻事件报道中的跨文化传播一方面显现情感的共通性让人类社会持续拥有悲悯和共情，另一方面，人们也保持了对历史的反思和对不平等文化权力的质疑。在灾难发生时，由于空间和地方的跨文化感知差异，情感也会出现难以共鸣的冷漠和伤害，这一点值得人们警醒和反思。重大体育赛事等有组织的、全球性的跨文化传播事件会极大促进不同文化间的感知和理解。吉祥物作为一种体育文化符号更容易在相异文化间流动，通过主体间体验和交往生成一种"我们"的文化。"义乌现象"的分析则提示，面对面的、尊重多元文化的、自下而上的跨文化城市建设有可能推进更紧密的多样化共创社区的建设。影像叙事则是一种积极的文化间撒播，作品构建极为丰富的文化场景和叙事方式，呈现尊重差异和个人发展、融入世界叙事的充满想象力和包容度的内容。此外，冲出东亚文化圈的 K-POP 文化发展、转向"文化对话"的游戏叙事、中国祭祀文化消费品的海外接受等都表明，跨文化传播需要人们不断地实践文化间沟通，追寻互惠性理解。

跨文化传播是在人类多元开放的交往实践中不断辨析、不断发展、不断创新的问题域。人类在文化间、主体间彼此互动、彼此关照，因此，跨文化传播一定是在沟通中完成的彼此显现和知识构建。互惠性理解需要建立在充分的自我反思和意义分享的基础上，从这个意义上讲，跨文化传播年度事件是留给诸君的一些"方法"或"视角"，让我们在历史的河流中汇聚文化间兼容和生长的水滴。

比较新闻学年度案例评析(2021 — 2022)*

❖ 比较新闻学研究小组

摘　要　本文从2022年度发表于英文期刊中的数百份比较新闻学研究中选取13个典型性案例进行评析，以窥探该领域的最新进展和前沿趋势。总的来说，它们分别从媒介体制、社会文化语言、新闻记者、新闻文本四方面进行比较分析。其中，案例1—3分别从媒介体制的视野来分析该类型划分在数字新闻学下的发展，及新闻多样性、报道议题周期在不同媒介体制下的差异及相似点。案例4—6则考察社会文化语言，如日常生活形式、社会文化、语言社区，对新闻用户的媒体接受、(不)文明(In/Civility)表达及讨论情绪的不同影响。案例7—10主要以新闻记者为中心，考察其规范性角色、幸福感、应对暴力的策略及其新闻信任在不同语境下的相同/相异点。案例11—13

---

* 本文系武汉大学媒体发展研究中心整理的比较新闻学案例评析，旨在通过阅读和评析前沿案例，拓展新闻研究的全球视野与比较视野。本文由单波教授、曹皓副教授指导，比较新闻学研究小组成员共同撰写。小组成员分别为武汉大学新闻与传播学院2022级硕士生陈嘉淇、陈甜甜、郭松直、黄皓宇、靳一丹、赖荟羽、刘帆、王宇倩、王芷青、肖靖琪、徐一凡、阳露、杨礼旗，全文由曹皓统稿。曹皓的电子邮箱：haoccc@whu.edu.cn。
本文系教育部人文社会科学重点研究基地重大项目"国际传播场域视野下的'人类命运共同体'话语建构研究"(项目编号：21YJC860002)的阶段性成果。

主要侧重新闻文本的分析,比较反种族歧视抗议的报道、民粹主义及和平新闻报道在不同地区之间的差异。总的来说,比较新闻学研究设计渐趋成熟复杂,越来越偏重考察结构性因素,如媒介体制和社会文化语言,对新闻传播报道流程和工作者的形塑。

关键词 比较新闻学;比较媒介体制;社会文化语言;新闻记者;新闻文本

Annual Review of Comparative Journalism Studies (2021—2022)

Comparative Journalism Research Group

Abstract This paper reviews 13 typical cases selected from hundreds of comparative journalism studies published in English-language journals in 2022 to explore the new trends in the field. This review mainly analyzes the studies from four comparative lenses, i.e., media systems, socio-cultural language, media professionals, and journalistic texts. First, invoking the media systems analytic approach, cases 1-3 analyze the development of this typology in the digital era and the differences and similarities of journalistic diversity and reporting issue cycles in different media systems. Cases 4-6 examine the ways in which socio-cultural and languagustic norms, such as forms of everyday life, cultural rules, and linguistic communities, affected news users' media reception, (in)civility, and emotions and affects in discussions. Cases 7-10 examines the differences and similarities of media professionals' normative roles, workplace well-being and support, strategies for coping with violence, and their journalistic trust in different contexts. Cases 11-13 compare the coverage of anti-racist protests, populism, and peace journalism in different countries and regions. In sum, we find that the research designs of comparative journalism studies are increasingly sophisticated. Besides, recent studies tend to highlight how structural factors, e. g., media institutions and sociocultural languages, shape the practices and processes of news reporting.

Keywords　comparative journalism studies, comparing media systems, socio-cultural linguistics, media professionals, news texts

案例 1：数字新闻学如何与比较媒介体制研究相遇？

在哈林和曼奇尼（2004）的开创性著作《比较媒介体制》出版后，与之相关的类型学框架与分析维度成为开展比较新闻学研究重要的参照与典范。但随着数字媒介的发展与社会语境的变迁，哈林与曼奇尼的理论框架也受到质疑，如比较媒介体制中四个维度的构建过于描述性，需要进一步操作化[1]；比较媒介体制的类目构建过于"西方中心主义"[2]；以及比较媒介体制理论框架并未关注到社交媒介与数字新闻业的蓬勃发展[3]。如何回应以互联网平台为技术基座的"数字新闻业"，是比较媒介体制研究需要进一步讨论的方向。例如，Alice Mattoni 与 Diego Ceccobelli 就以"数字时代的比较混合媒介研究"对这一话题展开了探索性研究，却并未对其进行实证化探索。[4] 而 Edda Humprecht 等人的研究则更进一步，通过遵从 Brüggemann 等人对比较媒介体制展开的实证化基础，去考察数字新闻语境中三种理想类型的变迁。[5]

具体而言，这篇文章重新细化了媒介市场结构、政治平行性、新闻专业主义和国家

---

[1] NORRIS P. Comparative political communications: common frameworks or Babelian confusion? [J]. Government and opposition, 2009, 44(3): 321-340.
[2] HALLIN D C, MANCINI P. Comparing media systems beyond the western world[M]. Cambridge: Cambridge University Press, 2012.
[3] CHADWICK A. The hybrid media system: politics and power[M]. Cambridge: Cambridge University Press, 2013.
[4] MATTONI A, CECCEBELLI D. Comparing hybrid media systems in the digital age: a theoretical framework for analysis[J]. European journal of communication, 2018, 33(5):540-557.
[5] BRÜGGEMANN M, ENGESSER S, BÜCHEL F, et al. Hallin and Mancini revisited: four empirical types of western media systems[J]. Journal of communication, 2014, 64(6):1037-1065.

的角色四个维度。在媒体市场的包容性上,本研究强调由于在线新闻与互联网的发展,有必要考虑在线新闻的覆盖范围,并衡量报纸在离线和在线版本中以及不同社会群体之间的差异。在政治平行性中,媒介场域的数字化创造了导致政治平行性增强的条件,因此应该将该维度的现有指标与当前数据进行比较。在新闻专业主义这一维度中,需要在以往研究的基础上进一步考虑在线媒体上的用户互动以及在线媒体对在线受众的响应能力。而在国家的角色上,研究者认为,尽管国家资助行为影响着媒体的发展,但大型科技公司已成为媒体系统中最强大和监管最少的行为者。此外,互联网时代的新闻自由也应该被纳入对国家角色的考察。

在测量并检验了相关指标后,Edda 等人再次验证了哈林与曼奇尼理论构建的有效性,并通过聚类分析探索出了数字时代媒介体制的三种类型。与最初的研究相比,哈林与曼奇尼提出的民主法团主义和极化多元主义模式依旧具备解释性,但曾经的自由主义模式却被"混合模式"(hybrid mode)所替代。混合模式,如几个欧洲国家和美国,呈现了较低的新闻专业化程度、非包容性的媒介市场和极少量的国家支持几点特性。这一变迁反映了近年来一些国家日益两极分化的结果。

有趣的是,Edda 等人的这一结论同哈林与曼奇尼的论断产生了微妙的悖反:Edda 认为,在当下的数字化语境中,没有经验证据可以表明自由主义这一理想类型可以与研究中任何一个国家相吻合。换言之,哈林与曼奇尼所强调的重要结论——"其他两种理想类型会像自由主义类型逐渐靠近"的论断在数字时代被打破了。这或许与在数字新闻时代,国家越来越需要支持强大的自由媒体,而精英报纸作为传统的专业精神支柱,遭受着持久的收入危机有关。当然,政治极化更是其中不能忽略的重要因素。

总之,这篇文章尝试在数字新闻的语境中重新检验经典的媒介体制类型学,但研究仍然缺乏对不同国家文化或是情境的考察。此外,在媒介体制的维度界定中,仍然是"媒介场域"与"政治场域"的二元互动,这在实际情境中显然过于简单。正如 Mihelj 和 Huxtable(2018)所言,能否在比较媒介体制研究中实现"文化转向",增加对于文化

因素的关注显然是之后的研究可以深入探索的地方。①（黄皓宇）

案例2：预期违背：不同媒介体制下新闻多样性趋势的比较研究

"新闻多样性"（news diversity）指媒体内容在一个或多个具体特征方面的异质性程度②，其最基本的区分为外部新闻多样性（external news diversity）与内部新闻多样性（internal news diversity）两类③，近年来在互联网发展与新媒体环境的影响下受到学界与业界越来越多的关注。

对这一概念，长期存在的假设与担忧是新闻媒体的报道日益趋同，新闻多样性不断降低，从而对西方民主社会的运作造成破坏性影响。然而，能够作为这一推断依据的实证经验数据却始终较为匮乏，少数的既有研究也指向了混合型的结论。为补足这一缺失，学者 Erik de Vries, Rens Vliegenthart 以及 Stefaan Walgrave 在《讲述一个不同的故事：对四个国家新闻多样性的纵向考察》④一文中，试图通过一项历时的、跨国的定量研究设计验证这一假设的可靠性。

具体而言，本研究意在回答两个问题：一是新闻多样性下降的普遍趋势是否存在的问题，二是以哈林与曼奇尼的媒介体制框架为鉴，进一步探索不同的媒介体制是否会导致不同变化趋势的问题。在操作化层面，作者将新闻多样性限定为外部新闻多样性，包含主题多样性（topic diversity）与情感多样性（sentiment diversity）两个维度。

---

① MIHELJ S, HUXTABLE S. From media systems to media cultures: understanding socialist television[M]. Cambridge: Cambridge University Press, 2018.
② VAN CUILENBURG J. On competition, access and diversity in media, old and new: some remarks for communications policy in the information age[J]. New media & society, 1999, 1(2): 183-207.
③ MCQUAIL D, VAN CUILENBURG J J. Diversity as a media policy goal: a strategy for evaluative research and a Netherlands case study[J]. Gazette (Leiden, Netherlands), 1983, 31(3): 145-162.
④ DE VRIES E, VLIEGENTHART R, WALGRAVE S. Telling a different story: a longitudinal investigation of news diversity in four countries[J]. Journalism studies, 2022, 23(14): 1721-1739.

作者在收集了分属于民主法团主义模式（丹麦、挪威、荷兰）与自由主义模式（英国）两类媒介体制下四个国家的十二家不同政治倾向的报纸的数据后，通过自动化数据分析，对比了每一天每个国家近六百万篇文章，对其中相似的文章进行了主题与情感多样性的测量。

研究发现，在 2000 年至 2019 年间，无论是在主题多样性还是情感多样性维度上，四个国家都未呈现显著下降趋势，甚至个别国家（英国）在情感多样性上表现出了上升的态势，这违背了此前的预期。同时，在不同媒介体制的比较视野下，英国作为自由主义模式媒介体制下唯一的案例，并未与其他民主法团主义模式国家形成显著区别。而若从英国单一案例出发进行分析，则其内部不同政治倾向报纸间主题多样性变化的区别及前文提及的情感多样性的升高或指向其国家内部越来越高的极化效应。

总体而言，作为一项历时的、大样本的比较研究，本文实证的、而非规范性的研究立场使其在研究方法上最大程度地做到了严谨而规范——通过小规模人工编码及表面效度检验两种方式验证了指标构建的可靠性，排除了无关因素的干扰，为此后同类型的研究设计提供了方法论上的参考。但遗憾的是，该研究也具有当前大样本研究的通病，即结论停留在描述性分析层面，即便给出了传统媒体从业者角色转型这样的猜测，总体上仍缺乏更加规范的对深层原因的探讨。此外，该研究案例选取的合理性也有待进一步商榷，如仅选择英国作为自由主义模式的代表型案例是否恰当？在对不同政治倾向的报纸进行选取的过程中，是否因为没有建立起完全的可比性而导致回归模型的结果较差？

基于此，此后的研究可以从两个方向进一步展开：一是在本文的基础上吸纳更多的国家、新闻类别，以及新闻多样性维度等，在广度上进行拓展；二是在深度上对少数案例进行更加深层、全面的分析。（王芷青）

案例 3：基于媒介体制和议题关注周期的中美新冠疫情报道比较研究

新冠肺炎疫情（后文简称"疫情"）的暴发为比较性研究中美两国的科学传播、风险传播提供了实际案例。《媒介体制和注意力周期：美国和中国新冠肺炎新闻报道的数量和主题》①一文就旨在比较中美对疫情的关注度和报道主题,并探讨报道的变化和差异。研究者使用了结构主题模型(STM)进行数据分析和主题提取,并根据报道内容和时间进行了定量和定性分析。

研究发现,在疫情早期,中国的报道数量迅速增加,随后逐渐趋于稳定。而美国的报道数量一直保持较高水平,达到高峰后逐渐下降。在美国的报道中,政治是最突出的主题,经济和健康也是受到关注的重点。中国的报道主题集中在国内疫情应对、经济和政治等方面,还关注国际合作、医疗援助和"一带一路"倡议等国际议题。在报道内容上,美国的报道更偏向于冲突导向,政治主题中约有三分之一与冲突相关。而中国的报道更加关注国内疫情应对和国际合作。

两国报道存在不同的话题转移,在美国的报道中,随着时间推移,疫情作为一种多方面的风险被讨论,如经济、心理健康、人际关系等"疫情副作用"的报道。与之相反,中国媒体对疫情的报道趋势几乎没有发生重大变化。报道唯一显著增多的时间点是"两会"期间,增多的内容是代表们为应对疫情提出的建议。

对上述发现,研究者倾向于以中美文化差异和媒介体制差异加以阐释。美国的报道更关注冲突和消极情绪,而中国的报道则强调社会层面的应对和恢复,这反映了美国的个人主义文化与中国的集体主义文化之间的差异。此外,研究者指出政治事件与疫情的相交影响了主题,如美国2022年恰逢中期选举,其媒介体制的高度新闻自由和竞争性的媒体市场催生了更多关于政治紧张局势的报道,这些报道迎合了美国观众的政治两极化。

本文存在一定的不足之处。作者预设了两国的文化差异,没有据此进行创新性或者更深入细致的批判性考察。另外,中国的三家媒体的报道数据不成比例,这可能导致有关中国的分析结果过于倚重《人民日报》这一党媒。跨语言的语义处理不够谨慎,翻译中文文本时应邀请专业人士进行内容审查②。以及,研究没能有机地整合时间、

---

① WIRZ C D, SHAO A, BAO L, et al. Media systems and attention cycles: volume and topics of news coverage on COVID-19 in the United States and China[J]. Journalism & mass communication quarterly, 2022, 99(4): 1048-1071.
② FU S, COOPER K. Reconsidering communication visibility in politically restrictive contexts: organizational social media use in China[J]. Journal of communication, 2022, 72(5):540-552.

报道量、主题,媒介体制对议题关注周期的整体影响也就不得而知,难以推广到其他地区。最后,研究设计并未纳入比较媒介体制的框架,使得文章的两个理论缺乏融合对话,后续应当结合定量与定性研究方法,以手动分析补充计算分析,进行更深入的探索,这一点在之后旁人的研究方法述评中有所讨论[1]。(徐一凡)

案例 4:由日常生活模式形塑的媒体接受

网络媒体时代,人们为何还要使用印刷出来的报纸? Boczkowski 等人在《从烧烤炉到桑拿房:将媒体接收折叠到日常生活中的比较性说明》[2]一文中提出,大众的媒体使用行为与其日常生活模式紧密交织,并由"获取途径""社会化"与"仪式化"三个机制共同塑造。

长期以来,技术与内容两个因素主导着学界对于媒体接受的研究。在技术层面,学界重点关注了新旧媒介的融合情况。在内容层面,相关实证研究主要关注影响报纸消费的版面位置、文章类型等因素,学者认为阅读报纸满足了大众的信息需求,同时也是一种习惯化过程。但是,近年来,不少学者摒弃了媒介中心视角,将媒体接受纳入更广泛的日常实践中,认为日常生活模式塑造了大众的媒体接受。

顺着这一路径,Boczkowski 等人对来自美国、日本、芬兰、以色列与阿根廷这五个国家的 488 名报纸消费者进行了半结构式访谈。依据扎根理论,研究者对访谈内容进行了三级编码,并最终确定了日常生活模式影响大众报纸消费行为的三个机制。研究采用了最相似系统模型,五个国家在政治体制与媒介环境上具有相似性与可比性,但日常生活模式作为重要因素,通过"获取途径""社会化"与"仪式化"三个机制产生了相异的媒体接受行为。

研究者为媒体接受概念提供了新的理论贡献,通过三个影响机制明确地提出日常

---

[1] VOGLER D, MEISSNER F. Tackling the information overload: using automated content analysis for crisis communication research[M]//COOMBS W T, HOLLADAY S J. The handbook of crisis communication. New Jersey:John Wiley,2022:53-65.
[2] BOCZKOWSKI P J, SUENZO F, MITCHELSTEIN E, et al. From the barbecue to the sauna: a comparative account of the folding of media reception into the everyday life[J]. New media & society,2022,24(12):2725-2742.

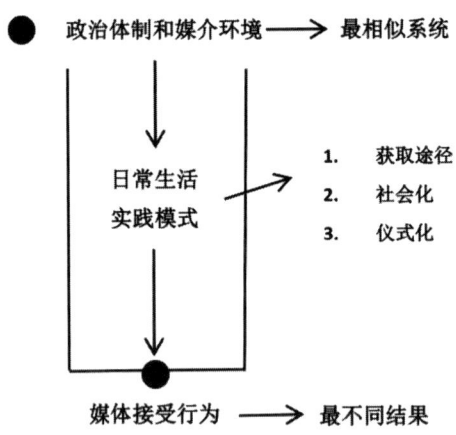

图 1　政治体制和媒介环境对媒体接受行为的影响

生活模式与媒体接受行为之间的关系。首先，通过"获取途径"机制，日常生活模式影响了受众如何接触印刷报纸。以色列的受访者通常在公共交通工具上免费获取报纸，相反，日本的受访者习惯定期订阅一份或多份报纸。这种接受行为独立于内容和技术因素，也没有受到数字媒介成本的影响，反而与更广泛的生活习惯、文化环境相关；在"社会化"机制中，代际关系与父权制传统产生了较大的影响——来自五个国家的受访者都提到了老年人往往为后辈提供报纸，同时通常由丈夫决定一个家庭订阅的报纸种类。在家庭关系以外，邻里关系、朋辈关系等因素构成的集体关系也产生了影响。在"仪式化"机制中，阅读印刷报纸被看作高度仪式化的行为，这种媒体接受被融入更庞大的日常生活仪式中，进而发展出独特的仪式化习惯。印刷报纸上刊载的内容并不是最重要的，相反，折叠报纸这一动作本身具有更强的仪式性意味。

　　在研究方法的使用上，研究者采用了滚雪球式的抽样方式，完成了较为扎实的深度访谈。在理论框架层面，非媒体中心视角的引入能够从更宏观的视角考察媒体使用行为。但研究的比较视角有所欠缺，研究者对五国受访者的内容仅进行了描述性的呈现与分析，未能对五国的媒体接受行为完成类型学的分类。如果研究者能够对三个机制在五个国家的应用差异进行更详细的分析与对比，该研究将更具理论创新性。

　　全文始终围绕日常生活模式与媒体接受行为的互动关系展开讨论，这三种关键机制在由网络"新"媒体主导的时代，对旧媒体的持久性存在发挥着关键作用，同时也为比较不同国家中的微观媒介使用行为差异提供了新的研究路径。（陈嘉淇）

案例 5：社会文化视野下的公众(不)文明表达差异

媒介辩论的文明程度会对其质量造成影响，因此，许多学者针对不文明行为进行了广泛的关注与思考。为了进一步发展相关研究，同时观照文明行为的积极性，在《解读公共话语中愤怒和认可的决定因素：跨越社会文化分歧、政治制度和媒体类型的洞察》[1]一文中，夏洛特·罗布（Charlotte Löb）等几位学者对六个国家和三种媒体类型进行考察，从社会文化分歧的有无和政治制度、媒体类型三重角度进行了系统的评估，并为其如何决定媒介辩论的文明水平提供了比较的视角。

本文作者重点关注公共话语的系统层面，此处的关注隐含了较低级别的变化取决于系统级别的内隐条件。文章之所以选取政治制度与社会文化分歧这两个系统性因素，是因为媒介话语是政治和媒体之间交流的产物[2]，公共话语通常反映了由政治制度所塑造的更广泛的政治条件，而社会文化决定了公共话语的模式[3]。以宗教在公共生活中扮演什么样的角色为核心问题，作者收集了 2015 年 8 月至 2016 年 7 月间所选媒体渠道中的政治、社会和经济部分发布的所有媒体内容，采取内容分析法，按照多数主义制度（美国、澳大利亚）、混合（土耳其、德国）、共识制度[4]（黎巴嫩、瑞士）和分裂社会（美国、土耳其、黎巴嫩）、非分裂社会（德国、瑞士）所划分的国家及由自上而下（专业新闻）、自下而上（政治博客）所划分的媒体对新闻项目中的文明消极端的愤怒与积极端的认可内容分别进行测量。

研究发现，政治制度因素并没有引起系统的变化；社会文化差异可能导致更强烈的媒介交流；而报纸和新闻网站所包含的愤怒话语明显更少。作者注意到，在非分裂

---

[1] LÖB C, RINKEKE E M, WEINMANN C, et al. Unpacking the determinants of outrage and recognition in public discourse: insights across socio-cultural divides, political systems, and media types[J]. The international journal of press/politics, 2022: 1-22.

[2] ESSER F, DE VREESE C H, HOPMANN D N, et al. The explanatory logic: factors that shape political news[M]//DE VREESE C, ESSER F, HOPMANN D N. Comparing political journalism. New York: Routledge, 2017: 22-32.

[3] ALEXANDER J C. The civil sphere[M]. New York: Oxford University Press, 2006.

[4] LIJPHART A. Patterns of democracy: government forms and performance in thirty-six countries[M]. New Haven/London: Yale University Press, 1999.

社会中,媒体对群体身份认同和群体关系更为漠视,这也许是一种更强烈的默认共同感的体现,似乎可以解释非分裂社会中参与者间认可的减少这一现象。此外,比起自下而上的新闻制作,自上而下的新闻制作除了内容更易吸引读者认可外,似乎也促进了参与者间的认可。这一发现与近来关于非专业媒介不文明话语的实证文献观点一致。

以往研究中对公共话语中文明的系统决定因素知之甚少,本文对于系统性因素的考察对后续研究有所启示。首先,研究表明,对一类社会文化进行的比较可以产生有价值的见解,当然,这一因素还有待进一步的区分。在政治两极分化日益加剧的时期,群体间关系、社会分裂模式和社会整合等问题对于充分理解媒介话语中的文明性变得更加重要。同时,未来的研究应当进一步区分一套政治体系中不同特征的影响,而非将整体的政治体系作为一套标准。

遗憾的是,本文并没有开展更深入的定性研究来支撑起宏观层面的分析。研究对于政治制度和社会文化分裂等结构层面仅作了独立的测量,实际上,这两个因素的互动也会产生一定的影响,而本文对于影响路径仅用媒介语气的测量结果进行佐证,实践中也许存在更为规训式的影响。此外,本文虽然对两个较有争议性的核心概念做了一些阐释工作,但没有解释其对立关系,导致概念的解释力不足。(王宇倩)

案例6:多语言Twitter中情感动态的比较研究

全球化和社交媒体的发展使得公共讨论的国别边界愈发模糊,舆论运动成为卡斯特所说的全球公民社会(global civil society)的第四种表现形式,这种舆论运动由多元媒介系统中的信息动荡构成,并且出现了自发的、临时性的传播网络动员。[①] Twitter上的Hashtag社区不仅为全球用户瞬时响应国际新闻事件提供了平台,研究者也可以由此来洞察不同语言文化的数字社区间如何对同一特定事件产生不同理解,进而探究不同文化和政治立场领域的舆论动态。

---

① CASTELLS M. The new public sphere: global civil society, communication networks, and global governance[J]. The ANNALS of the American academy of political and social science, 2008, 616(1): 78-93.

Nour Zeid等三位学者围绕卡舒吉谋杀案，以Twitter的标签社区为研究对象，分析了以语言分隔的不同临时公共领域中的讨论情绪。研究表明，在英语和阿拉伯语的数字社区中，围绕记者卡舒吉谋杀案展开讨论的Twitter情绪存在差异。[1]

作者使用了Twitter API V2进行数据爬取，遍历了自此案件发生前一天到三周年纪念日的全部Twitter文本，以"Khashoggi"等姓名关键词进行数据提取，分别提取了英语语言社区和阿拉伯语言社区的推文数据，数据清洗后获得3278464条推文。作者使用了英语和阿拉伯语言中都存在的NRC情感词库来进行推文情感极性的分析，在不同时间、不同话题标签之间对比推文的情感得分。同时，作者试图探究关于卡舒吉谋杀案的Twitter讨论在多大程度上包含外部引用，并探索这些外部引用如何驱动用户在讨论中的情感。

研究结果显示，英语语言社区整体的情绪会随着时间产生积极趋势，而阿拉伯语言社区则不存在这种趋势。同时，英语语言社区相较于阿拉伯语言社区的讨论情感明显更加负面，且情感波动更加剧烈，阿拉伯语言社区的讨论情感则相对温和。在标签层面，文章分析了围绕案件展开探讨的排名前三十位的标签，结果显示，英语社区中的大部分标签情感极性均为负值，而阿拉伯语言社区中积极情绪和消极情绪的话题标签虽然总体上偏负面，但相对平衡。同时，在两个语言社区中关于其他国家和国家领导人的话题标签大量流行，这说明围绕卡舒吉谋杀案展开的话题标签具有地缘政治性。在国家指涉上，两种语言社区有异有同，例如提及土耳其的两种语言Twitter样本均呈消极情绪；英语语言社区在有关阿拉伯的话题标签讨论均呈明显消极情绪，但阿拉伯语言社区则显示出中性甚至积极的情感。在外部引用层面，关于卡舒吉谋杀案的讨论仅有0.15%的推文存在外部引用，这说明大多数Twitter用户并不参考外部媒体报道，而偏向于利用Hashtag抒发个人观点并表达情绪。

对阿拉伯语社交媒体讨论中的情感展开分析的研究相对较少，这一比较研究无疑填补了这一空缺，且为全球临时公共领域的研究提供了新的思路。但遗憾的是，本文的实证研究结果并未和理论产生较强的对话性。文章采用了议程融合的理论展开分

---

[1] ZEID N, FRISSEN T, SCHERR S. #خاشقجي_جمال# JamalKhashoggi: Unraveling multilingual Twitter sentiment dynamics in a longitudinal comparative analysis of tweets in Arabic and English[J]. New media & society, 2022:1-25.

析,但实证研究部分的结论主要围绕两个语言社区的情感极性和情感得分展开,且探索性分析对于主流媒体和社交媒体间议程设置的理论贡献也较为有限。同时,使用Twitter文本内容情感得分展开研究意味着文本内容本身成为不可知的黑箱,人们从研究中无法得知不同语言社区用户围绕卡舒吉一案的争辩内容,研究者未来可以基于情感极性的探讨对文本内容进行更深入的挖掘。(肖靖琪)

案例7:新闻记者规范性角色在欧洲空间的呈现

新闻角色是新闻文化框架下的重要一环,记者如何表达职业角色是表达新闻文化的方式之一,新闻角色领域也历来被学界重视。沿袭了学者托马斯·汉尼茨(Thomas Hanitzsch)和蒂姆·P.沃斯(Tim P. Vos)的新闻角色分类①,《超越家族相似性:描绘21世纪10年代初欧洲各地记者的规范角色》一文将新闻规范角色放置在上述角色框架下展开讨论,通过收集2012—2016年间27个欧洲国家的WJS调查数据,讨论了记者规范角色如何在欧洲形成,描绘了欧洲的规范角色范围并评估了它与全球愿景下的新闻记者主要功能的异同程度②。

数据方面,共10221名记者参与研究,清洗后产生12860个答案。研究者使用现象学理解对语料库形成初步观察,随后采用定性内容分析法将文本语料库进行编码,将语料统一翻译成英语并多次迭代,形成一个高清晰度的归纳性字典,最终归纳出分属于七大角色功能类别的23个角色。

研究发现,即使语料库满足了地理、记者、媒体的多样性,极少数角色依然主导多数记者的规范性角色认知,这些角色是告知者、看门狗、教育者、调查者和监督者;语料库中描述的角色多属于政治生活领域,只有艺人角色属于日常生活领域,突出了新闻规范角色共识中强烈的政治性倾向。

---

① HANITZSCH T, VOS T P. Journalism beyond democracy: a new look into journalistic roles in political and everyday life[J]. Journalism, 2018, 19(2): 146-164.
② STANDAERT O. Beyond the family resemblance: mapping the normative roles of journalists across Europe in the early 2010s[J]. The international journal of press/politics, 2022, 27(1): 58-75.

随后，本文在国家层面进行比较归纳：相似之处在于信息指导与批评监督两类功能下的角色占比突出，共同构成欧洲 27 国的规范框架；差异之处在于奥地利、丹麦、塞浦路斯等六国中，批评监督功能角色占主导，在斯堪的纳维亚国家尤为突出；瑞士、比利时、法国等十国中，信息指导角色占主导，多为拉丁欧洲国家；匈牙利、摩尔多瓦、德国等五国中规范角色混合呈现，更具多样性，且都更重视发展教育功能。最后，本文对照既有研究发现，欧洲最常提到的角色放在世界范围内也与其他地区的国家具有相似性，证实了规范制度在世界范围内具有一致性。①

本研究的独特性在于未使用既有材料供记者选择，而是收集记者自己的表述，以获得相对具有开放性的答案，理论框架方面有既往权威研究支撑，对核心概念进行了延伸性研究。此外，研究者还将本研究与世界性研究进行对照，共同说明新闻角色在欧洲与世界层面呈现的异同。最后，本文关注的核心概念展现出极大的延展性，新闻规范角色还有许多深入研究的可能，如，次要新闻角色家族，新闻角色间的辩证关系，非传统新闻工作者的角色，等等。

但该文也有一些不足之处，首先，最大的问题是比较框架不够清晰，文末仅仅将记者规范角色以国家为单位进行了粗略简单的逻辑归类，而没有进行解释性分析。其次是人工编码和标准化的缺陷，文本统一为英语叙述可能会因文化语境的不同使翻译出现误读。除去翻译问题，抛开记者的背景和身份仅仅对其文本表达进行分析可能会丢失部分原本意义，进而影响编码分类，研究对于编码的信度也没有展开具体说明。最后一个瑕疵是行文有部分省略，由于该文是研究者有关新闻角色系列研究中的一部分，对于部分理论框架、方法过程以及研究发现的详述在该文中没有呈现。（陈甜甜）

案例 8：新闻工作场所中的幸福感和支持系统

当代，新闻业被视为一种高情绪劳动的职业，但由于西方新闻业中客观性理念的存在，情绪劳动的价值往往被忽视或低估。既有的研究发现，记者主要以情绪素养为

---

① STANDAERT O, HANITZSCH T, DEDONDER J. In their own words: a normative-empirical approach to journalistic roles around the world[J]. Journalism, 2021, 22(4): 919-936.

心理资本应对情绪压力的挑战,但同事的情感支持和建议、组织的支持同样被证实是有效且必要的。以往的研究常在美国背景下展开,而《新闻业的工作场所幸福感和支持系统:德国和英国的比较分析》[①]一文试图探究组织支持的缺乏是否具有普遍性,而记者又如何看待支持系统这两个悬而未决的问题。

基于此,研究者将情绪劳动视作亟待解决的问题,将组织支持、社会支持、心理资本作为解决途径,将减轻情绪劳动的负面影响,保障从业者幸福感作为目标,搭建起理论框架,重点探究这一过程中,记者对支持系统的评价、期待及需求。研究选取了英、德这两个欧洲新闻行业从业人数众多的国家作为样本,对34名英国记者和32名德国记者进行了半结构化访谈,围绕情绪劳动这一话题,询问被采访者对工作场所幸福感、支持系统等共同主题的看法,并基于相关核心概念开发了编码方案,对两国记者的访谈内容进行了分析比较。

具体而言,在德国,社会支持和主管支持往往是有效的,在英国则不然。两国记者都主要依靠他们的心理资本来处理情绪劳动,且都面临着组织支持程序不规范、结构不透明的风险。同时,两国记者都建议,编辑室需要为记者和管理人员提供情感素养培训,建立负责教牧关怀的联络点,建构公平、透明和正式的结构。

在研究结论方面,一方面,研究重新强调了新闻行业的情绪劳动,一定程度上摒弃了传统新闻业盲目吹捧"理性""客观"的信条,重视对从业者的心理关怀,对专业主义的内涵进行了重构。另一方面,研究者透过记者视角,自下而上地为组织支持系统的改善提出有针对性的措施。与此同时,该研究提及了英国编辑室的"厚脸皮文化""男子气概文化",强调了德国新闻文化中记者的"倡导者"角色,试图将新闻文化作为解释性因素,用以说明两国差异产生的原因。但研究者未对"新闻文化"进行概念定义及理论溯源,未对新闻文化与支持系统间的关系进行论证说明,关于两国的新闻文化的阐述也较为空泛,因而新闻文化难以构成一个解释性系统。

在研究设计层面,研究者设计了一个最相似系统的比较模型,英、德在地理环境、媒介体制、国家对工人的关注等层面的相似性建构了两者间的可比性。研究涵盖了两

---

① ŠIMUNJAK M,MENKE M. Workplace well-being and support systems in journalism:comparative analysis of Germany and the United Kingdom[J]. Journalism,2022:1-19.

国多家成熟媒体机构,采访对象也包括不同性别、岗位和级别的从业人员,拥有了多样化的研究对象。但英国的采访是在新冠疫情发生之后、通过视频通话进行的,德国的采访则是在疫情之前、通过电话采访或面对面的方式进行的,不同的采访方式、疫情的出现是不是两国产生差异的原因尚未可知。

英、德两国的差异客观上体现了不同国家编辑室内支持系统的异质性,提供了美国语境外的在地性证据,但新闻文化作为解释性因素是否具有普遍性,采访方式和疫情因素是否对研究结果产生了影响,也是研究者需要关注的层面。(刘帆)

案例 9:美国记者和德国记者应对媒体暴力的在地化策略

媒体暴力是全球记者共同面对的世界性挑战,尽管各地记者在经历上有着相似之处,但在不同国家背景下工作的记者在暴力的感知、理解及应对策略方面均表现出在地化差异。《抵制风险的个体化:美国和德国记者针对网络暴力反应中的参与和谨慎策略》①一文的作者结合媒介体制以及场域理论说明两国新闻自主性的区别是塑造记者新闻文化差异的关键因素,并带来针对媒体暴力问题的在地化差异。

具体而言,作者提出了三个研究问题:身处更自主性的媒体环境(美国)的记者,与自主性较差环境(德国)的记者在概念化敌意方面是否不同?两国记者因此而制定的应对策略有何不同,在探讨退出新闻业这一问题上又有哪些差异?作者采用"混合民族志"(hybrid ethnography)的研究方法,对87位媒体人员进行深度访谈和多地点观察。

研究结果显示,美国记者通常将网络暴力概念化为个人挑战,强调自主风险应对;而德国的记者则将敌意概念化为系统性问题,认为潜在的解决方案在于组织努力。在记者实际应对措施上,两国记者的策略差异体现在以下三个维度上。在"人身安全"维度,美国记者将人身安全的自我保护责任归于记者个人,强调记者个体的自我保护;而德国记者则更希望发挥协作模式为记者提供组织保护。在"互联网可见性及可访问

---

① NECHUSHTAI E. Resisting the individualization of risk: strategies of engagement and caution in journalists' responses to online mobs in the United States and Germany[J]. Digital journalism, 2022: 1-18.

性"维度,一方面,美国记者坚定维护社交媒体资料,以确保个人可见性;另一方面,在回应策略上体现出记者的自由裁量权,由他/她的单方面决定开始及结束交流。德国记者则相反,他们认为社交媒体资料是私人的,并采用保护和模糊策略,同时在回应问题上表现出较少的自主性,认为有义务代表新闻机构并与公众保持交谈。值得注意的是,在这两个维度的性别差异上,虽然本文结论与既有研究的结果保持一致——女性记者所遭受的暴力威胁程度更深、范围更大[1],但两国男、女记者均对这两个问题表达了普遍相同的策略,因而跨国差异成为比内部性别差异更为显著的变量。在"工作和个人生活界限"维度,美国记者普遍会主动为新闻业代言,甚至在生活中积极为新闻业辩护,而德国记者则采用与线上相似的回避和退出策略。最后,针对暴力给两国记者带来的影响,尽管已有的一些研究表明遭遇媒体暴力的记者会采取辞职等回避策略[2],但通过本文的比较研究,作者得出了迥然相异的在地化结论。美国的记者拒绝讨论退出新闻业的前景,转而强调在受到攻击时明显体验到的自豪和使命感。德国记者则恰恰相反,他们更可能因网络暴力而选择离开新闻业。有趣的是,在这一维度,德国的男性记者更愿意讨论退出策略,而女性记者则更强调奉献精神和牺牲意愿。

本文的研究丰富了媒体暴力跨国研究的比较视角,通过跨国比较的解释维度彰显了新闻自主性在实践中的复杂性——面对网络暴力,更高的新闻自主性可能更易使记者暴露在风险之下。但遗憾的是,在疫情、地缘政治等冲突极化下,本文未能具体比较政治、经济、医疗等报道领域中不同记者的策略差异,因而未来的研究可以注重比较其他内部差异性以及增加跨时段的比较研究。(郭松直)

案例10:新闻记者视角下的新闻信任

路透社对于新闻媒体的持续民意测量表明,自2015年以来,大多数国家和地区的

---

[1] FERRIER M, GARUD-PATKAR N. TrollBusters: fighting online harassment of women journalists[M]//VICKERY J, EVERBACH T. Mediating misogyny: gender, technology, and harassment. Cham: Palgrave Macmillan, 2018: 311-332.
[2] MILLER K C, LEWIS S C. Journalists, harassment, and emotional labor: the case of women in on-air roles at US local television stations[J]. Journalism, 2022, 23(1): 79-97.

公民对于新闻机构的信任度都在下降①,全球新闻业正面临着整体的信任危机。与此同时,有学者提出"平台社会"②的经典隐喻,全球在线平台生态系统极大地改变了包括新闻媒体在内的整个社会部门的运作方式。艾米·罗斯·阿格达斯等几位来自新闻信任项目(Trust in News Project)的研究者所著的《"这是一场你毫无胜算的战斗":四个国家的记者对数字媒体平台如何破坏新闻信任的看法》③一文在这一背景下展开。

研究对来自巴西、印度、英国、美国四个国家的85位新闻工作者进行了半结构化访谈,并将新闻工作者的叙述作为元新闻话语,使用NVivo软件进行归纳式的主题分析,最终提炼出两个框架性的问题:(1)平台如何影响新闻实践,从而影响新闻信任;(2)平台如何影响更广泛的信息环境,从而对新闻信任造成损害。研究结果发现,即便新闻从业者普遍均投入大量时间和精力去通过平台接触受众,但他们仍对数字平台之于新闻信任的影响做出了负面描述,其担忧集中在数字平台对新闻业内外环境的双重改变上。

在此基础上,研究对数字平台之于新闻信任的影响做了初步的类型学构建:在新闻业内部,平台的激励机制和运作逻辑与传统新闻规范中将真实、准确、公正放在中心地位的原则背道而驰;在新闻业外部,平台给新闻业所嵌入的更广泛语境带来了破坏性改造,虚假信息的泛滥与"回音室"及极化现象的出现削弱了受众的分辨力,平台内流通着的有关新闻业的负面评价更是不断干扰着受众对于新闻机构的专业性与公信力的认知。

该研究创新性地从新闻工作者的视角出发,对数字时代的新闻业进行观照,运用并将元新闻话语的概念从公共表达拓展至私人对话领域,将新闻信任之于新闻业的规范性意义与平台主导的媒体环境中的新闻实践联系起来,弥补了现有的新闻信任以及

---

① FLETCHER R. Trust will get worse before it gets better[R]. Oxford:Reuters Institute for the Study of Journalism,2020.
② VAN DIJCK J,POELL T,DE WAAL M. The platform society:public values in a connective world[M]. New York:Oxford University Press,2018.
③ ROSS ARGUEDAS A A,BADRINATHAN S,MONT' ALVERNE C, et al. "It's a battle you are never going to win":perspectives from journalists in four countries on how digital media platforms undermine trust in news[J]. Journalism studies,2022,23(14):1821-1840.

平台研究的不足，同时也揭露了新闻业现存的规范与实践的矛盾，能够为全球的新闻工作者提供一种超越工具和技术的、重新审视数字平台与新闻业关系的视角。

遗憾的是，该文在联系具体的采访对象时，仅根据使用率与受众信任度排行而将各国的几所线上/线下新闻机构定为抽样范围，而这两项指标所使用的数据都是不全面的，无法保证在四个国家所选取的不同新闻机构均具有充分的代表性和可比性；同时，该研究中来自印度的受访者所占比例远低于其他三个国家受访者所占的比例，而文中并未交代这种反直觉的悬殊产生的原因。除此之外，尽管该文采用了比较的研究方法，并且在选取案例时规避了地区中心主义，涵盖了来自全球南北方的四个具有广泛异质性的国家，但并未真正在四个国家不同的媒介体制下对新闻信任与数字平台这组关系进行考量，这导致其研究结果停留在对现象的描述上，无法形成某种高度概括性的理论，难以在应用到具体的媒介体制类型中时仍然保持较好的解释力与适用性。

（阳露）

案例 11：话语机会机构下的种族运动报道的比较分析

2013 年以来，"黑人的命也是命"（Black Lives Matter，以下简称为 BLM）日益成为世界各地种族正义运动的集结号。鉴于媒体在塑造公众对社会运动的认知和政治看法中发挥的关键作用[1]，《照镜子：美国和法国对法国"黑人的命也是命"的报道》[2]一文提出以下研究问题：美国以外的 BLM 报道与美国的 BLM 报道有何相似之处或不同之处？美国媒体报道外国的 BLM 与该国国内报道 BLM 的区别是什么？

论文先对"抗议范式"（protest paradigm）进行回顾，抗议范式表明媒体在报道社会抗议时往往采用"固定模式或隐含模板"并反对挑战现状的社会运动。许多学者认为抗议范式的特征可以全部应用于 BLM 报道中，但作者认为现有研究集中在美国语

---

[1] COTTLE S. Reporting demonstrations: the changing media politics of dissent[J]. Media, culture & society, 2008, 30(6): 853-872.
[2] BLEICH E, POLLARD A, VAN DER VEEN A M. Looking in the mirror: US and French coverage of black lives matter in France[J]. The international journal of press/politics, 2022, 28(2): 344-361.

境内,而美、法的新闻业风格、社会对抗议活动的价值取向和"种族语法"有较大区别,鉴于此,作者以话语机会结构作为理论视角,提出法国以"共和模式"为主,媒体报道围绕"色盲"(color blind)主义的共同公共话语,包括反种族主义在内的运动倾向于普遍主义而非特殊主义的动员形式;而美国崇尚"少数人权利的革命",这使得按种族划分的群体争取平等和包容的动员正常化。

研究收集了2013—2020年美、法两国八家报纸以及两家电视台有关法国BLM运动的报道各35篇。两国各含两份左倾、一份右倾、一份高发行量中立报纸,一档右倾电视新闻。作者采用归纳分析的方法[①]评估了四个关键要素的存在性和相关性:(1)是否以及如何标注个体的种族或族裔;(2)是否建立或否认美、法之间的相似性;(3)是否赞扬或批评美国"社群主义"或法国"共和国"模式的种族关系;(4)对BLM运动或相关举措是否持批评或支持态度。研究发现,美国媒体根据种族身份进行标识;明确比较法国和美国的种族动态;对法国接受"色盲"的"共和"价值观进行批评;通常不会将抗议者视为暴力分子;侧重于提供抗议者的观点并明确指出抗议活动的和平性质。法国媒体则采用非种族化的术语来标注法国活动家,但并没有全面禁止提及种族;否认美、法情况的相似之处;将法国共和模式与"盎格鲁-撒克逊社会"的"多元文化主义"进行了比较;报道语气更加复杂,表达对BLM运动的多种看法。

这一研究打破固有的抗争范式,引入"色盲主义""共和主义""社群主义"等社会学概念来解释话语机会,对美、法两国媒体如何呈现法国BLM报道的比较展开分析,视角较为独特,为理解美、法媒体话语提供更为宏观的解释。

遗憾的是,本文在设置可比性上有失衡之处,在研究美、法两国媒体对法国BLM的报道时未考虑到跨国报道与国内报道层次上的不可比性,结论得出的差异可能并非作者所强调的美国国内外之间的报道模式差异,若是将"美国媒体对法国BLM的报道"与"法国媒体对美国BLM的报道"相对比,设计会更加平衡。操作方法上,作者并未对四种关键要素编码,而是"依靠对故事本身的仔细阅读",直接引用语料给出结论,

---

① TIMMERMANS S, TAVORY I. Theory construction in qualitative research: from grounded theory to abductive analysis[J]. Sociological theory, 2012, 30(3): 167-186.

这使文中引用的论据的客观性和科学性无法得到确认。在同类型的其他研究案例中[1]，人们不难见到选择将定量和定性相结合的方式，将相关语段编码，列出各国使用不同框架的比例图表的内容，这种表述更具有说服力。（赖荟羽）

案例12：浮动的民粹主义的能指

近年来，学界担忧意涵模糊的"民粹主义"一词的高频使用会使人们过度关注右翼民粹主义，导致"民粹主义炒作"，但还缺少考虑多国长期情况的实证证据。《民粹主义的霸权含义：2000年至2018年6种国家日报中作为能指的民粹主义》[2]一文提出以下问题：第一，民粹主义何种程度、何时以及在何地是一个浮动的能指？第二，媒体中是否存在"民粹主义炒作"？第三，公共使用中，该词的含义变化可能有何后果？

结合哈林和曼奇尼的媒介体制分类[3]，研究者选择荷兰、芬兰、瑞典、美国、英国和土耳其以代表不同民粹主义历史背景，对2000年至2018年六国日报中"民粹主义"的含义进行了定量内容分析。取样阶段，研究者在6国各选择1份最具主流价值的日报，于在线数据库以"populis*"为关键词检索，并剔除重复和无关政治的文章，再使用系统随机抽样，得到3252篇样本。定量编码包括故事大小、报道类型、语气、语法使用、主要行动者、引用来源及每篇文章中"民粹主义"的主要含义和规范性评价，研究者还将8项编码内容统合为媒体使用该词时在以下4个方面的变化和异同：突出性；语气；所指涉现象；对民主影响的评估。

研究发现，特定国家背景影响着日报中"民粹主义"一词的突出性、含义和后果评估，但某些趋势适用于所有被研究的国家。首先，该词的使用有一种从指代政治风格到指代意识形态的总体趋势。21世纪初，"民粹主义"更经常与个体政治行动者及其

---

[1] FERREE M M. Resonance and radicalism: feminist framing in the abortion debates of the United States and Germany[J]. American journal of sociology, 2003, 109(2): 304-344.

[2] HATAKKA N, HERKMAN J. Hegemonic meanings of populism: populism as a signifier in legacy dailies of six countries 2000-2018[J]. Media, culture and society, 2022, 44(8), 1523-1540.

[3] HALLIN D C, MANCINI P. Comparing media systems: three models of media and politics[M]. Cambridge, England: Cambridge University Press, 2004.

政治策略相联系,但往后该词越来越多地用于指右翼思想,尤其是激进右翼政治运动和政党。其次,可以说存在右翼民粹主义炒作,尤其是2015年之后。最后,就使用后果而言,民粹主义的主流含义在两种意义上是霸权的。一方面,它主导了公众对民粹主义的理解:一套对民主不利的坏思想。另一方面,该词目前的主流含义也体现了葛兰西意义上的霸权主义,因为它使得当权者被保护在自由民主话语体系内,使其合法质性免受质疑。

研究为"民粹主义"这一当代政治和传媒关键词在多国背景下的意义变化提供了探索性的经验证据,但也存在明显的局限。首先,就设计取样而言,研究者称因"实际的原因"没有研究极化多元主义模式的国家,而选择以土耳其代表不同于另外两种媒介体制背景的国家。但恰恰是南欧的希腊和西班牙存在区别于其他国家的明显的左翼民粹主义势力抬头现象,①这使得该文得出的"民粹主义"日益指代右翼的结论的解释力大打折扣。其次,作者没有说明民主法团主义模式选择三国,而自主主义模式只选择两国的原因,以及土耳其的政治媒介体制的特点。再次,每个国家只选择一份日报的设计无法回避报纸政治偏向的影响,因而无法代表该词在一个国家中的被使用情况。此外,在操作过程中,重要变量"民粹主义"的含义和语气的编码员间信度过低。最后,该研究缺少还原各国语境的深度比较,对各国的民粹主义运动和"民粹主义"语言历史欠缺说明。(杨礼旗)

案例13:理论与实践中的和平新闻

很长一段时间里,西方媒体的报道因无法展示相对平衡的非洲形象而遭受批评。② 和平新闻(PJ)作为一种替代路径,在过去二十年里获得了极大的发展,挑战了传统的新闻价值观。尽管国际媒体对非洲的报道经常被研究,但却很少涉及当地记者

---

① 李凯旋.论金融危机后南欧民粹主义政党的兴起与发展前景[J].中国社会科学院研究生院学报, 2017,217(1):138-144.
② NOTHIAS T. How western journalists actually write about Africa[J]. Journalism studies,2018, 19(8):1138-1159.

的角色。[①]《理论与实践中的和平新闻：肯尼亚记者和外国记者的观点》一文从新闻概念生产与实践的视角观照和平新闻理论，旨在比较 PJ 在肯尼亚历史上两个关键暴力事件（2017 年选举暴力冲突和 2019 年杜西特遇袭）中的当地报道和外国报道中的使用，并收集记者对这一概念的看法和理解。

基于此，研究提出了两个关键问题：(1) 当地报纸记者和外国报纸记者对 2017 年肯尼亚选举暴力事件和 2019 年杜西特遇袭事件的报道主要使用了和平新闻框架还是战争新闻（WJ）框架？(2) 记者如何看待他们对这些事件的报道？

本文中，作者采用了内容分析和半结构化访谈的混合研究方法。首先，作者选择肯尼亚、美国、英国和南非四国中广泛报道两次暴力事件的传统报纸，并以文章为分析单位，收集了与 2017 年选举事件及 2019 年杜西特遇袭事件相关的 275 个样本，根据改编后的 12 个 PJ/WJ 指标将样本分为"PJ/WJ/混合/无"四类。接着，作者邀请了四国在内容分析样本中具有代表性的作者进行半结构化访谈，问题主要包括如何报道触发性事件，受访者如何理解和思考 PJ，以及实践 PJ 的主要障碍和挑战。

作者通过内容分析发现，WJ 是整个样本的主导框架，且本地报纸与外国报纸的报道框架无显著性差异。文章类型与 PJ/WJ 框架之间存在关系，大多数新闻故事以 WJ 为主要框架，特稿等其他类型文章则以 PJ 为主。以案例划分样本进行分析，作者发现关于杜西特遇袭事件的 WJ 框架文章明显更多，且国内外不存在显著差异。总体而言，内容分析证实了 PJ 报道的缺乏，以及 WJ 在当地和外国媒体对肯尼亚选举暴力和恐怖主义报道中的普遍性。作者据此拟定访谈主题并进行采访，发现所有肯尼亚受访者都听说过 PJ，而国外的受访者几乎无人了解 PJ，二者对于 PJ 的理解均存在误解与偏见。对于新闻业是否应该以解决方案为导向这一问题，受访者之间存在着深刻的分歧。最后，作者从政治、经济、文化、资源和新闻实践五个方面对受访者进行访谈并总结了 PJ 在新闻实践中具体的结构性限制。

本文主要有三个理论贡献。第一，本文发现并非所有暴力事件都会采用 PJ/WJ

[①] BUNCE M. "This place used to be a white British boys' club": reporting dynamics and cultural clash at an international news bureau in Nairobi[J]. Round table, 2010, 99(410): 515-528.

的固定二元模型,冲突报道的框架因具体情况而异,WJ/PJ之间的平衡比遗漏模式更可取[1]。第二,本文揭示了PJ的理论概念与记者的使用实践之间的张力,受访者对PJ既缺乏知识,又存在误解。第三,本文将约束和平新闻实践的结构性因素概念化为五个维度,这表明PJ在实践中不是一种放之四海而皆准的方法。与此同时,文章也存在一些不足之处。首先,比较对象的选择不够严谨。在选择西方媒体时,仅关注了英、美两个自由主义媒介体制国家,而没有涉及诸如法国、德国等欧洲国家。其次,分析材料仅选择了英语内容,这可能会忽视语言背后更为复杂的文化差异问题。(靳一丹)

---

[1] GALTUN J. Peace journalism as an ethical challenge[J]. Global media journal:mediterranean edition,2006,1:1-5.

书 评

弹性的网络隐喻:全球史分析路径及跨文化传播启示*
——评麦克尼尔父子的《人类之网——鸟瞰世界历史》

◇ 向 芬**

摘 要 在漫长的人类社会发展中,"网络"可以作为一个理解全球历史的框架,这一框架是弹性、灵活和开放的,为偶然性留有充足的空间,并不排除人们意想不到的种种历史可能性。我们可以从中发现世界网络中的文化同质性和异质性,去观察世界性网络锻造中的"文化波"如何造成断裂和破坏,同时也带来了发展和创造。尤其是全球网络形成过程中产生的文化斜坡效应,反映出文明中心所具有的强大向心力和吸附力。具体到跨文化传播研究中,则需要避免某种"去历史化""去过程化"的局限性,发挥研究者的主体能动性,去反思西方中心主义和文化本质主义。

关键词 网络;全球史;文化波;文化斜坡;西方中心主义

---

* 本文系全国宣传思想文化青年英才资助项目([2020]118号)的阶段性成果。
** 向芬,中国社会科学院大学新闻传播学院教授,中国社会科学院新闻与传播研究所研究员,电子邮箱:xiangfen@cass.org.cn。

The Web, An Elastic Metaphor: the Approach of Global History Analyses and Its Implications for Intercultural Communication
—Review of *The Human Web: A Bird's-Eye View of World History*

Fen Xiang

Abstract The *Web* can be used as a framework for understanding the long run of human global history. This framework is elastic, flexible and open, leaving generous space for possibilities of history. Through the world web, we can explore cultural homogeneity and heterogeneity, and observe how the *cultural waves* in the forging of the world network have been causing fragmentations and destructions, while also bringing development and creations. In particular, the *cultural slope* generated during the formation of the global web reveals the strong centripetal forces that civilization centers possess. As we come back to the studies of intercultural communication, we are again reminded of the defect of *de-historicization* may have and of the necessity to further, reflect upon western centrism and cultural essentialism.

Keywords Web, global history, culture wave, cultural slope, western centrism

一、引言

威廉·麦克尼尔(William McNeill)曾谈到他研究人类历史所侧重的领域是技术的、物质的和生态的,他将自己与汤因比(Arnold Toynbee)截然相反的研究旨趣形容为"天庭与尘世、神界与人间",麦克尼尔选择了后者向下的视角:"在尘世的土壤中挖掘,期望对那些维系人类生活,并促使人类在生物圈中成为独一无二强大物种的各种物质能量加以理解。"①这一视野并非意在从事微观细碎的研究,麦克尼尔父子合著的《人类之网——鸟瞰世界历史》一书纵观上万年的人类历史,在漫长的时间脉络中,聚焦文明生长和文化交流,关注人类迁徙和观念扩散,洞察人际交往与信息传播,试图提供"网络"作为一个理解全球历史的框架,这一框架是灵活开放的,为偶然性留有充足的空间,并不排除人们意想不到的种种历史可能性。②麦克尼尔父子将各种相互交往的"网络"放在人类历史发展的中心位置,核心关切在于:人类是如何创造各种交往网络的?那些曾对世界不同部分加以塑造的各种网络是如何发展起来的?它们又如何连接为一个世界性网络?它们又是如何改变了人类在地球上的地位与影响的?③

从早期农业社会的地方性网络,进展到电子时代的全球网络的过程中,人类社会愈发融合、交流互动、合作竞争。麦克尼尔父子在《人类之网》中将人类网络的发展历程梳理为远古人类交往的第一个世界性网络(the first worldwide web),随后形成的各种都市网络(metropolitan web),合并而来的最大的旧大陆网络体系(the old world web),海路打通后连接而成的世界性网络(cosmopolitan web),以及此后迅速电子化而产生的全球网络(global web)。这些交流互动的网络构成了人类历史的总体结构,"人类之网"是一个弹性的概念,从小型的本地网络、较大的区域网络、更广泛的世界性网络到最大规模的全球网络,诸多网络大小不同、形态各异。同时,运输、通信和交换是麦克尼尔父子探讨网络运行的关键问题,因此,他们对支持网络交互的技术和组织条件给予了相当大的关注也就不足为奇。但是,他们并不认为网络发展历程遵循着不断叠加的简单线性路径。④

麦克尼尔父子所言的"网络"结构不只是一个隐喻,也不仅仅是一种方便的历史分析手段。相反,在他们的论述中,网络具有历史能动性和流动性:网络塑造了人类社会的发展,它们表现出扩张的趋势,去融合更多的人和更大的空间,随着时间的推移,网

---

① MCNEILL W. Encounters with Toynbee[N].New York Times,1985-12-29(A.1).
② BENTLEY J. Web browsing[J]. History and theory,2005,44(1):102-112.
③ 约翰·麦克尼尔,威廉·麦克尼尔.人类之网:鸟瞰世界历史[M].王晋新,宋保军,等译.北京:北京大学出版社,2011:6.
④ BENTLEY J. Web browsing[J]. History and theory,2005,44(1):102-112.

络的影响不断加剧,将世界推向愈发复杂的庞大组织规模。事实上,"网络"可被视为人类历史的一种进化动力。

二、世界网络中的文化同质性和异质性

麦克尼尔父子认为,远古的祖先们通过相互之间的交谈、信息和物品的交换,在狭小的群体中创造出了某种社会的稳定性。逐渐地,各个人类群体彼此之间开始了相互影响和交往,但这往往是暂时性的和偶然性的。他们指出,这种遥远而古老的人类交往是早期松散网络存在的证据,随着大约12000年前的农业发明出现和人口数量增长,各种新型的较为紧密的网络开始从松散原始的网络中兴起,食物丰富且易于定居的环境同时也有利于人们保持经常性的持续交往,为各类更为紧密、更为稠密的小规模网络提供了温床,也使得较紧密的小规模网络在空间范围上具有了地方性和地域性特征。大约在6000年以前,由于各地城市的发展,这些网络演变为联系愈发紧密的都市网络。[1] 大约在2000年前,随着各种小网络逐渐合并,最大的旧大陆网络体系形成。晚近500年间,海路连通将世界上各个都市网络都连接为世界性网络。世界性网络推动了世界农业的趋同性,以致同一种作物可以传播到世界的大部分地区。甚至在各网络直接联系缺失的情况下,人类历史的演进也是沿着并行的路线行进的。[2] 而在19世纪,世界性网络内部交往的节奏明显加快,当网络触角伸入更多的社会之中,它也将变得更为密集,不仅仅连接着各个港口城市及其周边腹地,同时,也将整个世界上所有的城镇和乡村连接在一起。[3] 时至今日,尽管人们所使用的交往方式存在巨大差异,但是,每一个人都已处于一个巨大的全球网络之中。[4]

---

[1] 约翰·麦克尼尔,威廉·麦克尼尔.人类之网:鸟瞰世界历史[M].王晋新,宋保军,等译.北京:北京大学出版社,2011:2.
[2] 约翰·麦克尼尔,威廉·麦克尼尔.人类之网:鸟瞰世界历史[M].王晋新,宋保军,等译.北京:北京大学出版社,2011:112.
[3] 约翰·麦克尼尔,威廉·麦克尼尔.人类之网:鸟瞰世界历史[M].王晋新,宋保军,等译.北京:北京大学出版社,2011:204.
[4] 约翰·麦克尼尔,威廉·麦克尼尔.人类之网:鸟瞰世界历史[M].王晋新,宋保军,等译.北京:北京大学出版社,2011:3.

可见,上万年的网络发展和文化交互,呈现从松散到紧密,从地方到全球的整体发展趋势。处于孤立状态的人类社会越来越少,并且彼此之间常常处于一种并行并存的同质性状态,多样性的程度大为降低。但是,这种同质性并不意味着绝对的同质化,也不意味着资源、力量和等级划分的均衡。

从人类社会网络发展的历史梳理和特征总结中,我们可以发现,各地域各族群的文化时常是存在边界的、异质性的。这也是为什么人们看待跨文化传播总是持有"在彼此中间(Inter)"的认知预设,但是这种"文化岛屿化"的现象并非固定不变的,跨文化的"交叉、穿越(Cross)""贯通、超越(Trans)"①将逐渐突破"网络内部同质性和外部一致性"的分化,由此,跨文化传播处理不同文化间的传播问题时,会提出文化间性以求达成不同文化间彼此理解、尊重、包容和共存的根本所在。

当然,这种对理想的多元主义文化的倡导背后,实际还隐含着文化网络的过程性、混杂性和抗争性意涵。对此,麦克尼尔父子指出,"我们所需要的是一个全新的共生体",要么通过就共生问题进行再度协商来沟通化解隔阂,要么出现新的基本共同体结构类型,以抵消不可名状的纠结。如何协调这种对立,正是我们这个时代以及未来相当长的一个时期所必须面对的难题。他们提出:"我们以及我们的子孙,必须要通过学会如何在一个世界性网络体系和各种不同的多样化的基本共同体的环境中共同生活的能力,来改变我们现有的各种生存方式。"麦克尼尔父子甚至悲观地认为现存网络体系将发生彻底的崩溃,"我们正处于破碎的边缘"。②但是,无论网络体系是破碎还是重建,在跨文化传播中揭示文化异同、消除文化屏障始终是重要的,这直接指向一个应然的命题:我们应该理解并接受差异性,在差异中理解自我的意义,在对话中建立文化间的互惠性理解。③

三、交往网络"文化波"中的合作竞争与互化重构

德国学者格雷布尔(Fritz Graebner)所言的"文化波"(culture wave)表明:地理位

---

① 单波,肖珺.文化冲突与跨文化传播[M].北京:社会科学文献出版社,2015:66.
② 约翰·麦克尼尔,威廉·麦克尼尔.人类之网:鸟瞰世界历史[M].王晋新,宋保军,等译.北京:北京大学出版社,2011:317.
③ 单波.跨文化传播的基本理论命题[J].华中师范大学学报(人文社会科学版),2011(1):103-113.

置分割开的不同文化可能会由于人对物质和富裕生活的需求而开始发生文化间的互动,每一次商品交换都会增加商品成本,降低可能的利润,同时也使人们意识到其他文化的存在,这当然也导致了对其他文化的许多错误认识。如"丝绸之路"使东西方的贸易活动更加频繁,各种宗教沿着"丝绸之路"传播开来,也增加了人们对于远方陌生人的恐惧。①

《人类之网》就展现了这种"文化波"的存在。麦克尼尔父子提出,所有的网络都包含着合作与竞争两个方面的内容。社会权力最广泛的基础就是交往,因为它可以维系人们之间的合作。在一个合作组织框架中,专业化和劳动分工可以使得一个社会较之于其他组织方式更加富足,更加强大。然而,这也使得这个社会更加分层化,更加不公平。同时,网络也构成了一种充满敌意的竞争,甚至战争,不过,竞争对抗也分享着信息,人们确认威胁来临时,势必会做出一定的反应,而各种有效反应通常又与某些紧密合作形式相关。结果,在一定层面上的竞争,却在另一个层面上促成了合作。人类交往与交流、合作与竞争所生发出来的力量,在塑造人类历史的同时,也塑造着地球的历史。结果,这种力量使世界性网络的基础结构得以建成,并且以船舶、公路、铁路和互联网等方式,使这个网络的建设与维持变得更加容易。网络的建设过程和人类所支配空间的扩展过程彼此支撑。②

在"文化波"的扩散过程中,数以千计的商路和海路将各个网络连接起来。《人类之网》尤其关注其中两条最为突出的巨大的主干道:第一条即涵盖亚洲、从中国北部到地中海和黑海沿岸地区的丝绸之路,这条商路从汉朝和罗马时代开始,就定期输送商队、特产,还不时传播宗教,也不断输出天花、腺鼠疫以及枪炮火药。第二条主干道是海路,在某种程度上,它与第一条交通线形成了竞争。它从朝鲜、日本和中国南部的众多港口启程,经由东南亚的海岛,绕过马来半岛,伸入印度洋地区,最后抵达波斯湾和红海的各个港口。这是一个由众多较小的连接点和作为传输与转运点的港口城市组

---

① 单波.跨文化传播的基本理论命题[J].华中师范大学学报(人文社会科学版),2011(1):104.
② 约翰·麦克尼尔,威廉·麦克尼尔.人类之网:鸟瞰世界历史[M].王晋新,宋保军,等译.北京:北京大学出版社,2011:3,5.

合而成的联合体,但它发挥出了一条独立的传输商品、思想、技术和疾病的主干线的功用。①

世界性网络锻造中的"文化波",既造成了断裂和破坏,也带来了发展和创造。各种各样的革新与发明、繁荣与衰落、战争与瘟疫皆通过"网络"体系的波动,传播到条件允许的任何地方。人们的生活越来越受到来自远方的各种事件和进程的影响,这些事件和进程与其所波及的各个地区的现实状况相结合,共同地发挥作用,有力地推动各种历史性力量的成长,而这些力量在当时很少被人们所理解和认识。② 在不同文化区域的人们互相往来中,无数个文化的"他者"和"陌生人"在彼此互动,人类在关注与被关注、理解与被理解、接受与被接受、扭曲与被扭曲的过程中,认识自我,调整自我,寻找生存与发展之路。在这些复杂多变的文化群体中,文化间的互动可能是积极的、有趣的,抑或消极的、苦涩的。③ 各个文化网络可能会走向文化适应,通过观念互动互化,形成多种文化对现存秩序的合力重构,实现"共可能性"的愿景。

四、全球网络中的文化斜坡与新束缚

随着15世纪欧洲的探险之旅的开启,全球网络成为人们关注的焦点。较小规模的网络实际上并没有消失,但正如大都市网络和世界性网络拥抱了地方性和区域性的网络,将它们编织成更大的网络,而不会完全取代它们一样,全球网络也成为一个突出的结构,重叠、连接和整合了各种现有的大都市网络和世界性网络。全球网络支持贸易交换、文化交流、技术扩散,促进了工业化和帝国主义的发展,这反过来又有助于将网络的触角延伸到世界的各个角落。④

麦克尼尔父子关于全球网络的论述,呼应了威廉·麦克尼尔过去在全球史著述中

---

① 约翰·麦克尼尔,威廉·麦克尼尔.人类之网:鸟瞰世界历史[M].王晋新,宋保军,等译.北京:北京大学出版社,2011:151.
② 约翰·麦克尼尔,威廉·麦克尼尔.人类之网:鸟瞰世界历史[M].王晋新,宋保军,等译.北京:北京大学出版社,2011:171.
③ 单波.跨文化传播的基本理论命题[J].华中师范大学学报(人文社会科学版),2011(1):103-113.
④ BNTLEY J. Web browsing[J]. History and theory,2005,44(1):102-112.

曾经提及的"文明扩散论",即在世界文明互鉴和文化交流中,存在高技术、高文明地区向低技术、低文明地区流动的传播现象,包括其"优秀文化模式""以技术聚落构成文明中心""文明中心与蛮化地带"①等观点均属此类。在《人类之网》中,他们尤其指出了文明中心具有强大的向心力和吸附力,对周边地区形成让其无力抵抗的文明辐射,由此在文明扩散过程中产生了"文化斜坡"(cultural slope)效应。② 他们的这一论调正如有学者指出的,麦克尼尔"同时又是个'文明单中心论'者,意思是说,文明从单中心开始,也以单中心演进","初始文明产生于一个点,后来向其他地方传播,才变成许多文明"③。

虽然"文明扩散论"能够在一定程度上避免"维多利亚史观",却难免附带了高低优劣之别,这一对不平等事实的揭示也反映在麦克尼尔父子对全球网络的认知之中,他们认为全球化是一个痛苦的,有时甚至是残酷的进程。④ 在打破了许多旧束缚的同时,人类又确立起一些新束缚和不平等。简言之,就是全球网络交往的密度和速度日新月异,人类的生活越来越依赖全球联系交往,但更大的差距甚至鸿沟却由此产生了。⑤ 在19世纪,通信技术和交通方式的各种重大变革(如轮船、铁路、电报等)使得世界上的联系更加紧密,但是,人们生活的某些方面仍然未受什么影响。而在20世纪期间,各种新型通信技术和交通方式(如电话、无线电、电视、电影、汽车、飞机、互联网等)涌现,所具有的一个共同特征则在于它们改变了数十亿人的日常生活,扩大了人类实践活动的范围,丰富了人们获取信息的途径。这些新技术一方面使得信息在发达国家的传播变得更为民主化,到大约1975年时,发达国家内部,富人和穷人在获取信息方面的差异已大大缩小;另一方面,由于这些新技术赋予其拥有者以财富和权力,从而又进一步加大了世界上富裕国家与贫穷国家之间的差距,也生成了人们在获取现代信

---

① 麦克尼尔.欧洲历史的塑造[M].刘景辉,译.台北:时报文化出版企业股份有限公司,2007:83-84.
② 麦克尼尔.欧洲历史的塑造[M].刘景辉,译.台北:时报文化出版企业股份有限公司,2007:90.
③ 钱乘旦.评麦克尼尔《世界史》[J].世界历史,2008(2):130-138.
④ 约翰·麦克尼尔,威廉·麦克尼尔.人类之网:鸟瞰世界历史[M].王晋新,宋保军,等译.北京:北京大学出版社,2011:149.
⑤ 约翰·麦克尼尔,威廉·麦克尼尔.人类之网:鸟瞰世界历史[M].王晋新,宋保军,等译.北京:北京大学出版社,2011:205.

息和通信技术的机会和技能方面的鸿沟。① 麦克尼尔父子认为,尤其是所谓的数字化分野的出现,掀开了人类不平等历史的最新篇章。

五、结语:跨文化传播研究中的历史嵌入性与史观问题

全球史学者本特利(Jerry Bentley)曾提出"跨文化互动"理论,并据此为世界历史进程重新分期。② 本特利的"跨文化互动"与麦克尼尔父子的"网络"一样,都是用来理解全球史交流、碰撞和演变的核心,实则已经将跨文化传播的理论和方法嵌入了"新世界史"的书写之中。跨文化传播同样需要从描述层面、规范层面和方法论层面,强调"社会体系的动态转型与历史性演变过程以及传播与文化的社会历史嵌入性和社会主体的能动性"③。正如有学者评述麦克尼尔父子分析的优点在于,他们并没有将网络和交流自然化,而是将其历史化。④ 相应而言,若要弥补某些跨文化传播研究存在的"去历史化""去过程化"的局限性,跨文化传播学者就应增加历史维度的考量,那么,这些全球史学者的研究典范或许能够提供一定的滋养。

麦克尼尔父子的《人类之网》体现出对"维多利亚史观"的挑战,针对过往研究"忽略交流互化""过分依赖于希腊、罗马文明的古典范例""难于理解其他文明,尤其是非西方文明"等问题,提出应将文明的发展看作具有高度相关性和整体性的发展,着重于"文明"而不是"民族国家"。全书中,四大文明是四个主角,每个文明的发展都从古至今有基本完整的交代。全书篇幅也大体上在四大文明之间平均分配,有意识地避免欧洲的比重过大。⑤ 本书的中国读者尤其会感受到中国在其全球史论述中的重要性、持续性、包容性与和平性。麦克尼尔父子将中国农业的起源、水稻种植、河西走廊、运河开通、儒学流变、郑和舰队等内容既突出又平衡地贯通在各时期的布局中。由此就可

---

① 约翰·麦克尼尔,威廉·麦克尼尔.人类之网:鸟瞰世界历史[M].王晋新,宋保军,等译.北京:北京大学出版社,2011:261,306.
② BENTLEY J. Cross-cultural interaction and periodization in world history[J].The American historical review,1996,101(3):749-750.
③ 赵月枝.跨文化传播政治经济研究中的"跨文化"涵义[J].全球传媒学刊,2019(1):115-134.
④ BNTLEY J. Web browsing[J]. History and theory,2005,44(1):110-112.
⑤ 钱乘旦.评麦克尼尔《世界史》[J].世界历史,2008(2):130-138.

以理解,麦克尼尔父子对于西方传统史学的认识和批判,使得他们在"去欧洲中心"的史观统摄下,另辟蹊径地将"网络"作为言之成理的研究脉络,这在全球史研究发展之初具有开风气之先的意义。

实际上,跨文化传播研究无论是在理论援用、材料处理还是方法运用上,都同样需要面对最基本的史观问题,这与西方中心主义、文化本质主义等紧密相连,也与研究者的主体能动性此呼彼应。因为西方学术由来已久的"普适性"和"真理性",使得人们只要在其学术范式、话语体系框架中进行研究,就很难跳出跨文化传播领域与生俱来的"西方中心"窠臼。麦克尼尔父子这类书写"宏大叙事"的全球史学者,试图推倒学术隔离墙,意欲超越西方文化特殊性、排他性、地方性知识和个别社会经验的叙事框架,力图从不同文化间的互动来展开分析。[①] 以文明为单位,书写文明的互动,强调文明之间的密切关系和相互影响,认为人类历史有整体性,而关系则是整体性的体现。[②] 这对跨文化概念的启示就在于,它让我们超越形而上学的二元对立(我们/他们、东方/西方、结构/主体等)以及世界是由一种"内/外二元体"构成的本体论立场,而以"过程关系本体论"以及"关系理性"为基础,构建有关世界秩序和全球网络新的认知体系。[③]

麦克尼尔父子在《人类之网》中不愿把"工业革命"和"民主革命"的冲击力说得太厉害,尽量避免让读者误会其宣扬欧洲中心论。我们由此可以理解为什么在《人类之网》一书中关于欧洲自身变化的内容如此稀薄。[④] 这亦可与跨文化传播的问题勾连起来,即只能"从他者出发",把自己的偏好悬置起来,从而看见他者、听见他者进而理解他者,才能建构文化的多维视野。[⑤]

[①] 刘新成.全球史观与近代早期世界史编纂[J].世界历史,2006(1):39-46,160.
[②] 钱乘旦.评麦克尼尔《世界史》[J].世界历史,2008(2):130-138.
[③] 赵月枝.跨文化传播政治经济研究中的"跨文化"涵义[J].全球传媒学刊,2019(1):115-134.
[④] 钱乘旦.评麦克尼尔《世界史》[J].世界历史,2008(2):130-138.
[⑤] 单波.跨文化传播的基本理论命题[J].华中师范大学学报(人文社会科学版),2011(1):103-113.

"世界系"与"游戏性":后现代媒介叙事的双重特质

◆ 欧阳敏*

摘　要　仙侠剧和电子游戏是当下两种较有代表性的后现代媒介,两者在叙事方式上均在不同程度上疏离"大叙事"。仙侠剧的叙事方式主要体现为"世界系",其指的是如下设定:男女主角的恋爱关系到世界的存亡。电子游戏的叙事方式主要体现为"游戏性",即玩家如何在游戏机制下成功通关,这个过程中,游戏角色可以无限次"死亡",游戏也可以无限次重启;此外,还包括对现实物理世界和精神世界的高精度"摹写"。仙侠剧、电子游戏等后现代媒介的合法性还有待提升,主要的提升途径为增强现实感和建构视觉奇观等。

关键词　世界系;游戏性;仙侠剧;电子游戏;东浩纪

---

* 欧阳敏,武汉大学新闻与传播学院副教授,电子邮箱:455076621@qq.com。

"World Series" and "Gameplay": The Dual Characteristics of Postmodern Media Narrative

Min Ouyang

Abstract Xian Xia drama and video game are two representative postmodern media, both of which are separated from "grand narrative" in different degrees. The narrative mode of Xian Xia drama is mainly reflected in the "world series", which refers to the following setting: the love of the male and female protagonists is related to the survival of the world. The narrative of a video game is primarily about "gameplay" that how does the player successfully complete the game through the game mechanics, in which the character can "die" an infinite number of times, and the game can be restarted an infinite number of times; it also includes highly accurate "facsimile" of the physical and mental world. The legitimacy of postmodern media such as Xian Xia drama and video game need to be improved, mainly through enhancing the sense of reality and constructing visual wonders.

Keywords world series, gameplay, Xian Xia Drama, video game, Azuma Hiroki

人理解世间万物的方式无外乎两种：一种是以自身为尺度，在亲身实践中去丈量世间万物；一种是凭借媒介，通过媒介所营造的"拟态环境"去感知世间万物。如今，人们越来越依赖大众媒介来理解世间万物，文化也逐渐成为"媒介化"的文化。人们通过媒介创造文化，反过来也被媒介化的文化所形塑。

人们像他们的父辈，但更像他们的时代，每一个时代的大众媒介所形塑的人群都有其独特性。对于当下这个时代，人们给出了不同的称呼，常见者如后现代社会、消费社会、新媒体时代、网络时代等。如果从叙事的角度来看，当下时代的特征是"大叙事的凋零",这里的"大叙事"指的是以人类理性、意识形态和生产等为理念的叙事模式;后现代社会中的某些媒介,如轻小说、仙侠剧、电子游戏等,放弃"大叙事"模式,转而采取"世界系""游戏性"等叙事方式来表征世界。本文结合东浩纪的《游戏性写实主义的诞生:动物化的后现代2》,以及笔者的观剧体验和游戏体验,来对仙侠剧和电子游戏的叙事方式进行阐释。

一、"世界系"的内涵、缘起与风格

从叙事的角度来看,现代媒介如书籍、报纸、广播、电视等适宜于"大叙事",即表达国家和政府意志;后现代媒介如微信、微博、直播平台、互联网社区、仙侠剧、电子游戏等适宜于"故事数据库"(即由无数个人化叙事所形成的叙事群)。

所谓"大叙事",是指以其宏大的建制表现宏大的历史、现实内容,由此给定历史与现实存在的形式和内在意义,是一种追求完整性和现代性的叙事方式[①]。因此,"大叙事"的主要特征是对历史与现实进行"写生",而非凭空虚构。当下的一些网络文学、影视剧和电子游戏中出现了一种与"大叙事"形似而实异的叙事方式——"世界系"。下文将选取知名度较高的几部仙侠剧作为案例,对其内涵、缘起与风格进行论述。

(一)"世界系"的内涵

东浩纪认为,所谓"世界系",指的是在某些二次元文化作品中所呈现的一种想象力或设定,具体呈现为:主角之间的恋爱关系,一般与"世界危机""世界末日"等巨大的存在论问题直接联结[②]。东浩纪分析的案例主要是日本的轻小说和电子游戏。"世界系"在我国的仙侠剧中体现得尤为明显,可以说是仙侠剧的文化基因。譬如,仙侠剧鼻祖《仙剑奇侠传》的叙事风格就是一种典型的"世界系":男主角李逍遥与女主角赵灵儿的恋爱就关乎天下苍生的安危,他们必须合力,才能打败拜月教主,进而阻止拜月教主的灭世计划。

---

① 邵燕君."宏大叙事"解体后如何进行"宏大叙事"?——近年长篇创作的"史诗化"追求及其困境[J].南方文坛,2006(66):32.
② 东浩纪.游戏性写实主义的诞生:动物化的后现代2[M].黄锦容,译.台北:唐山出版社,2015:88.

从《仙剑奇侠传一》到《仙剑奇侠传三》,再到《花千骨》《三生三世十里桃花》《香蜜沉沉烬如霜》《古剑奇谭》《苍兰诀》等,仙侠剧已经持续火热了近二十年。这些仙侠剧在叙事上有一个共同特征,那就是"世界系"。

从表面上看,"世界系"所呈现的虚拟世界很宏大,譬如,仙剑剧中的世界常被划分为人界、仙界和魔界,也就是所谓的"三界",也有一些设定是"六界"(神界、仙界、人界、妖界、魔界、鬼界);世界观也很宏大,主要呈现为正义一方(人界、仙界)为维护三界秩序、守护天地正义而与邪恶一方(魔界)进行对抗。这种设定看似宏大,与"大叙事"有相似之处,实质上它与"大叙事"完全是两回事。

从阐释学的角度来看,"大叙事"是一种公共阐释,即对国家、政府和社会叙事偏好的阐释,这种阐释立基于整体社会现实,具有鲜明的"政治学"色彩和结构色彩。而"世界系"则是一种个人阐释或群体阐释,即对个人或某一群体叙事偏好的阐释,这种阐释一般脱离整体社会现实而虚构一个幻想世界,意识形态色彩较淡,能动性色彩明显。归根结底,"世界系"其实是一种亚文化范畴的叙事模式,是对主流叙事模式的补充或疏离,甚至反叛。

(二)"世界系"的缘起

"世界系"之所以会出现,主要是由文艺思潮和媒介环境的双重变化所导致的。

文艺思潮的变化主要体现为从写实主义的"大叙事"模式转向"故事数据库"模式。近现代文艺作品的主导思想是自然的写实主义,这些文艺作品的共同性在于其主题与社会问题相互联结,即"文以载道"。这类作品被称为严肃文学,"小说"是主要的媒介形式,人们阅读这些作品主要是为了理解社会。这类作品在叙事上遵循"大叙事"模式,"大叙事"适配于"现代状况"。所谓"现代状况"指的是,从18世纪下半叶(第一次工业革命)到20世纪中叶(第二次世界大战结束)为止,现代国家为了让成员凝聚为一而整备了各种系统和制度,这些系统和制度在思想上以人类理性为理念,在政治上以国家和革命的意识形态为理念,在经济上以生产为优先考量。20世纪中期以来,随着存在主义等彰显人类非理性的哲学思潮的盛行,以及个人主义和消费主义大行其道,"大叙事"的权威地位受到挑战;叙事视角和模式开始变得多元化,无数个性化的故事汇聚成"故事数据库","大叙事"不再享有独尊地位,而不得不与其他叙事模式展开竞争。"世界系"正是"大叙事凋零"之后所出现的众多叙事模式中的一种。

如果说文艺思潮的变化只是为"世界系"的出现提供了适宜的文化土壤,那么,媒介环境的变化则是"世界系"得以出现的催化剂。20世纪七八十年代以来,媒介环境的变化体现为传统媒介,如出版、广播、电视等的主导地位逐渐为互联网所取代,即传者主导型媒介的主导地位逐渐为互动型媒介所取代。严肃文艺作品的阵地逐渐萎缩,而以娱乐为导向的新型文化工业则迅速崛起。这其中,网络文学、动漫和游戏是"世界系"的主要孕育之地。围绕网络文学、动漫和游戏会形成"迷"群体,这些群体在网络上有自己的专属社区,"强互动性"是这类媒介以及围绕其所形成的群体的主要特征。此外,在众多的关于网络空间的隐喻中,"乌托邦"是其中极为显著的一个,"乌托邦"如梦般轻盈、个体的行动和思想获得极大的自由,与现实世界的"沉重"形成了鲜明对照。因此,诞生于网络空间中的网络文学、动漫作品和游戏作品等普遍立足于虚幻世界,回避或逃避社会问题,轻盈的"世界系"正是其共享的叙事风格。

网络文学、动漫作品和游戏作品对青年人有着天然的吸引力,而这四者之间又有着强烈的互文关系,也就是彼此影响、彼此借鉴、彼此塑造。譬如,一个动漫爱好者看了"萌系"动漫,总忍不住要在现实生活里"萌"一下,或表现为语气词("好的喵～"等),或表现为动作(模仿火影忍者的动作等)。

照尼采的"力量"哲学观来看,人们心中存着一股力量,它推动我们超越一个接一个"此在"。"超越此在"需要力量,也需要媒介:借助飞机和高铁,我们超越了居住地;借助网络文学、动漫作品和游戏作品,我们超越了严肃文学。据此而论,文艺思潮和媒介环境的变化,乃是受到普遍的"超越此在"力量影响所形成的。

(三)"世界系"的风格

"世界系"的叙事风格主要体现为语言的半透明性和"萌"元素这两个方面。

1. 语言的半透明性

在保罗·莱文森看来,语言(包括口语和书面语)是人们进行自我表达、人际交流和认识世界的"元媒介",这是因为语言存在于所有媒介之中,如果对媒介内容进行还原,所有的内容都可以被还原成语言①。如果要准确地表达自身和认知世界,语言应该是"透明"的,就如同一面制作精良的镜子一样,能够清晰地呈现真实世界。真实世界有两层:一层是物质世界,即由世间一切的物理存在之物所构成的世界;一层是精神世界,即由人的精神所构成的世界。一种语言越透明,那么,它呈现的世界就越真实。

从文学史或媒介史的角度来看,语言在很多时候往往是半透明甚至不透明的。在前现代社会,口语与书面语长期分离,也就是"言文不一致"。士绅在日常生活中与半文盲状态的庶民一样,也会说白话,但在写作或通过文字进行人际交流时,所使用的却是与白话迥异的文言文。就此而言,依据文言文所写成的文艺作品对于半文盲状态的庶民阶层而言,其透明性是很差的,因为他们主要通过白话来进行自我表达、人际交流和认知世界。

日本文学评论家柄谷行人认为,近世日本文学界曾有过"言文一致"运动,这项运动是日本现代文学得以发生的重要装置。② 现代文学的主流是现实主义,现实主义文学作品以白话文(大多数人所使用的语言)为媒介,对现实进行"写生"。现代文学由此获得广泛的社会认可,阅读、体验依托白话文所建构的文小说世界,读者感受到物质和精神两个层面的真实。

东浩纪在柄谷行人观点的基础上进行阐发,他认为"世界系"作品中的语言具有二元性:一方面是视觉语言的半透明性,另一方面则是情感体验的真实性。下文以仙侠剧《苍兰诀》为例进行分析。一方面,《苍兰诀》通过视觉语言构建了浪漫唯美、气势恢宏的仙侠世界,即人界云梦泽、仙界水云天、月族苍盐海,但这个仙侠世界与现实世界相去甚远。就此而言,视觉语言不能投射真实的现实世界,因而显得"不透明"。另一方面,演员的台词和表演以及背景音乐也能调动观众的情绪,使观众产生移情作用,因而又显得"透明",譬如,在第一集中,小兰花准备参加仙考,屏幕中立马成片出现"宇宙的尽头是考公"的弹幕。

2."萌"元素

二次元文化或者御宅族文化已经渗透到人们,尤其是青少年群体,的日常生活之

---

① 莱文森.数字麦克卢汉:信息化新纪年指南[M].何道宽,译.北京:社会科学文献出版社,2001:57.
② 东浩纪.游戏性写实主义的诞生:动物化的后现代2[M].黄锦容,译.台北:唐山出版社,2015:86.

中,一个极有说服力的例证就是人们的手机里一般会保存一些表情包,这些表情包大多具有鲜明的"萌"元素,而表情包已成为社交之"盐",是网络社交中不可或缺的元素。"萌"元素是包括"世界系"动漫、影视剧和游戏等在内的所有二次元文艺作品的文化基因。如果站在二次元文艺作品场域内来看,"世界系"文艺作品中的"萌"元素是一种普遍性元素;但是,如果站在二次元文艺作品之外的场域来看,"萌"元素则是一种特殊性元素。

2005年,日语词汇"萌え"获得日本流行语大奖;2006年,日本三省堂出版社将"萌え"正式收录进《大辞林》,将其定位为年轻人用语,表示"对某种人或事物产生极为强烈而深刻的情感",这些情感包括喜爱、倾慕、执着、兴奋等,其对象既包括实物,也包括虚构的对象①。"萌"可谓是亚文化作品的核心元素。萌元素几乎都是视觉元素,此外还衍生有特定的口头禅(如"好的喵")、背景设定和故事,又或者是体型上有特定的曲线,因应各种不同类型形成了各种萌要素。②

在《苍兰诀》中,小兰花/息山神女的扮演者虞书欣用的是原声,她的夹子音显得很幼稚,面容又显得"呆萌",但又很自然,这可能会引起萌素养不高的观众的不适;但对于深谙萌之道的亚文化迷观众来说,上述听觉要素和视觉要素恰恰能够快、准、狠地击中他们的萌点。自然的夹子音和"呆萌"面孔是很难演出来的,因此,小兰花/虞书欣也具有了极高的辨识度和"光晕"(aura)。

二、游戏性现实主义:电子游戏如何表征世界

在文艺创作领域存在着诸多的现实主义,譬如批判现实主义、革命现实主义、魔幻现实主义等,这些现实主义的共性是强调反映社会现实。东浩纪在对电子游戏进行分析之后,提出了"游戏性现实主义"的概念,认为电子游戏并非完全脱离现实世界,其也能对现实世界进行表征。

---

① 白解红,王莎莎.汉语网络流行语"萌"语义演变及认知机制探析[J].湖北大学学报(哲学社会科学版),2014(2):140.
② 东浩纪.动物化的后现代:御宅族如何影响日本社会[M].褚炫初,译.台北:大艺出版事业部,2012:71.

电子游戏是一种高互动性的媒介,它的后现代色彩极为浓厚。网上流传着"电子游戏是第九艺术"的说法,这个说法目前还只是一种个人阐释或小群体的阐释,并没有获得广泛的社会认可。艺术源于现实,但高于现实。电子游戏要想成为一种艺术,就必须能够表征真实世界,既能在物质世界层面进行表征,也要在精神世界层面进行表征。在表征的过程中,电子游戏也显现出自身的本体特征:无限次重启。

(一)以假乱真:电子游戏"摹写"物质世界

电影《头号玩家》中有一个场景,对电子游戏"造物"的超能力进行了呈现。主角一行人为了完成任务,必须进入真实世界中的一个安有电子门禁的密室,而密码只有反派才知道,主角一行人决定智取。他们合力侵入反派的游戏化身所在的虚拟现实游戏系统,并在其中建构了一个超真实的空间,让反派误以为自己身处真实的物理空间。当主角一行人的游戏化身拿枪指着反派的游戏化身,威胁其说出密码时,由于反派误以为自己身处现实世界,为了"保命",只得告诉主角一行人(游戏化身)密室门禁的密码。人们不妨将这段叙事看作一段预言,未来的电子游戏在技术上是能够做到以假乱真的。

2019年4月15日,法国巴黎圣母院发生火灾,整座建筑损毁严重。随后不久,有人声称育碧旗下游戏、2014年问世的《刺客信条:大革命》或许可为巴黎圣母院的重建工作提供帮助。原因在于,育碧拥有一些非常精细的教堂3D建模,建筑师、历史学家和工匠们应该能利用这些资料。这种声音反映了一个事实:电子游戏对物质世界的表征越来越真实了。

在国产游戏领域,《古剑奇谭三》对于理想型的古代中国的建筑、山水、服饰等元素的呈现,也能够给玩家带来一种"真实"的震撼感。譬如,游戏开场动画中对于轩辕丘寒梅傲雪的呈现,几可用"以假乱真"形容。而众多游戏玩家所期待的《黑神话·悟空》,想必会在表征物质世界方面取得更大的突破。

(二)戏假情真:电子游戏"摹写"精神世界

作为一种文学风格的现实主义(realism),指的是呈现事物和人物在真实生活世界中的样子。真实的生活世界既有有形的物质世界,也有无形的精神世界,电子游戏同样可以对人的精神世界进行"写实"。

1995年发行的单机游戏《仙剑奇侠传一》，按现在的标准来看，其画面粗糙得简直令人无法忍受，但是游戏界公认这是一款经典游戏。原因在于，这款游戏虽然因其粗糙的画面而无法对现实世界进行高清晰度的表征，但是其叙事却匠心独具，将"世界系"与中国武侠文化和仙魔文化进行巧妙融合，深深地打动了玩家，引发玩家共情。从这个层面而言，《仙剑奇侠传一》对精神世界的表征是高清晰度的。

《仙剑奇侠传四》同样是国产单机游戏领域的经典。这款游戏发售于2007年，其画质虽然比第一代作品的高出不少，人物按照真人比例建模，但以今天的标准来看，只能算是勉强能接受。笔者曾对该游戏的15位玩家进行过深度访谈，当笔者询问受访者对游戏中的哪些场景很有代入感时，他们大多会提及"即墨花灯"。这是游戏中的一段过场动画：主角一行四人到即墨的一个小渔村去寻找"三寒器"，完成任务后，正好赶上中元节，渔村晚上有祭祀活动，十分热闹；皓月当空，河灯满目，四位主角在渔村海边的一处高地上，许愿四人能够友谊长存。玩家们在观看这段过场动画时，普遍代入了自己在高中时代或大学时代的友情，想起了曾经的挚友。

游戏的这种激发玩家情感的机制，即何威等人所说的"戏假情真"①。目之所及的世界只是真实世界的一小部分，无形的精神世界却是真实世界的"水下部分"。精神世界大多数时候处于隐蔽和蛰伏的状态，包括电子游戏在内的众多文艺作品正是触发精神世界的打火石。

(三) 无限次重启：游戏性写实主义的本质特征

每一种媒介都有自己的本体特征，小说是叙事，电影是蒙太奇，电子游戏的本体特征则是"游戏性"，即玩家如何通过一系列游戏规则去完成游戏目标（通关）。而"游戏性"的一个重要且普遍的设定是"无限次重启"，即玩家在某个关卡挑战失败后，可以无限次回到某个起点重新挑战。

譬如，在《古剑奇谭三》中，有一个关卡是主角北洛要击败缙云残魂，游戏才能继续

---

① 何威，李玥.戏假情真：《王者荣耀》如何影响玩家对历史人物的态度与认知[J].国际新闻界，2020(7)：49.

进行。笔者在玩游戏时,由于是用键盘和鼠标操作,且对游戏机制不太熟悉,没有及时锻造武器,以至于花了一个多小时、"死"了九次才通过此关卡。此处"游戏性"的体现就是:主角可以无限次"死亡",直到击败缙云残魂为止。

东浩纪认为,所谓游戏,本质性地是一种将故事视为"可以重新设定的东西"而进行叙事的媒体①。因此,角色也能活在无数不同的故事中,经验无数不同的"人生"。在现实世界中,人们被时间的单向维度所束缚,只能体验"一",人生短暂对上无穷宇宙,形成实在界,即一种由根本性匮乏所造成的根本性创伤状态②。在电子游戏表征的世界中,人们可以体验"多",从某种程度上说,这是一种对此在的超越。

结　语

媒介营造了"第二现实"。身处当下这个后现代社会或曰智能媒体时代,我们能够明显地感受到媒介对人们日常生活的影响,当下的文化已经媒介化,或可称之为媒介文化,这是一个不争的事实;同时,我们也能明显地感受到媒介文化领域的"各美其美",主流文化(阐释国家意志)和二次元文化(疏离或反观国家意志)是媒介文化众多河流中尤为耀眼的两条。人生如行船,乘船行于不同的媒介文化河流,沿岸景观自然不同;身处何处,便以何处为真实。媒介所营造的"第二现实",并非整体一块,而是不同视域或话语圈的拼合。

相较于主流文化不言自明的合法性而言,二次元文化由于其疏离或反观(从非主流视角进行观察)国家意志,其外部合法性(即政府的文化管理部门对二次元文化的认可程度)明显不足。为了增强其外部合法性,研究者可以对其进行深度解释。

"世界系"仙侠剧的背后有一个后现代媒介大家族,家族成员包括网络文学、动漫和电子游戏等,其共同特征是逃离现实世界的结构束缚,创造自成体系的幻想世界。相较于严肃文艺作品的厚重特质而言,"世界系"仙侠剧的特质是"轻盈",与娱乐同构。"世界系"是当代仙侠剧的"本体"叙事风格:一方面通过视觉奇观满足了人们的梦幻心

---

① 东浩纪.游戏性写实主义的诞生:动物化的后现代2[M].黄锦容,译.台北:唐山出版社,2015:135.
② 齐泽克.斜目而视:透过通俗文化看拉康[M].季广茂,译.杭州:浙江大学出版社,2010:67.

理,实现对现实世界的超越;另一方面,却可能使观众疏离现实世界和"大叙事"。疏离现实,这正是包括"世界系"仙侠剧在内的所有"世界系"作品所共同面临的问题。解决此问题的思路,即是增强对现实的关照。

电子游戏作为一种后现代媒介,其外部合法性的根基极其脆弱,家长群体、政府管理部门、学校等对电子游戏多有质疑,将其视为"精神鸦片"者不在少数。电子游戏吸引玩家的地方在于其"游戏性",其核心则是"无限次重启"设定,这是其本体特征,也是导致游戏上瘾的关键所在。蓝江指出,"游戏上瘾"现象体现的是"主奴易位",即人被游戏的通关机制所异化,人成了游戏的奴隶[①]。而电子游戏在叙事上则更容易采纳"大叙事"模式,譬如《古剑奇谭》系列便是"大叙事"模式的典型作品,其将华夏史诗的诸多元素融入游戏之中,玩家在闯关的过程中,不知不觉增进了对中华民族和传统文化的认同,而文化认同会很自然地引发政治认同。这也是《古剑奇谭》系列能够得到国家新闻出版署认可的关键原因。[②]

费瑟斯通认为,后现代社会中,媒介的一个重要功能是为大众造梦,满足大众的梦幻心理需求。所以,在当下的视觉传播时代,"视觉奇观"是影视剧的合法性(即受认可的程度)的重要支柱。"世界系"仙侠剧中所呈现的浪漫唯美的仙侠世界,本身就是一种视觉奇观,满足了观众的梦幻心理需求;而当下的电子游戏在表征世界方面,离"以假乱真"也只有一步之遥,同样也是一种视觉奇观。梦是轻盈的,是变动不居的,也是奇观式的。人们若是只有一个目之所及的现实世界,那该多么无趣。

---

① 蓝江.数码身体、拟-生命与游戏生态学:游戏中的玩家—角色辩证法[J].探索与争鸣,2019(4):80.
② 2014年,《古剑奇谭》获得中国出版政府奖。

集刊简介

《跨文化传播研究》是由武汉大学媒体发展研究中心(教育部人文社会科学重点研究基地)主办的学术集刊,致力于创建多元文化对话的跨文化传播学术空间,计划一年出版两辑。《跨文化传播研究》深深扎根人类自由交往的需要与实践,通过研究揭示由各种跨文化情境组织起来的社会结构,提供保持文化多样性与文化间可沟通性的独特路径;通过批判研究揭示文化间的权力关系,重建人类的普遍交往;通过学术对话展现特定语境下的跨文化传播探索,及其与跨文化交流的历史进程之间的关系,增进各文化区域的学者对跨文化理性的理解。

联系方式

投稿系统:https://kwhc.cbpt.cnki.net/WKA/WebPublication/index.aspx?mid=kwhc

电子邮箱:icchina2020@163.com

地　　址:湖北省武汉市武昌区八一路299号武汉大学新闻与传播学院

邮　　编:430072

电　　话:027-68756616

武汉大学媒体发展研究中心
微信公众号二维码